「中国原始神话与传说」丛书

中国原始神话与传说探源

ZHONGGUO YUANSHI SHENHUA YU CHUANSHUO TANYUAN

于成鲲 编著

上海科学技术文献出版社
Shanghai Scientific and Technological Literature Press

图书在版编目（CIP）数据

中国原始神话与传说探源 / 于成鲲编著．—上海：上海科学技术文献出版社，2022
（“中国原始神话与传说”丛书）
ISBN 978-7-5439-7870-6

Ⅰ．①中… Ⅱ．①于… Ⅲ．①神话—研究—中国—古代 Ⅳ．①B932.2

中国版本图书馆 CIP 数据核字（2019）第 074744 号

本书由上海文化发展基金资助出版

责任编辑：于学松
封面设计：幻灵广告

中国原始神话与传说探源
ZHONGGUO YUANSHI SHENHUA YU CHUANSHUO TANYUAN
于成鲲　编著
出版发行：上海科学技术文献出版社
地　　址：上海市长乐路 746 号
邮政编码：200040
经　　销：全国新华书店
印　　刷：商务印书馆上海印刷有限公司
开　　本：720mm×1000mm　1/16
印　　张：19.25
字　　数：355 000
版　　次：2022 年 3 月第 1 版　2022 年 3 月第 1 次印刷
书　　号：ISBN 978-7-5439-7870-6
定　　价：88.00 元
http://www.sstlp.com

于成鲲，男，生于1933年，四川西充人。原复旦大学和上海大学中文系教授，原中国《写作》杂志副主编，中国写作学会创建人之一。1959年、1965年先后出席上海市和全国青年文学创作积极分子大会。现离休。出版过《现代服务业文书写作规范》《现代企业管理文书写作规范》《公务与事务文书写作规范》《科教文与社交文书写作规范》《中国应用文大全》《中国高校通用教材：现代应用文》《现代应用文教程》《中西喜剧研究》《吴炳与粲花》《怎样写论文》《追梦人生》《凡人小记》等著作。并在报刊杂志上发表散文、小说、戏剧等文学作品300多篇。

前　言

神与神事

探究原始神话的产生，先要探究一下什么是神，什么是神事，神事是怎样一步步加工成神话故事的?

（一）什么是神

什么是神?难以一言以蔽之。查查字典，古今说法各不相同。《康熙字典》《唐韵》:“神食邻切”;《说文》:“天神引出万物”;《皇极经世》:“天之神栖乎日，又神明”;《书·大禹谟》:“乃圣乃神”;《孔传》:“圣无所不通，神妙无方”;《周易·系辞》:“阴阳不测之谓神”;《孟子》:“圣而不可知之谓神”。阳魂为神，阴魄为鬼;气之伸者为神，屈者为鬼。

《大戴礼记·曾子天圆》曾子与单居离对话时说:“阳之精气曰神，阴之精气曰灵。神灵者，品物之本也。”

《史记·五帝本记》说“鬼之灵者曰神”;《易·说卦》“神也者，妙万物而为言者也”;《荀子·修身》“神，明也”;王充《论衡·论死》“神者，伸也”;《周礼·春官·大宗伯》说“昊天上帝，日月星辰，司中司命风师雨师，皆天神也。”

许慎《说文解字》“神，天神引出万物者也”。

《周易·系辞》“神无方而易无体”，“通变之谓事，阴阳不测之谓神”，“神以知来，知以藏往”，“利用出入，民咸用之谓之神”，“变而通之以尽利，鼓之舞之以尽神”，“精义入神，以致用也。穷神知化，德之盛也”。子曰:“知几其神乎”。

在老子《道德经》中，道被称为谷神，“谷神不死，是谓玄牝”。他强调“以道莅天下，其鬼不神”。

古人对神的解释，大略如此，归纳起来，主要有以下几种说法:

1. 指神明，指天神，由天神引出万物。天神指太阳，昊天上帝。

2. 指神圣，圣而为神，以圣人为神。

3. 指神妙，神妙无方。妙万物为神。

4. 指精气。阳之精为神，阴之精为灵。

5. 指阴阳变化。阴阳不测为神。变而通之为神。

6. 指神秘。神以知来，知以藏往。

7. 指精微。知几其神乎。

8. 指适用。物尽其利，民尽其用。神通广大。

这些是古人的看法，包括两种不同的认识。一是指神明，一是指“品物之本”，即是事物的精微精妙。殷商之前较多指后者，商周之后较多指前者。在上古人的心目中，不同的历史阶段对神的认识并不完全相同。商周以前的人们祭祀的天神天帝都是自己的祖先，战国时才有了统一的以五方天帝的天神系统。所以上古人所说的神，并不一定是后人讲的天神，较多的是“妙万物为神”。因而出现了谷物种植中的神农后稷神；文化创造中，有音乐之神猪婆龙；造字之神仓颉；制陶之神炎帝、帝尧、帝舜；医药之神神农；制玉之神黄帝；历法之神伏羲、少皋、羲和；延年益寿之神黄帝、彭祖等等。所以，古人称“妙万物为神”“引出万物为神”，将祖宗比拟为太阳神，阴阳变化之神，又因他们是圣王，知道事物的发展变化规律，便产生了以圣为神。由于事物的变化莫测，具有神秘性、神奇性，而“神乎其神”。

显然，这与现代人的解释是不同的。《辞海》中说：“神（shén），也叫神仙，神灵。宗教及神话中所幻想的主宰物质世界的超自然的具有人格和意识的存在。神的观念产生于原始社会，是人们不能理解和驾驭自然力及社会力量时，这些力量以人格化的方式在人们头脑中虚幻的反映。”没错，神产生于原始社会人们对特定信仰物的信仰与敬畏，但神仙并非产生于原始社会。古今人因思想观念不同，对神的看法不完全相同。

（二）神的一般特性

所有神的特性集中到一点就是它的超自然力、超社会力、独特的民族性和神秘性。恩格斯在《反杜林论》中说：“在历史的初期，首先是自然力量获得了这样的反映，而在进一步的发展中，在不同的民族那里，又经历了极为不同的极为复杂的人格化……但是除自然力量之外，不久社会力量也起了作用，这种力量和自然力本身一样，对人来说是异己的，最初是不能解释的，它以同样表面上的自然必然性支配着人。最初仅仅反映自然界神秘力量的幻想，现在又获得了社会属性，成为历史力量的代表者。”（见《马克思恩格斯选集》，湖北人民出版社，第

354—355 页）在《路德维希·费尔巴哈与德国古典哲学的终结》一文中，恩格斯指出："在远古时代，人们完全不知道自己的身体的构造，并且受梦中景象的影响，于是就产生了一种观念，他们的思维和感觉不是他们身体的活动，而是一种独特的、寓于这个身体之中而在人们死亡时就离开身体的灵魂的活动……由于自然力被人格化，最初的神就产生了。"是的，是这样的。大量的原始神话中都说是某种图腾神钻进了母亲的肚子里，使母亲有感而孕。"在每个民族中形成的神，都是民族的神，这些神的王国不越出它们所守护的民族领域，在这个界线以外，就由别的神无可争辩地统治了。"（上述见《马克思恩格斯选集》第 4 卷第 219—220、762 页）

恩格斯的论述与分析，十分清楚、明确，说明原始神灵是怎样产生的，它们的属性和特点是什么。按照恩格斯的观点，神有 4 个最基本的特征。

第一，神具有超自然的力量。原始人类面对自然灾害，幻想出一种具有神格的超自然的人格化的力量。如敢于战胜洪水、敢于补天、勇于造人的女娲，具有穿山甲的钻山能力和熊的力量的大禹，能移山填海的精卫……这一切都只是一种美丽的幻想。即使是在科学发达的现代，人们依旧是要靠天吃饭，难以抵御洪水、天旱、风灾、雪灾、地震、海啸、火山爆发、山体滑坡、太阳黑子爆炸、太空核辐射等重大自然灾害。古人以想象战胜自然灾害来抚慰自己，是完全可以理解的，这就是古神产生最基本最直接的原因。

第二，神具有超社会的力量。随着农业生产的发展，社会财富的增加，贫富悬殊，社会不公，乱象横生，征伐不已，聚落四周建起了围墙，挖出了城壕，神话中也出现了穷奇一类"四凶""四害"，人们普遍怀念具有公正、正义和创造精神的始祖们。氏族的开创者，文明的创造者，他们是现实中的人，人们希望他们的灵魂不灭，仍旧活着，仍旧和他们在一起，保佑着他们。因此，人们通过为祖先们建庙建祠，对祖先祭祀，让他们的灵魂活着，享受他们奉献的贡品。不仅如此，又通过想象赋予这些祖先神以非凡的神性与神力。例如让黄帝、大禹、夏启等人物驾驭着二龙在天上和地上往来，想象着谷物种植、工具创造、宫殿建筑、音乐创造、文字创造、制陶、制玉、冶青铜、铸铁等等精巧工艺的后面都有神助，最精美的制品都是献给神的，包括自己的祖先。所以，这些精美绝伦的祭品、礼器大都是墓葬中发掘出来的。其中很多东西的制成，至今人们也无法理解。例如上古人在使用石器的时代即距今 9 000 年前是用什么工具钻出骨笛七孔的，在距今 5 000 多年前是用什么东西在小玉人身上对穿头发丝一样大小的孔洞的，至今无人能回答。无怪乎古人说是"鬼斧神工""妙万物为神"了。

第三，神都具有民族性。不同民族的神，守护各自一方的土地，护佑各自一方的人民，分享各自一方的贡品，从不越出自己守护的国土。这与后来的宗教神灵有重大的区别。

宗教的神灵，并非守护不同民族的人民的神灵。它的目的是宣传宗教哲学，为坚守宗教的哲学与戒律而存在。离开了宗教哲学的宣传，它就不能存在；其次，宗教神的信仰可以越出不同的地域与民族界线，并不具有民族性，这一点与被民族认定为老祖宗的神是大不相同的；宗教中被人格化的天神都是虚构的，如耶和华之类。宗教中被神格化的崇拜对象，并非人王，大多是创教的始祖，如耶稣基督、释迦牟尼等。这与原始祖先成为神是全然不同的类型。

第四，神都具有某种神秘性。这种神秘性的形成，并非客观存在，而是人的认识落差造成的。即后世人接受传说时的认识所造成的。这一点在原始科学的探索中尤为明显。比如太阳从东方升起来，从西方落下去。现代人都知道是地球沿着一定的轨道环太阳运转，所以有升落。这个道理，古代人不明白，所以才被想象为三足鸟背着太阳飞行；月亮圆缺中的上弦月、望月、下弦月、朔晦月的自然现象，现代科学告诉人们这是地球绕着太阳转，月球绕着地球转的过程中形成的自然现象。古人不了解，月缺被想象成是天狗吃掉了的；风雨雷电等自然现象现代人知道是冷热气流交汇而形成的。古人不明白，以为是由天神天帝操纵的。古人通过想象把未知的事物变成受神支配的凡人不可知的神秘之物。

由于有超自然力超社会力的始祖神在人们脑海里存在，他们一旦成为天神以后，就产生了更难以让普通人知晓的神秘性。它们来无影，去无踪，摸不着，看不见，无处不在，无时不在，虽看不见，却感触得到。况且每一个神都有善恶两面，既可与人为善，又可与人为恶。因此，神在人们心中就是神秘。不神秘不足为神。它既让人崇敬，又让人畏惧。

（三）神与神事的传说

如果说神指天神，那么神事就是天神管理天下之事。天神有两种类型。一种类型是虚拟天神，即《辞海》中所说的“神话中所幻想的主宰物质世界的、超自然的、具有人格和意识的存在”。如宙斯、耶和华、梵天、天乙（天一）这一类天神。他们被赋予人格和意识后，就变成现实世界的主宰者。现实世界的王者都是他们家族的子孙后代。人间的战争、婚姻、祸福、生死、爱情、婚姻都是由他们躲在幕后操纵或通过其代理人——现世王者——他们的子孙直接决定的。神话较多的是反映这一部分。另一类天神，是传说中的人王，不同民族的祖先。由于他们对本民族的生存发展有功，子子孙孙都忘不了他们，在他们死后敬奉他们为天神。他们的子孙们通过传说赋予他们以神性，使他们从普通人变成了具有超自然超人类的力量，从而成为天神。如我国华夏民族的五方天帝，埃及的人王神都是这一种类型。在古民族的意识中，这些天神本来就是他们的老祖宗。老祖宗们是死后才升天成天神的。

这两类天神的任务是完全不同的。作为天神的宙斯家族住在人间的奥林匹斯山上，以管理人间大大小小的王国的事务为己任，这些事务包括游牧、征伐、爱情、造酒、智慧、生死等。中国上古时代的五方天帝相反，他们长期住在天上中央的紫薇宫和四方宫中。人间的昆仑悬圃，只是他们的行宫。他们并不管理人间大大小小的具体事务，主要是管理日月星辰的运行，风雨雷电适时适度的实施，保证风调雨顺，确保人间的农业生产有好收成，让他们的子孙后代有好日子过。中央天帝掌管天空日月星辰的运行是通过东南西北四方天帝来实现。他们白天管太阳，晚上管星星，各管一方，从而形成一年之中的春夏秋冬四时八节。

上述两类天神的神事不同。中国五方天帝的神事反映了社会生活的纵切面，上下长达八九千年之久，比古希腊神话中反映的现实生活早几千年。大量的考古发掘的事实证明了这一点。

不同形态的神事，经传说润饰加工而形成了神话。神话故事是经过后人想象夸张虚构以后形成的有头有尾的有起承转合的完整故事，而成了极具魅力的艺术性故事。古希腊神话故事就是借用神话形式对历史现实事件进行加工而成的。中国的原始神话，除一小部分战国秦汉间出现的故事比较完整外，《山海经》《诗经》《楚辞》《左传》《国语》《尚书》等经典中保存的故事，大多是未经艺术加工，或只作为例证摘录存在。它的未加工和不完整，虽然艺术性不如古希腊神话那么美，但它所具有的历史价值并不亚于有艺术价值的古典神话。这两种类型的神话并不具有可比性。因为人事的传说为传说，神事的传说为神话。

神都具有神格与人格的双重特性。民族性与神秘性是这两种特性的延伸。把完全虚拟的神当成现实的真人是不可取的。把完全现实的人当成虚拟的神也是不可取的。艺术加工的神事，并非都是真的，非艺术加工的神事也并非都是假的。它的现实真实性比加工成的艺术品的真实性具有更大的历史可靠性。大量的考古事实一再证明神话不是历史，神话中有历史；神话不是科学，神话中有科学。原始神话中有许多发明创造，《吕氏春秋》就列出了二十多项，有的发明创造并不一定是某个王者一人或一朝之功，人们敬仰的是他的创造精神。这种“神妙无方”“妙万物”“品物为本”的神不仅“精微”“知来”“藏往”，而且能使“民尽其用”“物尽其利”，为“精”为“灵”为“本”。本书的上篇《妙万物为神》，讲的是人与万物生存的本原：太阳（金）、空气（木）、水、火、土等基本条件。下篇

《圣而为神》讲的是创造万物的圣者，他们对人民的态度。他们对人民好，人民就尊他们为神。本书在上、下两部分中以考古发掘的事实为依据对专家们的研究成果进行分析，寻找上古神的产生，通过对不同类型神话的本原及由此引发的思想观念进行分析，寻找神的灵魂。这些想法对不对，静候批评指正。

于成鲲

2022年3月25日

于海鸿公寓

目　录

上编　妙万物为神

第一章　上古时代农业生产情况简述

一、考古发现的上古农业种植遗存摘要 / 007
（一）距今 1 万年以上的稻谷遗存 / 007
（二）距今 10000—7000 年的稻谷遗存 / 008
（三）距今 7000—6000 年的稻谷遗存 / 009
（四）距今 6000—4000 年的稻谷遗存 / 009
（五）黄河以北地区的粟黍种植遗存 / 011
二、中国最早的农具简述 / 014
三、上古人的住宅与城池宫阙简述 / 018
（一）上古居民的住房建筑描述 / 018
（二）上古城池宫阙建筑形式描述 / 020
（三）神庙与祭坛建筑形态描述 / 023
（四）上古建筑所透露的基本思想 / 025
四、上古农村的水井、围栏、窖穴、窑址简述 / 027
（一）“伯益作井”与“黄帝穿井” / 027
（二）牲畜圈养 / 029
（三）窖穴 / 030
（四）窑址 / 031
五、结语 / 034
（一）农业发展是神话之源 / 034
（二）原始农业催生了原始神灵与神话 / 035

第二章　上古的社会习俗与神话

一、上古的丧葬习俗 / 042
（一）仰韶人的丧葬习俗 / 042
（二）东夷人的丧葬习俗 / 046
（三）良渚人的丧葬习俗 / 048
二、上古的祭祀习俗 / 051
（一）山神祭祀概览 / 051
（二）明堂月令郊祭概览 / 054
（三）社稷五祭概览 / 056
三、三皇五帝时代的野合婚俗 / 058
（一）三皇五帝时代的野合婚记述 / 058
（二）上古时期婚姻形式的演变与多种婚俗的形成 / 062
（三）上古时期婚姻演变过程反映了妇女地位的下降 / 063
（四）三皇五帝时代野合婚神话背后的秘密 / 065
四、神话源于上古时期氏族对祖先的祭祀 / 066
（一）上古时期以氏族为中心立国，邦国林立 / 066
（二）中国人是从哪里来的？ / 071
五、结语：民族融合与神话的民族性 / 075
（一）主神的民族性 / 075
（二）神事的民族性 / 076
（三）祭祖的民族性 / 076

第三章　上古之神与文化创造

一、音乐文化的创造 / 081
（一）上古时期的音乐文化创造简述 / 081
（二）古代典籍中的音乐理论记述摘要 / 085
二、汉字文化的创造 / 091
三、制陶与制玉文化的创造 / 098
（一）中国制陶远远早于西亚 / 098
（二）中国上古的制陶文化 / 100
（三）中国上古的制陶技术走在世界的前列 / 101
（四）中国北方的古玉文化 / 103

（五）中国南方的古玉文化 / 105
四、冶炼技术的创造与发明 / 107
（一）铜的冶炼技术与青铜器制造 / 107
（二）黄金的冶炼技术 / 110
（三）铁的冶炼与制造 / 111
五、结语：神话源于工艺创造之神妙 / 114

第四章　上古历法的创造

一、上古图画形历法 / 119
（一）赵国华鱼纹盆八卦说 / 119
（二）逄振镐先生的象牙梳八卦说 / 121
（三）陆思贤、冯时八角八卦说 / 122
（四）陈久金、张敬国玉版八角八卦说 / 123
（五）冯时、陆思贤等数字八卦说 / 126
（六）对河图、洛书的几种不同解译 / 129
（七）天干地支纪年历法 / 137
二、上古画卦形历法 / 141
（一）八卦的原始本质 / 141
（二）田合禄:《周易》是上古历法的记录 / 144
（三）近人对《周易》的三种不同认识 / 148
三、附录 / 155
（一）《夏小正》解读 / 155
（二）《十二纪》解读 / 161
四、结语：神话源于上古历法的神秘性 / 171

下编　圣而为神

第五章　中国创立神话的基本特征

一、中国天神由人祖供奉而成 / 179
二、中国天神植根于远古农业初生时代 / 183
三、中国天神已脱离了中国原始神灵的特殊神状 / 187

第六章　中国原始神话中的主角——三皇五帝

一、“三皇五帝”有三种不同的概念 / 197
（一）作为人的三皇五帝 / 197
（二）作为时代的三皇五帝 / 200
（三）作为神的三皇五帝 / 203
二、有关三皇五帝观天测候的史实记载 / 207
（一）伏羲神农时代的观天测候 / 207
（二）黄帝蚩尤时代“考定星历”的证据 / 207
（三）少皞、颛顼时代的观象历法 / 209
（四）尧舜禹时代的“敬授民时” / 211
三、三皇五帝是怎样从人走上神坛的 / 214

第七章　中国原始神灵与神话

一、《山海经》里的山神与氏族神灵 / 222
（一）《山海经》五藏山经是夏书 / 222
（二）山经中的图腾山神 / 224
（三）山经中的氏族神话故事 / 226
（四）海经中的邦国神灵类型 / 228
（五）海经中氏族神的形象特征 / 230
二、中国最早的神庙与创世地母神女娲 / 233
（一）5000 年前女娲神庙的发现与发掘 / 233
（二）5000 年前女娲神像的面部特征 / 234
（三）陆思贤先生对女娲神庙与神像的考定 / 234
（四）古典文献中的女娲 / 235
（五）牛河梁女神的显著特征 / 238
三、月神西王母与嫦娥 / 241
（一）月神、阴神西王母 / 241
（二）月神嫦娥 / 242
四、灵物龙凤 / 245
（一）中华龙的内涵演变与发展 / 246
（二）以风示瑞的吉祥鸟——凤 / 251

第八章　华夏创世本原神话与本原哲学

一、华夏创世本原神话简述 / 259
（一）伏羲女娲创世神话 / 259
（二）盘古开天辟地神话 / 262
（三）伏羲四子授时神话 / 264
（四）燧人氏钻木取火神话 / 264
（五）彭祖养生本原神话 / 266
二、传世本原神话与本原哲学观念 / 269
（一）五行观念 / 269
（二）阴阳观念 / 272
（三）原道观念 / 273
（四）天人合一观念 / 276
三、华夏创世本原神话的思维模式 / 278
（一）以道为共性，以德为个性 / 278
（二）直观判断，概略分野，类比推论 / 280
（三）以理想式联想注进人物的灵魂 / 282
四、结语 / 283

参考文献 / 284
后　记 / 290

上　　编
妙万物为神

第一章
上古时代农业生产情况简述

本章通过考古发掘中的上古农业遗存、农具、住宅和城池宫阙、水井、围栏等，分析原始农业的出现与发展，及其对古人生活与思维方式的影响。

一、考古发现的上古农业种植遗存摘要

二、中国最早的农具简述

三、上古人的住宅与城池宫阙简述

四、上古农村的水井、围栏、窖穴、窑址简述

五、结语

一、考古发现的上古农业种植遗存摘要

从物质层面考察，作为意识形态的原始神灵，是旧石器时代末至整个新石器时代这一历史时期农业生产的产物。物质生产是神话产生的基础。我国原始神话中有许多都是反映农业种植的，诸如鸟衔穗、象耕田、神农稼穑、后稷种植等等。所以，上述看法并不是某一个人的猜测或理论推想，而是为考古发掘的大量事实所证明了的。下面我们仅就原始农业种植、农具、住宅、生活设施等几个方面的具体事实作一些简介，使我们具体认识到原始神话是如何产生的。

（一）距今 1 万年以上的稻谷遗存

1998 年《中国文物报》刊载彭瀚文章《江西万年仙人洞及吊桶环遗址发掘的意义》称：两处遗址发掘出近 2 000 件文物标本和数以万计的兽骨残片，“发现了迄今为止世界上最早的稻谷化石”，“仙人洞最下面一层距今约 2 万年。考古学家在距今 1.2 万年的新时期地层中找到了野生稻的植物硅化石标本”，“在距今约 1 万年左右的地层中发现了稻谷植物硅化石标本，已经开始具有栽培稻的特征”，证明那时的人们已经开始用人工方法栽培水稻；在距今 7500 年左右地层中，发现水稻种植硅化石标本，都是人工栽培稻，说明人类的稻作农业已经产生。这简直就是上古时期一部活生生的农业发展科教书。

1998 年 10 月 9 日《中国文物报》发表谢心音的文章《万年前的水稻见证》。文中说，1993 年 11 月在湖南道县玉蟾岩遗址的文化堆积层中发现了水稻壳，经分析为普通野生稻，但有人类干预的痕迹，年代在距今 1 万年以前。后来“在玉蟾洞遗址底层发现了 3 块原始陶片，经碳 14 测定距今也是 1 万多年。1995 年 10 月，进行第二次发掘，又发掘出原始稻谷和陶片，这次出土的稻谷为栽培稻，但兼备野、籼、粳的特征，是一种由野生稻向栽培稻进化的古栽培稻类型，距今达 1.4 万年”。

1981 年 5 月 11 日，河南荥阳城北青台遗址，3 号探方，第 39 号窖穴内发现一件覆盘状、带三件瓦状足的陶器。陶器内壁粗糙，外壁光滑，内有一层厚 2 毫米的烟炱，外壁上粘锅巴状物。

张松林（河南考古博物院院长）立即将器物与烙饼鏊子联系起来，并回去收集材料进行研究。经过7年研究，发表了一篇论文《中国新石器时代陶鏊的研究》。他在论文中说：“过去一直有‘定论’说，中国烙饼史只有3000多年，而欧洲人烘面包的历史有6000年，这个新石器时代的陶鏊上残留的粮食面糊证明：中国烙饼史可以追溯到1万年以前，也就是说，1万年前中国人就吃上烙饼了。”①

上述事实说明，1万年前不仅出现了稻谷种植，人民吃上了白米饭，而且也出现了麦类作物种植，人民吃上了面粉烙饼或小米粉类烙饼，这已是不争的事实。它证明了粮食作物种植使人民的生活得到了改善。

2001年在浙江浦县上山遗址的陶片上发现一粒稻谷与稻叶，经鉴定距今11000—9000年，被誉为万年米；

据《中国大考古》载，河南舞阳裴李岗文化遗址，1975年发掘出大量碳化稻与稻壳印痕，距今8000—9000年；

1973—1977年发掘浙江余姚河姆渡遗址，第四文化层孢粉谱中水稻花粉含量，“最高达孢粉总量的70%，经测定距今11000余年”，说明距今11000年时河姆渡人已经学会种水稻了。

（二）距今10000—7000年的稻谷遗存

1988年11月湖南考古所裴安平带领7人赴澧县彭头山发掘，发现了一粒碳化稻谷，在放大镜下它与现代水稻相似，为人工栽培稻，距今8000年左右；

2002年，他们又到澧县梦溪乡八十垱发掘，发现了先民祭天神、水神、河神的水稻祭品，粒差不齐，最大一粒比最小一粒大4—6倍，距今8000多年；

浙江桐乡罗家角出土了粳稻、籼稻米，经鉴定距今约7000年；

浙江余姚河姆渡遗址1973年、1977年发掘，发现粳籼稻谷、稻叶、稻草堆积物，面积达400余平方米，距今约7000年；

陕西西乡李家村，发掘发现稻壳印痕，距今约7000年；

陕西河家渡，考古发现稻壳印壳，距今约7000多年；

江苏连云港二涧村，考古发现稻谷印痕，距今约7000年。

① 郑蔚撰，《一万年前中国人就吃上烙饼了》，《文汇报》，2010年2月22日。

（三）距今 7000—6000 年的稻谷遗存

浙江吴兴钱三漾，发现 6000 多年前的稻粒；

浙江宁波八字桥考古发现距今 6300—5700 年的稻谷；

上海崧泽考古发现距今 5395±45 年的粳稻、籼稻；

江苏吴县草鞋山考古发现距今 6290±205 年的粳稻、籼稻，籼稻占 60%，粳稻占 40%。

考古学家们还先后发现：

江苏苏州越城	稻谷遗存	距今 5000—4000 年
湖北监利福田	稻壳遗存	距今 5000 多年
河南郑州大河村	稻壳残迹	距今 5000 多年
陕西华县泉护村	类似稻壳痕迹	距今 5000 多年

（四）距今 6000—4000 年的稻谷遗存

距今 5000—4000 年的稻谷遗存地也很多，不一一细说。如杭州水田畈、宁波八字桥、江苏吴县摇城、常州圩墩，无锡施墩、锡山，安徽含山仙踪、安徽肥东大陈墩，江西萍乡新永、赤山，江西永丰尹家坪、清江樊城堆、新余罗坊拾年山、湖口文昌洑，湖北京山屈家岭、武昌放鹰台、随州冷皮垭、天山宁家河，湖北郧县青龙泉、云梦龚寨、斋神堡、好石桥，湖北黄石罗家桥蟹子地（大米、小麦）、湖北孝感叶家庙（大米），河南淅川下集，湖南平江舵上坪等都存在稻谷或稻谷痕迹。

以上资料，罗家角、河姆渡距今 7000 年以上，是陈文华先生摘引自《文物》《考古学报》《浙江文物考古学刊》《考古》《文物参考资料》《农业考古》《安徽农业科学》《江西文物考古工作队藏品》《农业研究》《湖南考古学刊》《人文杂志》《史前研究》，游修龄先生转引、补充。夏商周三代以下资料由本人省略。距今 7000 年以前资料由本人补充。

卢布坦（Catherine Louboutin）曾写了一本书叫《新石器时代——世界最早的农民》。文中说：世界上“最早的种植谷物是种在这些谷物野生的地方，首先是在‘新月沃地’，而叙利亚——巴勒斯坦又要比其他地方更早，大约在公元前 8000 年初。欧洲的意大利南部、法国南方和西班牙，在公元前 6000 年开始转向谷物种植”。① 所以作者说他们才是世界最早的农民。

从上述事实中，我们可以看到中国 1 万年以前的稻谷种植遗存并不比西亚少。从古河姆渡人、玉蟾崖人、仙人洞人、贾湖人到浦县上山人都留下了许多谷物种植遗存、生产农具、粮食脱粒加工工具、炊事工具，这些都证明了他们在距今 10000—8000 年时，依靠农业种植掌握了自己的命运，开始从渔猎时代迈向农业种植时代。无疑这是人类史上的第一次最伟大的经济革命。正是这场革命性的变革促进了中华人类的进步、文明与社会发展。我们还可以看到在我国上古时期不仅谷物种植开始得早，而且面积十分广阔，水稻种植几乎遍及长江中下游和淮河流域所有地区。

不仅如此，稻谷遗存具有连续性。距今 4000 年以后至今的农业发展不断，在距今 4000 年之前，从 10000 年、9000 年、8000 年、7000 年、6000 年、5000—4000 年各个历史阶段都有稻谷遗存，它说明了我们的祖先从 10000 年至 4000 年以及此后几千年，一直都是从事农业种植的。我们是农业生产的古国。

为什么长江中下游和淮河流域稻谷遗存如此丰富呢，这是有原因的。我们举两个例子即可说明。以贾湖为例。贾湖位于河南省舞阳县北舞渡镇贾湖村。这里地处淮河上游地区，居中国的中心地带，传说是伏羲、女娲建都的地方。自古以来，这里气候湿润、河道纵横，是人类繁衍生息的好地方。考古发现伏羲、女娲在这里创造了灿烂的文化，不仅种出了水稻，创造了 8000 多年前的契刻文字，创造了 8000—9000 年前的乐器骨笛，还创造了龟甲祭祖礼仪。

再以河姆渡的环境分析，也是如此。河姆渡与贾湖不同，它地处海边，位于宁绍平原。据科学家们说，在距今 15000 年的时候这里发生过一次卷转虫海侵。这次海侵时间延续至距今 12000 年时，达到现代水深-110 米位，到 11000 年时，上升至-60 米。由于河姆渡位于四明山麓，海侵时为一片浅海，海岸在会稽四明山麓 ②。山上是茂密的原始森林，广布阔叶林，山下是沼泽、浅滩，芝岭溪从山涧流出，经村落注入湖泊与沼泽地。大约在距今 5000 年时，姚江才从北部平原改道，从河姆渡与四明山之间流过。所以河姆渡实际上是一个离海岸不足 10 千米的出海口，加上这里气候温润，植物繁茂，各类动物与禽畜都十分丰富，是适于稻作农业发展的地区。故而其第四文化层在 11000 年时即有大量的孢子稻花粉存在。

有关中国稻作的起源至今争论不休，有人认为起于云贵高原，有人认为起于

---

① ［英］Catherine Louboutin 著，张容译，《新石器时代——世界最早的农民》，上海书店出版社，第 26 页。

② 游修龄著，《中国稻作农业》，中国农业出版社，第 24 页。

华南，有人认为起于黄河下游，有人认为起于长江下游，各有所据。说起于云贵高原与华南，我们至今也未见到七八千年或万年以上的遗存，难以令人信服。而长江流域、淮河流域、黄河下游地区则有众多实例。这说明稻作农业的发展，在中国也是多元的，并非一时一地的发展传播。中国如此，世界最早的农业种植的情形也同样，也应是多元的，决不是从公元前6000年的叙利亚传播到全世界，更不可能从公元前6000年传播到公元前12000年或前八九千年的中国农业种植区。

以上是黄河以南谷物种植的情形。

（五）黄河以北地区的粟黍种植遗存

黄河以北的广大地区，如山东、河北、山西、陕西、甘肃以及河南北部大部分地区，由于气温较低，比较寒冷，干旱期长、雨水较少，比较适合于粟、黍、麦、高粱等作物的生长。所以那里粟的考古遗存较多。

1980年以来河北武安县磁山遗址，在88处方形窖中发现古人存储的脱粒黍米，堆积最厚处达0.2～2米，有人估计有6.91万千克之多，其时间距今8000多年。

河南新郑裴李岗遗址，发掘出磨面脱粟壳的石磨与石磨棒和多种家畜遗骨，距今7500—6900年。这里地处淮河上游地区，西北有沙河，环绕东行，西有灰河蜿蜒，北入沙河，东面有沱河。贾湖在灰河泥河之间的滞洪区，面积达103平方千米。这里的气温古时候比现在还要高出两三度，属于亚热带气候，很适于稻作物生长。从遗址中发现的植物群类分析，其中有许多喜暖温植物，如枫香、水蕨、香蒲、野生稻和环纹藻类。因此，从遗址中发掘出人工栽培水稻，由野生培育而来，就是十分自然的事了。

内蒙古兴隆洼遗址，1983—1994年间6次发掘，发现粮窖400余座和众多居民村落，距今8200—7500年，被誉为"华夏第一村"。

甘肃大地湾遗址，发掘出碳化黍标本，距今7800—7300年。

山东后李、河西、荆山等后李时期遗址，发现石斧、石铲、角耜等农具及加工粮食的磨盘磨棒，距今8400—7700年。

山东北辛遗址，发掘出水井一口，陶器8件，器中有粟壳痕迹，表明其时此地已进入锄耕时代，距今7300—6100年。

山东大汶口刘庄遗址，发掘出水井一口，灰坑中有60粒轻度碳化的植物籽实颗粒，经鉴定为粟；长岛北庄遗址，发现许多黍壳和粟壳；牟平蛤堆顶、蓬莱大仲家、福山丘家庄发现粟硅体；胶县三里河遗址，发现圆形窖穴（H203），窖内遗留1.2立方米的碳化粮食，经中科院植物所鉴定为粟，即谷子；方形窖穴30个，距今6100—4600年；鲁北广饶傅家遗址，彩陶鼎内有碳化粒；胶东莱阳于家店也发现了粟壳；山东栖霞杨家圈出土粟壳、稻壳，距今4600—4000年；西安半坡遗址发现窖穴、家畜、圈栏和半地穴式房屋，距今6500—6100年。

过去，人们曾一度认为高粱、芝麻、蚕豆等杂粮是张骞通西域，从西域带回来的，因此也有人认为是从印度传入的。考古事实证明，他们错了，中国是高粱、芝麻的原产地。

《中国农史》1982年第二期发表了卫斯的一篇文章，题目是《试探我国高粱栽培的起源——兼论万荣荆村遗址出土的有关标本》。文中指出："继荆村遗址发现高粱炭化物之后，我国考古工作者又在郑州大河村新石器文化遗址（仰韶晚期）第三期房子F2中发现了一瓮高粱和两枚莲子。"

我国很早就有食麻的记载。食麻，即食芝麻。据《考古学报》1960年第二期《杭州水田畈遗址发掘报告》说，我国考古工作者在该遗址发掘出"甜瓜子、芝麻和蚕豆的未碳化物，皮色犹新"。这一发现说明芝麻、甜瓜、蚕豆在5000年前的良渚时期，我国先民就开始种植并食用了，并不是传说中的公元前140多年张骞通西域从国外带回来的。所谓胡豆为胡人种植并不正确。

以上事实说明不论南方的水稻种植，北方的粟黍种植，还是高粱、芝麻、蚕豆等杂粮的种植，中国都是最早的产地，从国外传入云云，难以成立。

由于我国南方北方谷物种植的差异，形成了不同的生活习俗。北方人喜欢吃白面小米，南方人喜欢吃大米的习惯已延续了八九千年了。中国农业的出现并不比叙利亚、巴勒斯坦晚，更谈不上稻谷种植是从印度传入的。如果说西亚和印度的农业种植是独立发展的，那么中国上古时期的水稻和粟黍种植，也同样是独立发展的。我们并不否认这些地区间可能存在某些种植技术交流，但那是很晚才有的事。中国在 1.4 万年前就种水稻了，西亚最早的种植不超过 1 万年。所以说西亚人是“世界最早的农民”的结论，是为时过早，最多也只能说他们是“世界最早的农民之一”。

从中国各地区的种植分布看，大部分种植地区与河流湖泽有关，即大都分布在黄淮流域、江汉流域、潇湘沅澧流域、辽河流域、珠江流域和渤海、东海、太湖、洞庭湖、潘阳湖周边地区。

一方面，不同流域因水而造就了不同的种植与生活习性，形成不同区域的独特文化；另一方面，不同区域的文化又因水而毁灭。贾湖遗址、河姆渡遗址、孝感叶家庙遗址、安徽含山凌家滩遗址的兴衰毁灭，无一不与水患有关。

古人观察小鸟、野象在沼泽边啄食野生稻谷，采集野生稻进行培育驯化，从而衍生出“鸟衔穗”“象耕田”“神农稼穑”“后稷劝农”种种神话，编制了“躲进葫芦避洪水”“兄妹成婚姻”以及“女娲补天”“女娲造人”“共工治水”“鲧伯治水”“鳖灵治水”“大禹治水”等传说。这说明中国上古神话的产生很多都与江河山水有关。

二、中国最早的农具简述

生产工具是生产力的主要表现之一。从生产工具可以看出那个时期的生产水平与技术水平。神话传说中的许多农具被考古所证实。如耒耜、斧、铲、犁、耙、锄等。那些农具在现代人看来，笨拙得有些可笑。但从历史发展的角度来看，作为农具存在，就很不简单。农具在不同的历史阶段，材质、形状、功能不完全相同。我们都知道，上古人从采集、狩猎，过渡到农业种植，是一场伟大的革命。它标志着上古人从此掀开了新的历史的一页，农业的出现使他们开始掌握自己的命运。而这场革命又是由生产工具的变革开始的。从中我们不难看出石头农具也凝聚着上古人的智慧，往日简单的生产工具，正是今人的历史教科书。

旧石器时代的工具，主要是用于狩猎的。即用石头打击娇小的野兽，如麋鹿、麂子之类，材料坚硬，制作粗糙。人们捕猎后用石刀、石斧、刮削刀之类将烧熟的肉或生肉分割成块，这和农业科技时代的工具全然不同。周口店龙骨山遗址和山顶洞遗址，发现的是距今 70 万年的北京人遗骨化石、石英片、石核、石块、石珠、骨针、火迹、兽骨，证明其时人们过着狩猎生活。至山顶洞时，人们依旧以狩猎捕鱼为生，同时已学会了用兽皮做衣服。

1954 年，我国考古工作者在山西襄汾丁村文化遗址，发现 20 处文化遗址，距今 5 万年以上。石制品有 2005 件，这些石制品材质好，制作粗糙，主要是石核、石片、石器三大类。在石器中主要是砍砸器，“如手斧、石球、单边形器、鹤嘴形尖状器、小尖状器、刮削器等”。石球是用绳子缚击野兽的工具，大的重达 1500 克，小的 200 克，一般的 300—500 克。① 石球和三棱夹状器是丁村人狩猎的最主要的工具。

距今 12000—4000 年之间的新石期时代，即我们常说的三皇五帝时代，人们虽然仍过着以渔猎为主的生活，由于农业生产的出现，石制工具也与旧石期时代的工具有重大区别。在这里我们不妨先看几个典型的例子：

---

① 李坤编著，《中国大考古》，陕西师范大学出版社，第 17 页。

表　中国最早的农具

发掘时间	遗址名称	距今时间	文物遗存
1962—1995 年	江西万年仙人洞	1.2 万年	1964 年出土石器 474 件、骨器 248 件、穿孔蚌器 19 件、陶片 297 块、稻硅标本
1984 年	河南舞阳	8000 年	出土墓葬 300 余座，出土石制品规整、精致、锋利。骨制品有骨箭、骨笛；地穴式房屋，小口壶、盆、钵及陶器，稻谷粒
1983—1994 年 6 次发掘	内蒙古敖汉旗兴隆洼	8200—7500 年	房址 180 余座、窖穴 400 余座，发现玉器、蚌器、石器、骨器、陶器
1977—1978 年、1979 年 3 次发掘	河南裴李岗	7500—6900 年	出土器物 400 余件； 石器：石铲、石斧、磨盘、磨棒、燧石、细石器；陶器：壶罐、钵、碗、勺
1978—1982 年	甘肃大地湾	一期 7800—7300 年 二期 6000 年 三期 5900—5600 年 四期 5000 年	出土陶器 4147 件、窑址 38 座，三足钵及彩陶 200 余件，混凝土宫殿式建筑 420 平方米，鱼钩、网、鱼纹盆
1965、1987、1988、1990 年 4 次发掘	山东淄博临淄区齐陵镇后李庄	一期 8500—7900 年	石器有锤、斧、锛、凿、匕、铲、砺石、磨盘、磨棒、支脚、刮削器、石核； 骨蚌器有锤、镞、笄
1964、1978、1979 年	山东滕县北辛遗址	7300—6100 年	石器有石斧、敲砸器，铲、刀、石磨盘、磨棒、砺石； 骨器有镞、鱼镖、鹿角锄、凿、匕、棱形器、刮削器、针、锄、笄
1921、1951、1980、1981 年 多次发掘	河南渑池仰韶村	7000—5000 年	石斧、石铲、石凿、石饼、石网坠、石弹丸、石犁、刮削器、砍砸器； 陶器：鼎、灶、钵、盆、碗、壶、罐、瓮、小口夹底瓶
1973、1977 年 2 次发掘	浙江余姚河姆渡	7000 年	石斧、石锛、石凿、砺石、砍砸器、锤、刮削器，夹状器、凿形器、斧形器、木耜、木铲、木筒、木桨、骨耜、骨箭、骨匕等 170 余件
1993—1998 年	江苏金坛三星村	6500—5500 年	石器：锛、七孔刀、锄、砺石、石钺； 玉器：玉璜、玉船、玉诀； 陶器：陶纺轮、鼎、豆、玺樽、罐、盆、钵、杯、盘
1986—1988 年 1989 年 3 次发掘	浙江慈湖宁绍平原遗址（良渚早期）	5700 年	石斧、锛、刀、镞、纺轮、条形刀片、镂孔圆、钵、鼎、支架、双耳壶、木屐、木桨、锛柄、钻头、点种棒、轭形器、木陀螺
1959 年	山东大汶口	6000—4600 年	石铲、石斧、锛、骨锄、石镰、石刀、蚌刀、牙铲、牙刀、矛、镖、鱼钩、獐牙钩形器、象牙雕筒、雕花牙梳，木耜

续表

发掘时间	遗址名称	距今时间	文物遗存
1959—2001 年 2002 年	浙江良渚	5300—4000 年	石斧、石钺、石锛、石凿、石镰、石犁、破土器、耘田器、砺石、网坠、带把石刀、多孔石、刀、斜把破土器、纺轮、纺锤、鼎、壶、罐、盆等； 玉琮、玉玺、玉钺、玉璜、玉环、玉镯、玉梳、玉瑗等各种饰品
1954—1957 年 5 次发掘	西安半坡	6500—6085 年	成功实现钻孔技术、加细沙调水技术、切锯技术；地穴式房屋、窖穴、陶穴 6 处
1959 年	河南二里头遗址	4000—3600 年	发掘出 3 座宫殿； 生产工具：刀、锛、凿、鱼钩、石镰、蚌镰、蚌铲、骨铲、木耜、石磬、铜爵、铜戈、铜戚、玉圭、璋、琮、钺、戈、铲、绿松石

这一时期的生产工具有如下几个重要的特征：

第一，渔猎工具与农业种植工具同时出现，农业工具越来越多。渔猎时代的工具主要是石英片、石核、石刀、石斧、砍削器、石球、石凿、石锛、石锤、石铲、鱼钩、鱼镖、鱼网、石网坠等；进入农业时代的农业工具有石钺、石锄、带把石刀、多孔石刀、鹿角锄、石犁、石镰、木耜、骨镞、骨锄、蚌铲、蚌镰；厨房生活用品有鼎、壶、罐、豆、石磨盘、石磨棒、灶、釜、甑、钵、盆、碗、瓮、尖底瓶、砺石、玉船，以及石纺轮和各类祭器。制作工艺和材质越来越好。

第二，四时农具齐备，以适应四季之需。春天是播种的季节，适应这时的工具如翻地的犁，包括石犁、骨犁、石耜、蚌犁、木犁（木耜）、破土器、锛、铲、耕田器、点种棒等；夏天是庄稼成长的时候，这时候田间管理很重要的是施肥锄草，这时的主要农具有传统的石锄、带把石刀、鹿角锄；秋天是收获的季节，这时候的主要农具是镰，呈现在人们面前的镰除了石镰以外，还有蚌镰、蚌刀；冬天粮食收起来，首先是收藏储存，有大量的粮窖，尤其是北方最为明显，如兴隆洼就出土房址 180 余座，山东三里河大汶口之地下层 66 平方米的一个窖里粮食装满了。过冬了，人们可以用磨棒在磨盘上碾磨粟粒，加工成粉，锅碗瓢盆样样有，人们可以将兽肉与粟米一起调糊鼎鼒，自由自在地过冬了。

第三，农具制造技术日益进步。以犁为例，最先出现的是石犁，后来出现骨犁、骨耜，进而出现了木柄与骨耜结合的木耜，最后出现的是铁犁。据说耒耜起于神农，是他制耒耜，教民耕作，不无道理。“最初的耒耜是木质的，在木耒的一端加上木、石或骨的耜冠，就成了一种复合的翻土工具耒耜。骨耜取材于大型偶蹄类哺乳动物的肩胛骨，保留肩胛骨的自然形态，在正面从上到下有一道纵向线槽，这种线槽可能是由于竖向木柄与骨耜本身长期紧捆于一体在外力作用下形成的。纵槽上端有的修磨成半月形，有的制作成横穿方銎，用来穿系绳索捆绑木柄。在纵槽下端两侧分别凿琢有一个近似椭圆的孔，这也是为了穿系绳索捆绑木柄而设计的。”① 显然这比原始的石犁、石斧之类要复杂多了。这耒耜有点像现代人使用的铁锹，古人以此翻地，比以前要省力多了。据记载中国最早的铁犁是月氏人发明的。月氏人住在河西走廊的永登张掖之间，他们以“畜牧业为主，主要畜养羊、牛、马、骆驼、驴子，兼营农业、手工业和狩猎。农业经营已有一定的规模和水平，不仅出土了许多石制农具和粮食加工工具、小麦窖穴，还出土了重达12.2 千克的铁犁”，② 以及铁锛、铲、臿、矛、刀、剑等工具。有铁犁就用牛耕地了，无疑这是很大的进步。我国农村至今仍在使用这种农具。这种农具在制作上与耒犁有很大的不同。首先它是由木制犁耙把加上铧——即一个可装在犁把下前方的三角形铸铁，这两部分构成。上一部分拴上引绳套在牛肩上，让牛拉动。当然这就更省力了，也大大提高了生产力。从石犁—骨犁—木犁—耒耜—铁犁的演变过程，我们就可以看到农业文明的发展足迹。

考古证明距今 4000 年时吴越人已普遍使用犁、铧、破土器、耘田器。此时的犁已变成了扁薄等腰三角形，夹角 40—50 度之间，两腰有刃，中有 1—3 孔，小者长 15 厘米，大者 50 厘米。内凹，略平，可用牛拉动。

① 刘军著，《河姆渡文化》，文物出版社，第 66 页。
② 陈炳应、卢冬著，《古代民族》，敦煌文艺出版社，第 51 页。

三、上古人的住宅与城池宫阙简述

上古人从渔猎穴居或游牧不定的生活转为定居的农业生活后，住房建筑便是一个十分重要而迫切的问题。由于北方的地理环境不同，北方多旱地，种粟黍，南方多水网，种稻谷，因此，他们的住房形态也大为不同。加上不同地区，不同民族的不同习俗和氏族邦国贫富的差别，城池宫阙在不同历史阶段亦大相径庭。这里，我们仅以考古发掘的事实为依据，举几个实例，说明上古建筑的真实形态、建筑理念与对后代的影响。

（一）上古居民的住房建筑描述

1. 北方的居民住房：半地穴式建筑

距今6000余年的西安半坡村母系氏族公社遗址，位于西安市东郊6000米半坡村，是距今保存最完整的古民族遗址。其房屋建筑形态，具有北方民房的代表性。

村落分成居住、制陶、墓葬3个区域。居住区是主体。居住地北临潼河，南依秦岭与白鹿原，土地肥沃，气候湿润，可渔可耕可猎。1953—1957年我国对此地进行五次发掘，面积5万平方米。居住区有房基、窖穴、圈栏。其中住房46座。早期住房保留穴居习俗，一半在地下，以坑壁为墙，一半在地面，用木柱支撑。屋顶低矮潮湿。村子外面有护城沟，长300米，深5米，宽6米。这是大型村落的防盗防敌防兽防水的建筑。

与比它早1000年的贾湖遗址村落的建筑相似，住房也是以半地穴式单间房为主，少量的是扩建的半地穴多间房，个别地方有半地穴式地面建筑和干栏式建筑。可见半坡人的半地穴住房是贾湖半地穴式住房模式的继承和地面建筑的普遍化。

比它晚2000年的河南洛阳偃师二里头居民住房，也是半地穴式建筑，不过许多改成了窑洞式居址。平面形状大为丰富，有圆形、方形、长方形多种。一般居室都在3米左右，大一点的有长10米，宽5米。住房中间有隔墙和墓地。非常明显，二里头人的住房是半坡人住房模式的发展与继承。

这就是说，我国北方人民从贾湖人到半坡人到二里头人，从距今8000—4000年，住的都是半地穴式建筑。主要原因可能是气候干燥及与水有关。贾湖遗址居淮河上游，处于南北方交界地带，水多。在低洼地方造出半地穴式建筑并不合适，所以贾湖遗址中出现了干栏式建筑。这个遗址的消失，专家们考证认为也是水患造成的。山东章丘龙山文化遗址，继1930年、1931年两次发掘之后，1990年进行第三次发掘，出土了西河类古文化、北辛文化、大汶口文化3个不同历史时期的文化。最有代表性的是距今4600年的"黑如漆，亮如镜，薄如纸，硬如瓷，掂之飘忽若无，敲击铮铮有声"的蛋壳黑陶杯。同时发现了龙山文化城、夏代岳石文化城和周代古城三城叠压。居民住的地方有居住、炊饮、制陶等多功能区，城周有城墙及城壕围绕，城内有多达35万平方米的住宅，但这些住房形态由于时代久远，损坏严重，难以窥察其真容。

2. 南方的居民住房：干栏式建筑

河姆渡位于浙江省宁波余姚市，地处四明山、慈南山之间的姚江平原南侧山地与平原交汇处。1973年、1977年两次发掘，揭露面积2630平方米，遗址厚度4米左右，含4个文化层，经历了距今7000—5300年的历史过程，在距今5300年时因姚江洪水被淹没。该遗址有许多重大发现。干栏式建筑遗迹是至今我们见到的最完整最有代表性的建筑之一。其特点是榫卯木结构干栏式建筑。第一文化层两次共发掘出25个排木桩、4个木构栅栏圈。排桩由桩木、板桩、圆木组成。一般是下部打桩，形成架空房基，然后在桩上架横梁，铺上木板构成干栏式住房。

第四文化层亦发现干栏式房屋建筑遗迹。其构建方法是："先在要建房的地方安排支柱位置，然后在此住房上挖出一个坩埚形小土坑，每倒入一次料土就砸实一次，经过三四次倒入砸实就形成了暗础，这种暗础就是今日柱础的雏形"。① 令人难以置信的是在河姆渡时代，人们用的是石刀石斧，他们的房屋建筑究竟是怎样进行榫接的呢？从出土的上百种榫卯构件看，我们不能不赞叹，他们全部用的是垂直相交的榫卯技术，包括梁头榫、柱脚榫、燕尾榫、双凸榫、柱刀形榫、双叉榫。其中两件榫头截面长宽比例为4∶1，符合受力要求，构件科学，被誉为"经验切面"。另有一个构件带有梢钉的榫，人们发现榫头上凿了一个直径3厘米，长9厘米，宽7厘米的长方形小孔，用以安插梢钉，以防止构件受震动脱

① 刘军著，《河姆渡文化》，文物出版社，第25页。

落。说明这种联系梁柱的榫卯的节点构造技术在当时已相当成熟了。

这种干栏式建筑是在江南水网地区比较流行的建筑形式，影响广大、深远，至今许多少数民族的竹楼仍采用这种建筑模式。这种建筑，不仅上面可住人防水防潮湿，下面可饲养家畜积累干肥，而且还可防止野兽侵害和地震灾害的破坏。

采用这种建筑，我们亦看到，在其周边地区没有北方居民那样的粮窖，藏谷通常用室内仓，以保持干燥通风，少量的是用缸或柜储存，以保持清洁和温度，防止谷物变质霉烂。

（二）上古城池宫阙建筑形式描述

我国考古工作者经过数十年一代又一代人辛勤劳动，不畏寒暑，奋不顾身地拼搏，发掘了大大小小难以尽数的古城。这里，仅介绍其中几个令人印象深刻、终身难忘的古城。

西坡古城——黄帝行宫

山东西河遗址距今9000—7700年，虽说有城墙、城壕，城内有夯台基，大小数万平方米到35万平方米，又有住房遗址30余处设计巧妙的平行横式建筑。但我们对建筑形态仍不很清楚。河南灵宝西坡古城堡的发掘给我们的印象全然不同。尽管残缺破损严重，但建筑的整体结构依然历历在目。铸鼎原址位于河南灵宝县阳平镇，这里遗址密布。铸鼎原聚落群体在约1000多平方千米范围内，有87个部落，1309个氏族，26万多人口，其绝对年代正好与黄帝时代相对应。所以考古学专家许顺湛先生认为黄帝部落的族庙和祭坛就设在铸鼎原上，黄帝后期的都城不是西坡遗址就是北阳平遗址。我国从2000年开始对西坡遗址进行发掘。遗址在公路的两侧，经过几年的努力，寻找出两处3座房基，分别标号为F104、F105、F106。苏湲对这3座房基的描述是："F104，106平方米。F105一大房子在F104之下，距地表1米左右，占地面积516平方米。为半地穴建筑，主室（地穴部分），地基层层打夯，厚1.85米，房基南北长19.85米，东西宽18.25米，面积为372平方米。是F104的9倍。半地穴式墙壁分为内外两部分，四周排列着密集的柱洞，复原数在40个以上，柱洞深2米余。主室四壁南北长14.9米，东西宽13.7米，净面积204平方米，是F104的2倍。"大房子厅室有4根大柱子，被叠压在F104之下。有4根大柱支撑着搭建房顶的横梁。居住面十分考究，共五层。第一层为细泥，厚约1厘米；第二层为料礓制成，最厚处2.5厘米；第三、四层为掺有料礓粉和蚌壳末的黑灰色细泥，最厚处3厘米；第五层为草拌泥，厚约4厘米。每一层表面都涂有朱红色辰砂。”① 苏溪还描述了F105内道说：“F105坐西面东，位于墙中部的斜坡式门道，由低渐高伸出户外，……近门道处有一圆形火膛，火膛下有暗道与门相通，将烟排到户外。”“外面有宽洞的回廊。回廊外柱洞林立，约30余个，复原为37个大型柱洞，灰白色木柱打灰与朱红色辰砂。前回廊最宽处达4.7米。具有议事厅或原始殿堂性质。”

这些描述十分具体清晰，让我们看到了这是一座设计严谨、气势恢宏、工程浩大、相互拱卫的5000年前的宫殿。或许这就是黄帝时代遗留下来的行宫。神话中末代轩辕黄帝正是在这里铸鼎骑龙升天的。

这一建筑虽然宏丽，但其基本的模式——半地穴式居室却与半坡村民居的半地穴式相似，只是城垣壕沟回廊厅堂不同而已。

同属于仰韶文化，西山古城堡却有所不同。西山古城位于郑州市北部23千米的邙山脚下的枯河旁边。西边是丘陵，东边是黄淮平原，北边是黄河，南边是嵩山，像一个小小的聚宝盆，城址略呈圆形。西垣残存60米，北垣西段残存60米，中间20米，东南残存50米，城垣高3米，宽5—6米。墙外有壕沟，宽5—7.5米，深4米。总面积10万平方米。城内面积31000平方米，已挖掘4700平方米。现有面积是原址的四分之一。据测定为距今5300—4800年的古城堡。

据苏溪《黄帝时代》记载，其建筑方法是先在拟建城墙的区域内先筑倒梯形基槽，再在槽底平面上分段分层夯筑，城墙采用方块板筑法，每板大小不同，一般2米左右。经发掘获知，至少使用了3种板筑方法：

第一种，是交换固定夹板，四面板块同时夯筑；

第二种，依次逐块夯筑，完成一块就抽去夹板，再夯另一块；

第三种，应用已筑墙体中心，在板块内再接填土，稍经夯打而成，因此夯层较厚。② 城墙夯筑成品字形分布，为集中混夯，即我们在1949年前仍然见到的那种以木墩牵绳子，以四人或八人边唱边拉绳子夯筑的方法。墙外有壕沟宽4—7米，最宽处11米，深3—4.5米，这就是1993—1995年发掘出湮灭数千年之久的仰韶古城，距今5000余年。从历史的角度推测，这座古城应当是人们寻找已久的“黄帝时代有熊国的国都”。

这一时期古城堡宫殿建筑发展之迅速让人吃惊。甘肃大地湾遗址的发现，便又是一个典型的例子。大地湾遗址位于甘肃省秦安县五营乡，总面积110万平方米。已发掘13200平方米，清理房址240座、灰坑窖穴342个、墓葬29座、窑址38座、壕沟6条，文物2000余种。发掘工程按文化时代分为四期：

① 苏溪著，《黄帝时代》，清华大学出版社，“废墟中的宫殿”一节。

② 同上书，“黄帝时代”一节。

第一期　距今 7800—7300 年，出土了粟黍等标本、彩陶 200 余件；

第二期　距今 6000 年，仰韶早期；

第三期　距今 5900—5600 年，仰韶中期；

第四期　距今 5000 年，仰韶晚期。

在第四期里发掘出许多大型建筑，其中最引人注目的是 F901 建筑。“这是世界上最早用混凝土造的宫殿式建筑。”① 据作者描述，这是一座约 420 平方米的多向复合式建筑，“规模巨大，结构复杂、布局规整、中轴对称、前后呼应、主次分明的宫殿式建筑”。该建筑体由前厅、主室、左右侧室、门前棚廊等六大部分构成。主室正门朝南开，面山背河；以中轴为主左右对称；支撑建筑的木桩以石头为基础；有 142 根木柱坚固墙体；主室有 8 根大柱将空间一分为九；中心大柱直径约为 50 厘米左右。主体 130 平方米。地面由一种类似现代水泥的混凝土铺成。经考证、化验，其化学成分、物理性能及抗压强度，均相当于当今 100 号水泥浆地面的强度。② 中国和日本专家一致认为，这种建筑材料是目前世界上最早最古老的混凝土。这一建筑模式比灵宝宫室先进得多，是此前宫殿式建筑的重大发展与飞跃，同时又开了此后宫殿式建筑的先河，我们只要看看那故宫式的建筑布局，就可想象出大地湾时代宫殿的富丽宏伟。它究竟是哪一位王者所为，至今仍然是个谜。

河南偃师二里头是夏代君王建在二里头村的北临黄河南依洛河的古堡。这座古城，也同样上承仰韶遗风，为半地穴建筑。不同的是这些居址已由半地穴式居址改成窑洞式居址。其平面形状有圆形、方形、长方形等多种。在一般情况下，居室直径 3 米左右，大的长 10 米，宽 5 米，中间有隔墙与地基。这是一般平民居址。夏时的宫殿，二里头发掘出有 3 号宫址。1 号宫址：正方形，东西长 108 米，南北宽 100 米，高 0.8 米，总面积 10000 平方米。殿堂在中间，东西面阔 8 间，长 30 米；南北进深 3 间，宽 11 米。殿前有庭院，过庭院为牌坊或大门。

2 号宫殿在 1 号殿的北面。东西宽 58 米，南北长 23 米，形制与 1 号相似。基址四周有围墙与回廊。大门在南边，门道在中央，两侧有塾，东廊下惊现陶质排水管。

3 号宫殿为早期建筑，规模宏大，是最早的夯土基址。南北长 150 米，由三进庭院组成。经碳 14 测定，其时间在公元前 2000 年至前 1600 年间，历时 400 余年。专家们认定此为夏朝都城。二里头的布局，清人戴震按《周礼·考工记》的建筑制度作过描述。他在《戴氏遗书·考工记图》中揭示二里头宫殿有中轴线建筑。平面呈横向长方形，四周有一圈柱洞，洞中有柱础石，柱洞南北各九，东

①② 李坤编著，《中国大考古》，陕西师范大学出版社，第 33 页。

西两边各四，间距 3.8 米，呈东西南北对称排列。

殷商都城——河南安阳殷墟，为公元前 14 世纪商代第 19 位国君盘庚从曲阜迁都至殷地所建，前后历八代十二王，历时 273 年。现在是可以目睹其雄伟面貌的大型博物馆。这里从 1928 年 10 月至 1936 年 6 月，经 15 次发掘，发现了 54 座王宫基址，面积达 5000 平方米。宫殿四阿重檐，方木或圆木为柱，垫以石础或铜础，梁、栋、楦均为木搭建，切面榫由金属锯锯成。墙壁初期用夹板夯筑，后期用土砖垒成，少数用石头砌成。宫殿遗址长 170 余米，宫殿以东西走向为主，夹以南北走向的殿堂屋宇。四周有多面夯土城墙。城周是板筑的民房，低洼地方有干栏式建筑，配有祠堂、工场、作坊、奴隶住所、驿站、监狱等设施。

（三）神庙与祭坛建筑形态描述

5000年前的女神古庙

女神古庙位于我国辽宁省凌源县与建平县之间的牛河梁主梁上。1983 年发现，1984 年发掘。牛河梁北部是牛河梁遗址的主体。台地系人之所为，南北东西各长 200 米，四周有石墙，处台地北侧有另一座神庙，两者对称分布。女神庙是“由一个多室和一个单室两组建筑构成。多室在北，是主体建筑，由一个主室和几个侧室、前后室组成。单室在南，是附属建筑。主室西侧出土彩绘泥型人像头部、肩、臂、手、乳房残件和动物像（猪龙，以及头、蹄等残件）。还有彩绘墙壁面残块、特大型陶器残片等，其中人头部存高 22.5 厘米，脸面宽 16.5 厘米。肩头残块，细脸细腻，曲线圆润，造型优美，具有女性特征。发现残块的女神像属五六个个体。女神庙中还发现有祭祀用器”。① 该遗址经测定为 5000 年前的神庙。女神面部为朱红色，脸颊突起，扁鼻梁，尖下巴，眼珠为两个晶莹碧绿的圆玉镶嵌，双目炯炯有神。此外还有 6 个残体女裸神。塑造艺术之精美堪与比她晚数千年的维纳斯比美。

这一遗址的发掘不仅表明中国雕塑艺术 5000 年之前就有了，中国的人体艺术并非外来品，久存于远古，而且还表明这一神像是根据现实生活中的真人塑造的。所以不少专家认定这就是中国家喻户晓的那个泥土造人的女娲神像。

《中国文物报》1996 年 7 月储友信报道的一则消息说，湖南考古研究所在湖南临澧县发现一处旧石器时代末期的高台式建筑遗迹。“遗迹在高出农田 6 米的

① 李坤编著，《中国大考古》，陕西师范大学出版社，第 53 页。

台地上，有高约 70 厘米的土台建筑，直接叠压在台地中的网纹红土之上。遗迹面积 24 平方米，外形椭圆，中部内凹或成方形，南北向，南有一道门，通过门道往土台中部延伸一条长 4 米、深 2.8 米的封闭的沟，门道与沟朝向西南，门道以西紧土台有深 50 厘米、直径 60 厘米的略呈圆水坑。土台夯筑而成，中无文物。同时发现两处地穴或遗址。从门道方向以及纵延至遗迹中的沟可以看出其与遗迹有承袭关系。这可能是目前国内发现的最早的建筑遗址。湖泥中地穴遗址距今 1 万年以上，深藏在湖泥下的高台式建筑在 1.5 万年以上。1949 年 8 月《湖南考古漫步》一书说这是有 1.8 万年前的遗迹。”①

林先生在该文末分析指出，这是旧石器时代的遗址，高台建筑的年代应在 15000 年以上。这是一处大型的公共建筑，不是小窝居，是一处具有宗教性的建筑，人工夯筑的祭坛。他最后分析认为高台建筑可能是目前所知的中国最早的建筑文化、祭坛文化，有巢氏文化。

无论它是不是有巢氏所为，它都是一个令人震惊的存在，是距今 1 万多年的史前建筑。特别值得人们注目的是这里的地穴式建筑不仅说明在南方也有过地穴式建筑，而且比北方的半地穴建筑还早几千年。与地穴式建筑同时存在的高台式建筑属于“虚其下”的干栏式建筑。为什么地穴式半地穴式建筑在南方没有得到推广，而干栏式建筑却得到了推广呢？这是一个值得讨论的问题。

湖南黔阳高庙出土了一件陶器，陶器上有宗教祭祀图案并配有干栏式祭塔图案。该遗址距今有 7400 多年。

据林河先生描述，祀神陶罐颈部有神徽图案，神徽两旁各耸立一座高塔，塔的基座为 W 形，基座上有一座四折楼梯的塔身，塔的顶端有一座祭祀用的塔楼，楼上有像窗户一样的五角形几何纹饰。② 如果说这些干栏式建筑只是一种艺术的想象，那么长江下游 7000 年前河姆渡遗址的干栏式建筑便是这种想象的实证。也就是说我们并不能排除还有比河姆渡或高庙还要早的干栏式居民建筑的存在。

综合上述可见，从三皇五帝以来，任何朝代都留下了许多神圣辉煌的宫殿、神殿、庙堂、高台等祭祀场所。其祭祀庙堂建筑远比我们见到的最早的城池王宫还要早数千年。

我国上古的房屋建筑，无论是北方的半地穴式居址，南方的干栏式建筑，西山的城壕还是大地湾的水泥地，西坡的行宫，殷地的大殿；无论是 5000 年前的神庙还是 1.5 万年前的神台，都给我们留下了丰厚建筑实物与精湛的建筑思想，

---

① 林河著，《中国巫傩史》，花城出版社，第 182—184 页。
② 同上书，第 167 页。

成为影响当今中国人建筑的民风民俗的导游图。

（四）上古建筑所透露的基本思想

这些是我国五帝时代的确凿证据，是三皇五帝神话传说留存的活化石。从中我们不难看到上古人的一些思想脉络。

其一，依山傍水，藏风聚气。从已发掘的大型聚落群址观察，不论是大地湾、半坡、仰韶村、姜寨、李裴岗、贾湖，还是兴隆洼、大汶口、河姆渡、三星村、良渚、二里头，没有一处不是背山靠水的。这一点与采集、狩猎、穴居、逐水草而居的游牧生活有重大区别。背山靠水的好处很多。俗话说靠山吃山，靠水吃水。靠山可以建房、狩猎、耕种、采集，落脚平原可以种地，可以得水产品，获取生活用水，可借水浇灌，驾车行船。山养人，水养人，有山水之利就可以生存。上古人从大山森林里走出来，又不离山不离水，使他们体会到水是生命之源，土是生命之本，故为水德、土德。

藏风聚气。这是讲风水的第一条重要原则。古人造房子第一件要忌讳的事是当冲口，他们从不居山脊冲口处，不居草木不生之地。冲口即山丫风口，是行人往来的要冲，古人很忌讳。这和现代人经商选择“市口好”、人来人往多的法则完全不同。过于繁杂喧闹不适合居住。居当风口要冲，容易遭灾，不吉利，有凶相。所以要避风，特别是要避寒风袭击。这是古人的经验之谈。聚气，指聚集有利于人体的气体，主要指新鲜空气。即现代人讲的氧离子多的地方。有的地方，地下有矿物，常常散发一些有害于人体的气体，如近煤田有瓦斯，近恶水有沼气。选址对头，有害气体“乘风则散，界水则止”，对人体危害就小一些，含氧

离子量就高一些，空气新鲜，对人有好处。正因为这样，所以郭璞说：“风水之法，得水为上，藏风次之。”这不是迷信，而是科学，是经验的总结。

其二，辨方正位，背阴朝阳。辨方正位，就是要通过各种方法弄清选址的东南西北方位。《古今图书集成》说：“炎帝神农开始课功定地，置城。”自古以来我国对建造房屋的朝向都十分重视。这是因为我们民族所处的中原位于地球北纬30°—33°，经度90°—120°，距北极较近，易受冷空气袭击。尤其是北方地区更严寒一些。所以背阴向阳就成了一个首要问题。人们在日常生活中体会到，离开了阳光万物不能生长，种庄稼更离不开阳光；人们依靠日出日入判定四时八节十二时辰；依靠太阳料理日常生活。所以太阳在他们心中就是神，是上帝，是远古以来就被崇拜的偶像。因此在造房子的时候，他们会采取种种方法判定方位。

其三，中轴对称，天圆地方。我国多数古建筑都是按照“以自然为师，以天地为本，以气象为节，以四时为准”的原则“法天地，象四时”设计的。“以三为本”“贯三为王”“以九代天”“以六代地”，一砖一石，一树一阶都是有依据的。在大地湾宫殿遗址，二里头宫殿遗址，殷墟遗址，和现代北京城故宫，我们都可以看到那辉煌的中轴上的宫阙殿堂。首先映入人们眼帘的是他们那磅礴的气势，对称的美感。那天圆地方的观念同样早已深入到皇城的总体布局和屋宇楼厅之中，即使是5000年前的古神庙墓地，人们也能看到那天圆地方的智慧火花，不时迸发在眼前。

其四，因地制宜，求新求变。从建筑技术上来说，北方居民爱半地穴式建筑，南方居民爱干栏式建筑，是与他们相处的自然环境密不可分的。南方水网地区不适于地穴式半地穴式建筑。就建筑技术来讲，古人一直在不断进步的，比如地基的基础，开始是夯土地基，后来改为石头地基，再后来是铜础地基。

上述建筑思想既体现在考古发掘的五帝时代的宫城遗址中，也体现在神话中，你看那三垣二十八宿中的紫微垣、天微垣、天市垣，天上人间一个样，住宿、作坊、墓葬、市场、战场样样都有。紫微垣中也是前殿、中殿、后宫，三宫六院一样不缺，天帝就住在那最高最神秘的地方。不仅如此，天帝在位时还有行宫，如神山昆仑山，也同样是很富丽的。在那里，树高五寻，西面有珠树、玉树、璇树、不死树，东面有沙棠树、琅玕树，南边也有绛树，北边有碧树、瑶树。山上四面有440座大门，每个大门宽九纯，每纯一丈五尺。山旁有九口井都用玉围成栅栏，昆仑的阊阖门里有倾宫、旋室、悬圃、樊桐等物构成天地疏圃，黄水就从这里流出，喝了它可以长生不死。[①] 这些描述虽是神话，也同样体现了原始宫廷建筑九五之尊的基本思想，和水、火（日）、风（木）、金、土等五行本原意识。

① 赵宗乙译注，《淮南子》上，黑龙江人民出版社，第195页。

四、上古农村的水井、围栏、窖穴、窑址简述

水井、圈栏、窖穴、陶窑等设施，是上古时代农民过着定居生活绝对不可缺少的证明。缺少了水，人就无法生存；缺少了水，动物植物也无法存活。不仅水少不得，窖也少不得。北方人缺少了窖穴，就无法储粮储菜过冬，南方人没有仓库也无法渡过五黄六月那最难熬的荒旱时刻；缺少了锅、碗、瓢、盆、勺等陶器，也没有办法烧饭炒菜吃；离开了织布机，就没有衣穿。所以这些生活设施，都和人们的日常生活密切相关，并在生产过程中不断发展，至今已成为各不相同的产业。但在它们刚出现时，对社会生活来说，无一不是巨大的推动力。

以水井为例，在没有水井时，人们只能靠吃河水和从屋檐滴下的雨水，或到山里去舀泉水过日子。人们因饮水不洁净而生病的很多。所以，在中国古代水井很早就出现了。有人把我国水井的出现时间固定在大禹时代，限定于“伯益作井”的传说。这是不符合历史实际的。现作几点说明。

（一）“伯益作井”与“黄帝穿井”

徐旭生先生的《中国古史的传说时代》第三章洪水解中说：“我们觉得治水一役（按：指大禹治水），曾得到伟大的一件副产品，它的重要性比治水的本身有过之而无不及，就是治水技术的发明。”“凿井技术为常时挖土的伯益所发明，最合逻辑。”《周书》云“黄帝穿井”。徐先生说：“看文献中在禹治水前无大规模挖土的记载，《周书》说述很像不是真实的，在凿井技术远没有发明前……因为取水不便，人民无法定居。”先生并引述《吕氏春秋·勿躬》《世本》《淮南子·本经训》的“伯益作井”“化益作井”作为佐证，肯定了凿井技术是禹的助手伯益所发明。

虽然，徐先生的推论“最合逻辑”，却不一定合于历史事实。《世本》说“黄帝见百物，始穿井”，《周书》说“黄帝穿井”，说明穿井发生于伯益之前。考古事实证明这一看法是正确的。

良渚文化时期嘉兴雀幕桥、嘉兴大舜新港、湖州花城、江苏吴县澄湖、常熟

东塘墅、昆山太史淀、吴江梅埝、九里湖、无锡南方泉、武进雪埝等遗址均有水井发现。仅澄湖地区就有数百口之多。[①] 良渚文化距今 5300—4000 年，这就是说在伯益、大禹时代之前在南方水稻种植区，水井的存在已是相当普遍的事实，并非始于 4100 多年前的禹益。

那么凿井技术是否起于良渚文化的 5000 年时期呢？也不是。浙江河姆渡遗址的水井发掘证明了这一点。在河姆渡 T34—T37 中部第二文化层黄绿土之下发现水井一口。水井底部深入第三、四层文化层。水井由 200 余根桩木、长圆木组成。井底深入其时地下 1.35 米。外围是一圈木栅栏（直径 6 米，面积 28 平方米）。有木柱 28 根，垂直入土 100 厘米。并有 16 根长圆木套合成方形竖井，每排木桩为 21—40 根，排列紧密，大体平行。东西两根圆木，两头有榫，出土时榫头还紧楔在南北两根半圆木卯孔内。这些木桩的出现是为防止垮塌与渗入泥沙，才用木柱做成井框固定。此筑井技术正是“井”字造型的原始依据。上海崧泽文化马家浜发现两口水井，与河姆渡相似。除此之外，良渚文化地区还发现了多种筑井方法。如在木筒中将一圆木剖开，挖空，钻孔，再榫合，沉于土坑中而成为木井，也有用大而厚的木板插入土坑中固定牢固而为井的。这说明凿井在上古早期（距今 7000 年左右）的南方就已盛行，比“伯益作井”早了二三千年。“伯益作井”虽有文字记载，但徐旭生先生 1959 年发现的河南偃师二里头遗址，夏王朝的都邑，并未发现有伯益所作之井。虽然如此，我们也不能说北方其时没有井的存在。因为有大规模农业的发生发展，就必定有人群聚集的村落，就一定会有井。据考古发现仅东夷考古发掘的，就有北辛遗址（距今 7300—6300 年）水井一口，大汶口时期（距今 6100—4600 年）枣庄建新遗址水井一口，龙山文化时期（距今 4600—4000 年）河南白营遗址水井一口。如果仔细统计下，还有不少。

这些事实说明：水井并非伯益发明。早在伯益之前 3000 年我国北方南方都有水井出现。这表明那时的人们已开始过定居生活了；南北方筑井既非根据伯益发明作井技术的推广，也非河姆渡向东夷传播或北辛人向河姆渡传播筑井技术。或许其时人们的思想交流是有的，但各方作井技术因时地不同，筑井所用的材料与方法也是各不相同的。从考古中水井出现的时间上看，大量水井的出现与传说中的炎黄时期吻合。《汉唐地理书钞》辑盛弘之《荆州记》云：“神农生于随县北界厉乡村内，周围一顷二十亩，地中有九井。相传神农既育，九井自穿，汲一井则众井皆动。”故有“黄帝穿井”之说。

① 见周膺、吴晶著，《中国 5000 年文明第一证》，浙江大学出版社，2004 年，第 66 页。

（二）牲畜圈养

Catherine Louboutin 认为厩养牲畜是从距今 6000 年开始的。他说："把牲口关在厩里过冬则有麻烦，直到公元前 4000 年初才做到。……人类从简单的关养过渡到混合的专业化饲养，关养仅提供肉食，专业地饲养则提供奶制品、羊毛和畜生繁殖。"畜生包括马、狗、绵羊、牛、猪。他认为公元前 7000 年左右才开始驯养狗、羊和其他动物。

英国学者 H. G. 韦尔斯著《世界史纲：生物和人类的简明史》上卷第 77 页写道："虽然现代人的食品中鸡和鸡蛋占据着重要地位，但它们是很晚才成为人们的食物的。《旧约》中没有提到过鸡（但提到过蛋）（约伯记：1.6），《荷马史诗》中也不曾有鸡出现。直到公元前 1500 年，世界上唯一的家禽仍是在印度和缅甸饲养的野鸡……鸡作为家禽大概是从缅甸开始的。据载它们传到中国大约是在公元前 1100 年。"

这些言论可以说作者对中国古代历史是一抹黑。仅以考古发掘圈栏和畜生遗骨为例，即可证明他们是错的。

距今 8000 年的贾湖人的家畜饲养主要是猪，其次是黄牛、水牛、羊等动物；贾湖人、河姆渡人的骨哨，有人说是用于驯养动物的，有可能。

距今近 8000 年的大地湾遗址出土兽骨多达 17000 件，其中猪骨占了三分之一，为两岁左右的猪个体。距今 7000 年的浙江河姆渡遗址也出土了大量的猪骨、狗骨、水牛骨。

山东大汶口文化刘林遗址 1960 年、1964 年两次发掘出 171 件狗牙床，30 件牛牙床，8 件羊牙床；大墩遗址 1969 年、1966 年、1976 年发掘发现有猪牛羊鸡骨，并有猪葬习俗；在野店遗址发现了也有猪葬习俗，有 2 个猪坑，每坑 1 猪；三里河遗址 18 座，墓里都有猪葬，有猪下颚 144 件，其中 302 号有 32 件。

北方从半坡遗址起，南方从河姆渡遗址起，许多村落都有圈栏。这些事实有力地表明，中国的圈养牲畜很早就开始了，并不比西方其他地方晚。

至于韦尔斯提到的中国养鸡是公元前 1100 年，即周朝初年从缅甸引进，完全违背了常识。古本《山海经》（五藏山经）是夏代的著作。众多学者称之为夏书。其中就有不少以鸡作为祭祀的记载。《西次四经》有"其神祠祀就皆用一白鸡祈，以稻米，白菅为席"；《北山经》有"其祠之，'毛用一雄鸡'"；《北次二经》有"其祠毛用一雄鸡，彘瘗用一璧一珪"；《东次二经》有"毛用一鸡祈，婴用一璧瘗"；《中次六经》有"用一雄鸡，禳而勿杀"；……《山海经》诸如此类记载很多。或许韦尔斯不知道中国有《山海经》这部书，没读过，对此无知。

从东夷文化考古发掘中，我们可以看到早在距今7300—6300年的北辛文化时期的北辛遗址，就发掘出北辛人饲养了猪、牛、鹿、獐、鸡、羊、猫等动物；到5000年左右的大汶口文化时代的胶县三里河，发现了那时人不仅养猪、养狗、还养狸、养鸡；到龙山文化的距今4400—4000年的滕州庄里西遗址时期，我们仍可见其时人们养狗、养兔、养马、猪、鹿、麋、牛、羊、鸡等动物。

从上述可见，我国东夷地区从距今7000—4000年，都有养鸡的习俗和实物证明。韦尔斯远离中国，又不见考古实物，可以理解。至于他说“到了5000年前，新石器社会扩展到欧亚两洲，从爱尔兰到中国，并向南扩展到非洲”（同上书73页），只不过是一个笑柄而已。一鸡之误，贻害了世界史学名家的清誉，实为不幸。

（三）窖穴

窖穴是储粮食的地方。我国北方纬度高，比较寒冷，自古以来就十分重视秋收冬藏。如果冬天不把粮食储藏好，开春就没有粮食吃。南方人储稻谷不用窖，用仓，或屯。就是在一间房子里铺木地板或泥地板上垫木板堆粮食，需用时开仓。或者铺垫地板后用芦席或竹席作围子屯粮食。有一些食物如山芋、白菜之类的储存以地窖（室内或室外）储存为佳。情况虽有些不同，但建窖建仓都是有的。一般的食用粮如白米、面粉之类大都存在陶缸里或木柜里，以防霉烂变质。

窖在我国北方十分普遍，内蒙古兴隆洼遗址经1983—1994年6次发掘，面积达3万多平方米，发现房址180余座，窖穴400余座，令人惊讶。根据C14测定其时间距今8200—7500年。

大地湾遗址一期有房址240座，灰坑窖穴342个，距今7800—7300年。

河北武安县磁山遗址1980年以来发现了88处方形地窖，存粮粟有13.82万斤，距今8000年。

郑州西山城址有穴窖灰坑1600余座，灰沟20余条。

山东胶县三里河遗址H203号，发现圆形窖穴，其中尚有约1.2立方米的粟米，该遗址有地窖30余个。

西安半坡遗址居住区内有地窖、公共仓库、圈栏等设施。

上述实例，充分说明我华夏民族远古居早在8000年之前学会了以窖藏粮了；以窖储粮的方式很普遍，数量很多，并非个别地方、个别地窖；大量窖穴的出现也从另一方面告诉我们：那时候的人的粮食生产已有了一定的规模，已不是茹毛饮血的时代了；人们的生活已有一定的改善，有粮可储了；其时郑州西山有窖

1600余座，内蒙古兴隆洼有窑400余座，这些都表明其时的人口已比较多，比较集中了。窑的形制的一致性，说明这可能是根据其时某些王者的统一号令按某种标准修建的。

（四）窑址

我国制陶技术开始早，陶制器物不论南方北方，使用十分普遍，各地各时代的陶制品特色十分鲜明，大大满足了人民的日常生活需要、祭祀需要和艺术审美需要。试举几例：

表　上古陶器制品示例

地　　址	发掘时间	陶器物名称	距今时间
江西万年仙人洞	1964年	出土297块陶片	1.2万年
河南裴李岗遗址	1977年、1978年、1979年3次发掘	陶窑一座，手制陶器壶、罐、钵、碗、勺	约8000年
内蒙古兴隆洼	1983—1994年2次发掘	出土大量陶器	8200年
河南舞阳遗址	1984年	鼎、罐、壶、陶窑、灶	8000—7800年
甘肃大地湾遗址	1958年1月多次 1978—1984年、1995年8次发掘	窑址38座，文物8000余件，成套系列彩陶：如圆底鱼纹盆	7800—7300年
河南仰韶村遗址	1980年10—11月、1981年3—4月5次发掘	泥质红陶、夹砂红陶、鼎、罐、盆、灶、壶、甑、钵盒、碗、小儿青底瓶	7000—5000年
西安半坡遗址	1954—1957年	发掘制陶区，陶室6座，彩陶鱼纹盆，蛙纹形泥条盘	6500—6140年
山东大汶口	1964年命名遗址200余处	夹砂红陶、泥质红陶、三足鼎、圈足器、平底器、圆底器、袋足器、觚形器、釜形器、钵形器、钵形鼎、罐形鼎、镂空鼎、圈足豆、双鼻盘、背壶、宽底壶、实足鬶、袋足鬶、高柄杯、大口尊等	6300年
浙江良渚遗址 浙江桐乡	1959年命名	泥质灰陶、黑陶、鼎、壶等1800余件：鼎、双鱼壶、带豆簋、尊、圆足盘、宽把杯、盆、豆、罐	5300—4000年
江苏金坛 三星村遗址	2002年	泥质红陶、泥质灰陶、鼎、釜、豆、罐、盆、钵、杯、盘、樽、纺轮、丸、猪陶	6500—5500年

上述事实说明：

第一，我国制陶业发展很早，江西万年仙人洞人早在1.2万年前就制陶了。比起欧洲墓中发现的公元前3000年的陶杯，早了七八千年。但这并非就是中国发掘的最早的陶制品。最早的陶片在距今2万年之前。从上述我们可以看到距今五六千年、七八千年的陶制品很多。仰韶文化、东夷文化、大汶口文化、良渚文化、红山文化等不同的文化中心都有几十至几百个遗址，每一个遗址都有大量的陶制品出现。

第二，这些陶器分布并无地域限制，东西南北中各地都有。它们就地取材，各有特色。你用泥质红土制陶，我用灰土制陶，你用白陶我用黑陶，并无制陶的统一标准与固定的泥质规定，皆依当时当地人喜欢而定。

第三，制品形态风格多样。大量的制器是釜、鼎、罐、杯、碗、钵、缸、盆、盘、勺，即今人说的锅碗瓢盆之类的日常生活用品，以满足人们的日常生活需要。有了这些器物，人们就可以烧水淘米煮饭炒菜吃。这比起采集野菜，吃血肉模糊的野兽和生鱼来说，是生活品质的一个巨大的飞跃。此外还制造一些精美的陶器作为祭器，以作为祭祀天地祖宗之用。虽然祭祀用途是相同的，但由于时代不同，地域不同，制作要求不同，所以祭祀陶器品的形态更为精美，不仅有不同的优美纹饰、图案、符号，还有釉漆、雕镂等极富欣赏性的彩陶制品出现。彩陶礼器的出现，为人神沟通开辟了一条崭新的渠道。

第四，制陶的出现与发展，从单一泥制品，发展到高级的礼仪制品，由普通老百姓的生活用品，发展到一种官职管理的官窑制品，从生活器具发展成为有文字符号绘画历法神器，手工制作从单一制作发展成为一个独立手工行业，并且1万多年来从未间断过，至今仍在起作用，这实在是一件非同寻常的事。

第五，制陶技术越来越先进。从开始时的泥胎盘条到后来的各色陶土制品，再到各式彩陶，各式花纹装饰，进而发展为有文字符号，高级精美的祭具和日用品，于是制陶很早就成为一门技术与艺术相结合的手工艺。

五、结语

（一）农业发展是神话之源

在农业生产出现之前的原始社会，人们的基本需求是以个体采集狩猎取得以满足生存的，所以他们无法保证个人的温饱。饥饿、死亡、疾病每天都在威胁他们的生存。他们希望有救星，有一个时代巨人出现在他们眼前。但他们的现实条件和主观思维达不到这一点。农业社会的到来，稻粟种植、房屋建筑、水井窖穴、制陶业的出现才使他们摆脱了对渔猎的依赖，因而才有对神的感激与怀念，才有了神话的出现。

正如马克思在《德意志意识形态》的《费尔巴哈·一般意识形态》一章中所指出的："思想、观念、意识的生产最初是在直接与人们的物质活动，与人们的活动交往，与现实生活的语言交织在一起的。观念、思维、人们的精神交往在这里还是人们的物质关系的直接产物。"①

从上述，我们可以看到那些曾经生活在大山的山洞里的人们，摆脱了与野兽为伍的生活，走下山来以后，一部分人过着游牧生活，靠饲养屠宰牛羊为生，另一部分人则来到平原与丘陵地区，依山傍水，靠种植为生。他们从采集的野生稻谷培育出稻种，从狗尾巴草种培育出粟黍，并将它们加工碾磨成食粮，进而又发明了陶制釜、鼎、罐、甑、钵、盆、碗等炊具，煮成熟食，从而为他们的生存开辟了一条崭新的道路。在这样的鼓舞下，他们聚集在一起，组成了村落，建成定居的房屋，并有了烧窑、制陶、制玉、酿酒、种田等社会分工，进而在聚集的村落周围筑起城墙，挖出了壕沟，使它变成了最早的城邦，开辟了崭新的天地。由于生产力的提高，生产技术的提高，人民的生活也得到了空前的改善，人民的生产积极性、创造性和智能开发，也得到了极大的提高，新生事物层出不穷，每日每时都有新的创造出现。正如马克思所说的："在历史发展的最初阶段，每天都在重新发明，而且每个地方都是单独进行的。"②

---

① 《马克思恩格斯选集》，第1卷，人民出版社，1972年5月，第30页。
② 同上书，第61页。

（二）原始农业催生了原始神灵与神话

农业生产的发展，首先使人民过上了定居生活。他们有了住房，吃上了井水、稻米、粟米饭，学会了用火烧饭，能吃烧熟的兽肉、鱼肉，有了生产工具和生活用具，出现了邦国的殿堂、庙宇。对于他们来说，这一切无疑是巨大的进步。虽然如此，他们却因处于种种难以克服的矛盾中，无法解脱而陷入苦恼。从上述种种考古资料中，我们可以看到他们面临的突出矛盾：

第一，人与自然的矛盾。由于生产力水平低下，人的文化水平、认识与抵御自然的能力低下，因此便形成难以克服的矛盾。例如河南贾湖、浙江河姆渡，都有极为辉煌的文化建树，但由于缺乏防水患知识，这两个昔日繁华的都市都毁于洪水。因此，上古人创造了女娲补天战洪水、抟黄土造人的神话。在驾驭自然的理想与超乎人类的希望中，他们构思出了操纵风、雨、雷、电，驾驭日月星辰的天神。而这些天神又是他们的老祖宗升天变成的。在谷物生产方面，他们缺乏天文气象知识，生产技术落后，不知道一年四季中什么时候播种，什么时候管理，什么时候收获，因此，就把希望寄托在帝王们按时公布的历法上，告诉他们什么时间是一年的四时八节，以摆脱四时不知四方不辨的混沌状态。这就产生了分辨时间与空间的创世神话，如开辟神话、创世神话和治世神话，进而分出阴阳，创造四时八节和神农播五谷等故事。所以原始的神与神话都具有深深的自然属性与社会属性的烙印。

第二，人与人之间的社会矛盾。从丧葬习俗中我们看到，在七八千年前的姜寨、裴李岗、北辛、半坡等文化时期，墓葬中陪葬品很少。即使有，也多为死者生前劳作所用的粗糙石头工具。但到了红山文化、大汶口文化、良渚文化时期以后，即距今 5000 年左右，不仅有棺椁出现，陪葬品亦多为名贵的陶制品、玉制品，甚至斧、钺、玉环、玉琮、玉玺等重器和精美的装饰品如玉珠、玉梳、玉镯、玉管、玉坠，以至象牙雕刻饰品。在此情形下，美玉胜金，玉帝至上的故事便油然而生。因此，5000 年前牛河梁红山文化墓群中出现了玉殓葬。死者的年龄虽然很轻，陪葬品却都是玉中极品，如玉琮玉玺之类。但并不是每一个人死了都有陪葬品，而且有的人有一二件，有的有 10 件以上，有的百件以上，最多的有 210 件之多，而有的人却一件也没有。这表示随着生产的发展，财富的增加和集聚，产生了阶级、压迫、不平等。有的人极富，有的人极穷。上古的中国并不是一个统一的国家，而是万国中的一国。中国农业发展先进，万国中许多国家还很穷困，发展很不平衡，大家都希望各国融合共同发展共同富裕。这就形成了不同氏族的人来中央之国这个大舞台执政的祈求。前朝后朝如父子，举国上下一家亲的传说便油然而生。男女之间，也由于经济权利的变化，而发生了政治地位的显著变化。如果说从姜寨到仰韶时期还有重女轻男想象存在，那么到大汶口、良渚时期这种情况则完全变了。在母系社会，在女娲时期，家里是女人掌权，男人是劳力，是仆人。谷物的种植，尤其是水稻种植的发展之后，男人成了主要劳动力，女人在家里做家务看孩子，家庭经济实权转到了男人手里，女人地位下降，逐渐成了附庸。到颛顼时，规定女人必须给男人让路，否则要受到责罚。这一事实也说明是农业的出现促使母系氏族的解体，转入了父系社会。这就产生了人们对自由爱情的留恋与向往的种种神话，如牛郎织女之类。这些社会矛盾的发展，使人们不能不怀念女娲时代那种平等自由的生活。这也许就是各地都建女娲庙的深层原因。

第三，希望长寿与实际短寿的矛盾。从大量的墓葬中死者的年龄检测来看，死者的平均年龄测算不过三四十岁，其中婴幼儿死亡率惊人，并且大都是病死的。在《山海经》中，我们看到了许多由营养不良造成的国度，如国民普遍患佝偻病、大脖子病、罗圈腿病和依旧靠采集渔猎为生，甚至吃黄土度日的邦国。这一切说明由于生产力低下，远远不能满足人民的物质和精神需求。由于医学落后，疾病得不到及时医治，因此人民把希望寄托到帝王身上，这就产生了神农尝百草、黄帝与岐伯对话的《黄帝内经·素问》以及彭祖的修身养性的传说，进而产生了彭祖活了 800 岁的神话。

综合前面几个方面的陈述，我们可以得出这样一个结论：原始农业催生了原始神话。原始农业是原始神话成长最为丰厚的土壤，是神话之源。

第二章
上古的社会习俗与神话

本章从原始习俗的角度，观察原始先民的思想观念与日常生活。

一、上古的丧葬习俗

二、上古的祭祀习俗

三、三皇五帝时代的野合婚俗

四、神话源于上古时期民族对祖先的祭祀

五、结语：民族融合与神话的民族性

从世界神话的对比中我们可以观察到，各民族的神话即使是同一题材的神话，比如创世神话，都是各不相同的。对同一题材的处理，比如处理天神与日月的关系，不论是造日月、生日月、管日月，都是按照自己民族的习俗处理的。

以太阳神为例：古埃及的太阳神原是赫利奥波利斯地区的拉神。新王国时期与新王国国神阿蒙结合成为阿蒙—拉神。由于举国崇拜而成为一神教，法老只是太阳神在世俗世界的化身和代言人。因而法老自身和他的语言自然地被神化，他就变成了活的神了。

印度的天神教梵天——婆罗贺摩，据说是水中的一粒梵卵变成的，他是能孕育万物创造的原始神人。他在梵卵中破壳而出，卵破为两半，一半变成天空，一半变成大地。后来他诞生了日月星辰，确定了方位，还分出了时辰，创造了 10 个生主。梵天故事突出了人与水的关系。

在古希腊人的想象中，天神是万能的，他是大自然的征服者。古希腊的天神是一个家族，他们住在奥林匹斯山巅。众神之父是宙斯，他拥有无上的权力，又是好色之徒，既代表正义光明，又代表邪恶，是一个善恶结合的艺术体。太阳神、月亮神只是他的驱使物。

在中国，实行的五方天帝。中央天帝是太阳神，东方天帝、西方天帝、北方天帝、南方天帝也是太阳神。他们是不同季节的太阳神。一年四季中他们各自管一个季节，一天之中他们各管一段时辰。他们的根本任务就是管理日月星辰，保证风调雨顺，促进农业生产。他们是地上人间人主的化身。

其他如日本、拉美、非州神话中的天神也同样因民族习性不同而大为不同。

所以说民族性是神话的一个十分重要的特征。而这种特性是与他们所处地域的文化环境所养成的习俗分不开的。在一般情况下，一个民族的风俗习惯的改变是缓慢的。即使被征服被融合，或者从此地迁徙到彼地，在很长的历史时期内，他们依旧保持着原来的习俗。所以我们可以说了解民族习俗是了解与认识民族神话的一把钥匙。下面我们仅以葬俗、婚俗为例作一些说明。

一、上古的丧葬习俗

以仰韶人、东夷人、良渚人的丧葬习俗为例。

从丧葬习俗中我们可以看到灵魂不灭观念的来历、神的来历、人们信仰的来历。一切原始神话都与古人类的命运有关。《神话简史》的作者，英国学者凯伦·阿姆斯特朗，曾把尼安德特墓葬群称为“墓边神话”。她指出其意义在于：

其一，神话植根于人类的死亡经验和衰亡恐惧之中。

其二，埋葬时的献祭活动，展示了宗教与仪式密不可分。仪式为神话带来了新的生命力。

其三，尼安德特神话，被称之为“墓边神话”，它是生命濒临极限之际的回光返照。

其四，神话并不是一个自圆其说的故事，而是关涉到我们应有的行为举止。

其五，神话都关涉到信仰——神的世界——神话的基本母题。“永恒的哲学。”①

下述墓葬群的发掘像打开了一本教科书一样，让我们看到了五六千年之前一个真实的世界。

（一）仰韶人的丧葬习俗

三皇五帝以来的墓葬发掘究竟有多少，我们弄不清楚。仅以仰韶文化时期的墓葬为例，有人统计其发掘总数就已近3000座。其中影响最大的墓群遗址是距今8000多年的河南新郑裴李岗遗址、距今6000多年的西安半坡遗址、距今6700年左右的陕西临潼姜寨遗址。通过这些遗址中的墓葬情况分析，我们就可以了解仰韶时期的墓葬习俗与其时人们的思想观念。而这3个墓葬群中，最有代表性的要算姜寨遗址。因此，我们不妨较为侧重地介绍该遗址的葬式、葬物、礼俗观念，再同时涉及其他两处遗址的丧葬情况，以对印证实。

① 摘自凯伦·阿姆斯特朗著，胡亚豳译，《神话简史》，重庆出版社，第4—5页。

根据毕硕本、裴安平、闾国年《基于空间分析方法的姜寨史前聚落考古研究》一文描述，西安临潼地区“南高北低，海拔一般在500米以下，地势平坦，土质肥沃，水利条件优越”。区域内河流纵横，渭河由西向东流，清河由西北向东南流，源于骊山的零河、戏河、玉川河、沙河、临河、潼河等由南向北流，气候温暖，雨量充足，年降水量550毫米，无霜期215天。因此，这一地区是上古人类理想的居住地。在这里发掘的新石器时代遗址就有17处，姜寨是其中之一。据三位作者介绍，姜寨位于“临潼城区北约有1000米，南依骊山，北望渭水，西南为临河”，遗址处于临、渭交汇处的三角地带，依山傍水，适于锄耕农业的发展，便于野生动物与植物的猎取与采集和禽兽的驯养。

姜寨聚落就安置在这里，总面积达5.5万平方米。这个聚落可分为三环。遗址最中心是内环，为一个中心广场，约4000平方米。围绕中心广场建居住区。居住区外南北东三面有四条壕沟，形成第二环。最外面一层是墓葬区。一期墓葬共365座，其中土坑葬175座，瓮棺葬190座。此为第三环。① 上述选址所呈现的鲜明特点是：并非全部建筑都背北朝南，而是环绕中心广场呈环状布局，继承了环表柱圭而居的传统；由于有神柱、神物、祭祀在广场中心，广场才显得神圣，人们才有可能环中心广场而居；加上广场在平时也可以用来宣布重要事项，发布号令，举行集会，进行社会交往活动，甚至农忙时晾晒谷物、祭祀祖宗等等，这就使广场成为凝聚民族人心的地方；因而广场不仅成为活动的中心，同样成为其时死者环绕的中心点。正是因为这样，姜寨的墓地才环绕居住点，散布于外环。

就姜寨的墓葬布局分析：365座墓分为3片，正东有59座土坑墓、20座瓮棺墓，东南有51座土坑墓、31座瓮棺墓，东北有53座坑墓，东南西南还有一些墓葬点。

葬式分为：

（1）仰身直肢葬。绝大多数。

（2）俯身葬。个别。

（3）两次葬。个别。

基本上都是长方形土坑，没有棺材之类的葬具。

半坡村、河南裴李岗的情形与姜寨相似。

半坡村于1953年被发现，经1954—1957年两次发掘，显现出了村落全貌。半坡村也是一个依山傍水的原始村落，南靠终南山，东接日落原，西近临潼河，

① 毕硕本、裴安平、闾国年撰，《基于空间分析方法的姜寨史前聚落考古研究》，2008年《考古与文物》第1期，第一节、第二节。

北向渭河平原，森林茂密，水草肥美，资源丰富，气候温润，既利于采集狩猎，又利于从事农业生产和渔牧生活，是6000多年前先民们世居的风水宝地。

生活在这里的人们也和姜寨的人们一样，聚族而居。全村总面积达5万多平方米，住地也同样分为居住区、墓葬区和制陶区。居住区大约3万平方米，中心是一座方形建筑，有160平方米，面向中心有一座北背朝南的月牙形住宅，宅旁有窖穴（注：1949年前川北地区农村村落的布局模式依然承袭了这样的布局，并没有太大的变化）。半坡人居住区北边有一条壕沟，壕沟的北边是公共墓葬区以区割阴阳两界。葬式主要是单人仰身直肢土葬，少数（15座）俯身葬，少数屈肢葬（4座）和两次葬（5座），合葬（2座），近半数墓葬有三五件随葬品，基本上都是陶制罐、钵、瓶之类的日用品。小孩用陶瓮罐棺，一部分瓮上留有小孔，让灵魂出入。正如郭沫若先生参观半坡遗址后所说："半坡小儿冢，瓮棺盛尸骸。瓮盖有圆孔，气可通内外。瓮棺群居墓址旁，仿佛犹在母怀。大人则无棺，纵横陈荒隈（wēi，山弯曲处）。可知爱子心，万劫永不灰。"值得注意的是M152号墓为3—4岁小女孩墓，葬具为木椁，随葬品有陶器6件、粮食钵1件，还有玉耳坠1个、石球3个、石珠69颗；还有一座16—17岁的少女墓，随葬品也很丰富，除陶制品3件、石球12颗、耳坠2个之外，还有石刀1把、骨珠8563粒。这些小女孩的厚葬反映了其时社会已现差别，存在重女轻男的世俗。①

裴李岗遗址属仰韶文化早期遗址，距今8000余年。裴李岗位于河南新郑。该遗址所在之新郑，在郑州附近，北临黄河，南依颍水上游双洎河、颍河，西临中岳嵩山，脚踏中原沃土，自古以来就是粮食的中央圣地。8000年前的居民选址布局与姜寨、半坡差异并不大。这里墓地在居住地西边，墓区分为东、中、西三个。每个墓区都有成人独葬区域。各墓区形成时间不同朝向有所区别。不同区域以若干墓群依亲属关系围成一圈，形成墓团状。这里发掘的墓葬有100余座，多为头朝西南的单人仰身直肢葬，葬品很少，仅有少量的生产工具。

在仰韶文化中，除了上述几个具有代表性的丧葬墓群外，还有一些很特殊的墓葬现象，如半坡文化中发现一些"割肢葬"，或割手指或割脚趾或割小腿，将割下肢体另外装置放在死者身边随葬。又如成人以瓮棺实行两次葬，即将骨殖放在陶罐里另行安葬，并在陶罐、缸底钻上小圆孔供灵魂出入。河南庙底沟文化中，汝州洪山庙遗址也发现成人瓮棺达136个之多。在门阎村、邱公城、庙底沟等地也发现类似葬法。

从上述几例的分析中，我们可以看到仰韶人所持有的葬俗观念：

① 郝娟、利民编著，《半坡与史前文明》，三秦出版社，第104页。

首先，丧葬已经形成了一种习俗，有固定的制度，较之旧石器时代无固定的丧葬制度，是文明程度的一次飞跃与提高。

其次，村落的选择地形与方位有严格的规定：居住区通常选择有山有水有平坝的地区，依山傍水，气候湿润，土壤肥沃，采集与狩猎资源丰富，既可发展农业，又可以发展渔牧业；住宅建造一般按民族血缘或族团聚集组合后依照一定的规则分配住址兴建房屋，墓地与居住区相邻划定墓区；例如环中心广场聚集，环半月祭坛聚集，环柱表四方聚集；中心广场、祭坛、柱表台地较多作为观天测候、祭祀、氏族活动之用，是神圣之地，因而住宅与墓地的朝向也自然朝着神圣中心。

再次，从葬式来看，仰韶时期各墓葬大体有以下几种通行的葬法：

（1）单人仰身直肢葬。即在墓地确定选址后，挖一个长方形的土坑，将死者直接放入墓穴中，没有棺木。陈放时一人一穴，脸朝上，直肢平放。这种葬法是各墓地的主要形式。裴李岗的100多座墓葬，西安半坡250多座墓，陕西临潼姜寨早期380个墓，西安宝鸡380多个墓葬，乃至仰韶时期已发掘的3000多个墓葬，绝大多数都采用这种葬法。可见这是一种比较普遍的丧葬行为。后来有了木棺石棺以后，也大体上沿袭了这一葬式。

（2）俯身葬。这是一种让死者脸面朝泥土的仆身葬法。实行这一葬式的数量很少。在半坡250座墓葬中，仅有15座，宝鸡380多个墓中只有10多座。之所以有这一葬法，有专家指出，采取这一葬法“是用来安葬非正常死亡者的”。但马家浜居民却盛行这一葬法。① 我以为仰卧式与俯卧式的不同区域流行是否与其时人们日常的生活习惯，如睡觉姿势等有关。

（3）屈肢式。即将死者尸体盘曲后侧身埋葬。有人认为这是一种使死者回复到母腹中的形状的葬法。

（4）两次葬。或者是将先后不同时期死亡的死者墓葬，或将两位不同时期死者的骨殖埋入同一墓穴。

（5）瓮棺葬。这一葬法，在半坡、姜寨和裴李岗的墓葬中都存在，但多用于小孩。小儿的罐葬品将小儿尸体装进一个底有小孔的陶罐里，埋在宅子近旁。这一葬法后来在某些地区的成人葬甚流行。

透视上古丧葬，我们可以看到古人的几种习俗与观念。

第一，入土为安观念。他们认为人死时回归自然。在他们看来人是从大自然中来的，死了后要回归自然。所以要让他们入土为安。生者崇拜太阳，死了以后

① 郝娟、利民编著，《半坡与史前文明》，三秦出版社，第94页。

要让他们的头朝太阳落下后的西方或太阳升起来的东方，或者朝西北天父，或朝西南地母，即坤所在方位，希望他们转世新生。

第二，灵魂不灭观念，他们真诚地相信，人死了，躯体虽腐，但灵魂不灭。瓮棺上的小孔，专家们一致认为就是这一看法的明证。其目的是让死者灵魂可以从小孔里自由进出。这一看法，不仅是神的产生的出发点，为后来的祭祀巫祝提供了依据，而且也同样延续至今，依旧盘旋在现代人的脑海里，成为今人丧葬的习俗。

第三，神鬼信仰观念。其时已有祭祀礼仪活动。人们感于寿命短促渴望益寿延年。他们虔诚祈求生活的富裕，生命延续。从陪葬品我们清晰地看从石器陪葬到陶器陪葬，再到玉器陪葬，从少量个别陪葬品，到数量逐渐增多，显示富有，展示着人们美好生活的期盼。从在死者周围撒红色粉末，从陶器绘制彩色花纹，从人们对生生不息的太阳的崇敬，从人们对死者平均三四十岁即逝的短寿哀叹声中，我们听到了古人的延长生命的呼唤。正是因为这样，所以才产生了大量的长寿神话与传说流行于世，才有重生活，珍惜生命的理论出现。

与此同时，我们也可以看到，一方面在社会生活中人们已从母系社会转入了三皇五帝的文明社会；另一方面从男性尚少陪葬品而对少女甚至幼女的陪葬品却格外丰厚的现象中，我们也能看到其时人们对母系社会的留恋，母权在男系社会中仍有着举足轻重的地位。

（二）东夷人的丧葬习俗

著名考古学家、史学家逄振镐先生著有《东夷文化研究》（山东齐鲁书社，2007 年）一书。逄先生系统地分析论述了山东史前考古文化，提出东夷人是土著人，并仔细分析了东夷人的物质文化、精神文化与宗教信仰等重大问题。其中逄先生所介绍的墓葬习俗尤其令人感兴趣。现取有相关摘要复述于下：

东夷人的新石器时代经历了后李文化、北辛文化、大汶口文化、龙山文化和岳石文化，共 5 个不同的历史发展阶段。不同的文化阶段，墓葬的习俗情况也不相同。

后李墓葬，主要集中在小荆山（21 座）、后李庄（10 余座）。两处墓葬址共 30 余座。墓式为单人仰身直肢葬，分别为头朝东或头朝西两种。墓穴主要是土坑竖穴或加侧穴。不见葬具，单人葬，葬品贫乏，少数以河蚌壳和陶支架陪葬。

北辛墓葬，包括滕县北辛遗址、兖州王因遗址、泰安大汶口遗址、汶上东贾柏遗址。滕县北辛墓葬为儿童瓮罐葬，葬品只发现 1 件骨镞；王因、北辛墓葬共

800余座（分早中晚三期，晚为大汶口文化），墓穴为土坑竖穴。葬式以单人仰身直肢葬为主，但发现有合葬、两次合葬、同性合葬。大多头朝东，无葬品。个别葬品为陶、骨、牙具。掺红烧土入葬；泰安大汶口一期有北辛时期墓葬10座。墓形为长方形土坑竖墓穴。葬式，以单人仰身直肢葬为主，右屈肢葬3例，头东脚西。四分之三无葬具。随葬品较少。4座墓有器物随葬，器物为矛头镞、红顶钵、三足碗、小口双耳壶；东贾柏、北辛遗址，有墓葬23座。多为长方形土圹竖穴墓。有近方形椭圆形墓各一座。多数为单人仰身直肢葬，出现多人同性合葬，两次葬。朝向为东，无葬具。

到大汶口时期有所不同。大汶口早期，

墓葬数：成人40座、儿童5座、婴儿1座，共46座。

墓形：长方形土坑竖穴。出现梯形墓，10座有2层台。

葬具：墓室宽大，一般无葬具，个别为石棺，婴儿为陶棺、瓮棺。

头向：头朝东。

随葬品：丰富。有陶器，骨角牙器，玉器，骨器中有锥、矛、两端刃器。“39座墓葬中，计有38座随葬陶器，有25座随葬骨器，随葬石器的有27座。此外有9座用猪的头骨，下颚骨肢骨随葬，其中2M 2005大墓区用牛头随葬，以及有10座墓内有随葬獐牙等。”其数量少者一二件，“多者百余件”。①

到大汶口文化中晚期，又进了一步。

表　大汶口时期的丧葬习俗

遗　址	数　量	墓葬形制	葬　具	葬　式
泰安大汶口	133座	上方形竖穴土坑为多，少量方形、圆形、梯形等	出现原始木构葬具	男女分葬 男女合葬 仰身直肢 少数侧身 俯身屈肢葬

随葬品8座一无所有，18座有1—2件，39座有10件以上，超过50件者有8座，100件以上2座，最多的为210件。其中，既有石骨角牙蚌等生产工具，大量的是陶器也有生活用具和装饰品、祭祀品。富者的葬品不仅数量多，且质量好。如M10有精致陶器93件、象牙梳1件、象牙雕筒2件，还有玉制臂环、指环、铲、头饰、颈饰等物。表明贫富悬殊已很突出。

到龙山文化时期，墓葬形式也发生了变化。大汶口时期墓形大，龙山墓较小，

① 山东省文物考古研究所，《大汶口续集》，科学出版社，1997年，第108—109页。

龙山文化绝大多数没有葬具。泗水尹家城遗址龙山墓65座、木质葬具30座，少于大汶口时期。绝大多数为单人仰身直肢葬，仍是头东脚西朝向，随葬品普遍比大汶口时期少，随葬品种精致贵重的物品也少，但极少数都相反，如临朐西朱封墓M202、M203有一棺一椁和一棺两椁。M202有葬品75件，其中，玉器34件、绿松石薄片900多件；M203，有葬品77件，其中玉器8件、绿松石片95片、骨镞5件、石镞13件、陶器50件。M202棺内、棺、椁、椁外壁有红白黑黄绿灯色的彩绘。M203也同样。表明当时阶级差别巨大、贫富悬殊空前，矛盾十分突出。

岳石文化时期墓葬发现较少，仅四五十处，墓的形制、葬式变化不是很大。但出现了头向北方的墓2座。

东夷人有葬猪葬狗习俗和手握獐牙习俗。大汶口文化133座墓中有43座墓葬了96个猪头；大汶口文化时期山东邹县野店遗址，江苏邳县大墩子遗址和柳林遗址均发现多具葬狗；手握獐牙，秦安大汶口发现206枚、曲阜西夏侯34枚、邹县野店23枚、临沂大范庄10枚、江苏柳林88枚，共361枚。还有许多葬龟甲的。据逄先生统计有25处之多，一般是1副，最多的有4副。龟是被古人看作是知吉凶通神灵的神物，是“天下宝之宝”。逄先生认为这是“从事医巫占卜身份者的标志”。东夷墓葬习俗向我们表明：第一，到大汶口龙山文化时期社会上贫富悬殊，阶级分化严重；第二，头朝东，表示太阳崇拜，贯穿全部历史过程；第三，产生坐北朝南的统治观念；第四，祭祀神灵习俗十分普遍。

（三）良渚人的丧葬习俗

《文物》杂志1984年第2期刊登了上海市文物保管委员会《上海福泉山良渚文化墓葬》和南京博物院汪遵国先生的《良渚文化“玉殓葬”述略》两篇文章。这两篇文章所述具有一定的代表性，透过它我们可以了解良渚文化墓葬的若干特点。现摘要复述如下：

1982年11月发掘出良渚文化T4M6，未见墓坑，残留葬具，头向朝南，单身仰身直肢葬式，有大量玉器随葬。骨架上、骨架下、骨架侧均有随葬品。共有玉、石、牙、陶器119件。其中石斧9件，玉斧2件，玉锥形器4件，玉、石小饰片17件，玉镯（由两玉璜合成）1件，玉臂饰1件，玉石珠59件，玉管10件，玉坠2件，玉漏斗管2件，玉璧4件，玉琮5件，陶品1件，象牙器1件。属良渚文化早期墓葬。随葬品不仅时间早数量多，品质好，而且制作精，饰物上不少都刻有兽面纹，“可能是辟邪的象征。”

汪遵国先生的《良渚文化“玉殓葬”述略》一文列出了半个多世纪以来先后

发掘的20多处良渚遗址都有玉盉葬的情形，如浙江余杭县良渚镇的茅庵村、荀山、近山、桑树头、吴家埠，安溪的后湖村，江苏吴县的草山、东渚、东山、张陵山、武进寺墩和横林青墩、雪堰桥南山、湖塘金鸡墩，上海青浦福泉山，江苏海安县青墩，江宁县昝庙，常熟市的三条桥、黄土山、嘉菱荡，昆山县绰墩，吴兴杨家山等均出土了璧、琮等玉器随葬品。

张陵山墓地有古墓5座，头向朝南，其中4号墓出土乐儿玉玺玉琮及陶、石、玉器等50余件，其中包括穿孔石斧、双孔石斧、夹砂红陶带鋬匜、夹砂鱼鳍足陶鼎、带把圈足碗、灰陶盆、豆、罐、杯、大瓮、黑衣陶盆等。最为珍贵的是4件扁平圆环形玉玺和3件短圆筒形玉琮。

草鞋山良渚文化墓地3座，其中198号墓随葬品有玉玺1件、玉琮2件，小玉琮、玉镯、玉管、玉珠及带兽夹砂红陶鼎，泥质黑沙泥贯耳壶、盆、豆、罐等。M198、M200均出土了玉璧、玉琮、玉锥形器。玉琮上有兽面纹。

寺墩良渚墓葬3座M1、M4、M8，皆头向朝南，无墓圹，无葬具，均为仰身直肢葬。其中M8随葬品120余件，“以57件玉制璧琮最具特色”，4件陶器、14件玉制生产工具。其中有穿孔斧7件、锻锛2件，及玉石刀、玉珠、玉管、玉坠40多件玉饰品。24件玉璧置死者头前足后，31件方柱体玉琮陈置于死者头部正上方。

丧葬习俗反映时代特征：死者“生前认为珍贵的物品都成为已死的所有者的随葬品，以供他在出冥中继续使用”。良渚玉殓葬的随葬品比大汶口更豪华富有。从中我们可以看出墓主人的身份。玉殓反映了私有制和阶级分化已成为当时的社会现象。

玉璧玉琮是礼器，随葬祭祀礼器表明“死者生前掌握了祭祀天地的权利，即掌握原始宗教的祭祀权”，死后也希望享有这种特权。从而证明了其时掌握至高无上权力的贵族的出现和奴隶主国家的诞生。

综合上述仰韶、大汶口、良渚诸多地域文化丧葬习俗的分析，我们可以看到在距今8000—4000年之间，即人们通常所说的三皇五帝时期，主要是五帝时期，黄河，长江，淮河流域的丧葬习俗的基本思想观念如下：

第一，入土为安。4000年间这些地区，人死了通行土葬。儿童较多的采用瓮葬。个别地区的成人也有瓮葬的。人们崇尚自然，葬式基本上都是单人仰身直肢葬，七八千年前男女合葬极少，说明其时从母系社会到父系社会都确认个体，并不重夫妻关系。

第二，族属崇阳。各地区死者头足的朝向不同。仰韶文化区域的死者喜欢头朝西或西南，人们相信死后归西天是一种荣耀；东夷人、大汶口人大都是头朝东，足朝西，崇拜太阳，东皇太乙；良渚地域的人则头朝南足朝北，标志着他们崇拜的是南方天帝。这些朝向并非偶然，或仅仅出于辟邪或避祸纳福吉祥的祈求，而是表明这些不同方位的人都有对太阳的崇拜。东方民族见太阳最多的是日出，最重视日出；西方民族最崇敬的是日落（日入），南方人最崇敬的是夏半年的太阳，这是他们稻种农业的保证。因此，东方人尊东方的太阳为帝，西方人尊西方的太阳为帝，南方人尊南方的太阳为帝，北方人也同样尊太阳为帝（尚未见大量头朝北的墓葬，东夷晚期有少量头朝北）。这就是形成中国五方天帝都是太阳神并以各方始祖名字为天帝神号的现实依据。因而死者的朝向反映的是他们死后升天的归宿。

第三，灵魂不灭。在西部瓮葬中，大人或小孩的瓮罐顶部或底部都钻有小孔。专家们考证认为这是其时人们认为是灵魂不灭的证据。有小孔，表示灵魂可以从小孔里自由出入。也就是说，在距今六七千年前的人们就相信人是有灵魂的。所以，他们相信祖宗的灵魂不灭，并始终和他们在一起，即使到天上也会保佑他们的。中华民族的人特别崇奉祖宗。民族要为祖宗建庙，家族要祭祖建祷祠，立国时，帝王要亲自登泰山举行隆重的仪式，封禅，敬封始祖为帝为神。这就产生了难以计数的神。

第四，重女轻男。半坡 M152 的三四岁小囡居然有木椁，大墓葬有 69 颗石珠；另有一个十六七岁少女不仅有陶制品石珠耳坠，石刀等随葬品，骨珠多达 8563 粒。说明其时是母系社会，重女轻男思想十分严重。也反映了这时正处于母系向父系过渡的末期。

第五，阶级差别。这一点，从大汶口，良渚许多墓葬的随葬品中都可以看得十分明白。在大汶口中晚期的墓葬中，我们可以看到不少墓葬一无所有，而有的墓葬如 M19 号墓不仅有精致陶制品 95 件、象牙梳 1 件、象牙雕筒 2 件，还有大量的头饰颈饰指环等物品。临朐朱村 M202 的随葬品多达 75 件，其中玉器就有 94 件，绿松石片多达 980 多件。在良渚墓葬中，玉葬成风，习以为俗，如良渚 T4M6 有玉、陶、石、牙等随葬品 119 件，除了玉斧、玉锥形器、玉饰品、玉管、玉坠、玉漏斗管，还有玉璧 4 件、玉琮 5 件，以及陶盘、象牙器等物。一边是一无所有，一边是富可敌国。表明其时社会贫富悬殊极大，阶级对立严重。

通过上述不同时期的墓葬分析，我们也可以看到，神灵随农业的产生而产生，神话随农业的发展而发展，这也是为事实所确证的。

二、上古的祭祀习俗

中国的祭祀礼仪，很早就形成了。从《山海经》五藏山经有关对山神的祭祀祭器祭仪分析，这种对图腾神的祭祀在夏之前就已形成了。到了商周时代发展到对天神对祖神社神祭祀的一套完整的制度。

（一）山神祭祀概览

五藏山经山神祭品例表

经卷名称	山　名	神　名	祭　礼
南山经	鹊山之首，自招摇之山至箕尾之山	其神状皆鸟身龙首神	祠之礼，毛用一璋玉瘗，糈（xǔ，精米）用稌（tú，粳米）米，一璧稻米、白菅为席
南二经	自柜山至于漆吴之山	龙身鸟首神	其祠，毛用一璧瘗，糈用稌
南三经	自天虞之山至南禺之山	龙身人面神	其祠，皆一白狗祈，糈用稌
西山经	自钱来之山至于骢山	羭山神	祠之，用烛，斋百日以百牺，瘗用百瑜，汤其酒百樽，婴以百珪百璧。其余十七山之属，皆毛牷，用一羊祠之
西二经	自钤山至于莱山	人面马身十神 人面牛身七神	其祠之，七神，毛用少牢，白菅为席。十神，毛一雄鸡，钤而不糈，毛采
西三经	自崇吾之山至于冀望之山	羊身人面神	其祠之礼，用一吉玉瘗，糈用稷米
西四经	自阴山以下至于崦嵫之山		其祠祀礼，皆用一白鸡祈，糈以稻米，白菅为席
北山经	自单狐之山至于堤山	人面蛇身神	其祠之，毛用一雄鸡、彘瘗，吉玉用一珪，瘗而不糈
北二经	自管涔之山至于敦题之山	蛇身人面神	毛用一雄鸡、彘瘗，用一璧一珪，投而不糈

续表

经卷名称	山名	神名	祭礼
北三经	自太行之山至于无逢之山	马身人面廿神 彘身载（戴）玉十四神 彘身八足蛇尾（十神）	其祠之，皆用一藻茝（chǎi）瘗之。其祠之，皆玉不瘗 其祠之，皆用一璧瘗之。大凡四十四神，皆用稌糈米祠之。皆不火食
东山经	自樕螽（sù zhū）之山至于竹山	人身龙首神	祠，毛用一犬，祈神用鱼
东二经	自空桑之山至于䃌山	兽身人面戴觡神	毛用一鸡祈，婴用一璧瘗
东三经	自尸胡之山至于无皋之山	人身羊角神	其祠，用一牡羊，米用黍
中山经	自甘枣之山至于鼓镫之山	历儿，冢也	其祠礼：毛，太牢之具，县以吉玉。其余十三山者，毛用一羊，县婴用桑封，瘗而不糈
中二经	自辉诸之山至于蔓渠之山	人面鸟身神	祠用毛，用一吉玉，投而不糈
中三经	自敖岸之山至于和山	泰逢，熏池、武罗	皆一牡羊副（剖割），婴用吉玉，其二神用一雄鸡瘗之，糈用稌
中四经	自鹿蹄之山至于玄扈之山	人面兽身神	其祠之，毛用一白鸡，祈而不糈。以彩衣之
中五经	自苟林之山至于阳虚之山	升山，冢也 首山，神也 尸水，合天也	其祠礼：太牢，婴用吉玉 为山神也，其祠婴用吉玉；用稌，黑牺、太牢之具，糵（niè，芽谷）酿，干儛，置鼓，婴用一璧。尸水，用一黑犬于上，用一雌鸡于下，刉一牝羊，献血婴用吉玉，彩之，飨之
中六经	自平逢之山至于阳华之山	其神人面而二首，名曰骄虫	六月祭之，如诸岳之祠法
中七经	自休与之山至于大騩之山	豕身人面十六神 人面三首神 苦山、少室、太室皆冢也	其祠毛牷一羊羞，婴用一藻玉瘗。其祠之，太牢之具，婴以吉玉
中八经	自景山至于琴鼓之山	鸟身人面神 骄山，冢也	其祠，用一雄鸡祈瘗，用一藻圭，糈用稌。其祠用羞酒少牢祈，婴毛一璧
中九经	自女几山至于贾超之山	马身龙首神 文山、勾檷 风雨、丑之山皆冢也 熊山席也	毛用一雄鸡瘗，糈用稌。其祠之，羞酒太牢具，婴毛一吉玉。其祠，羞酒，太牢具，婴毛一璧，干儛，用兵以禳，祈，璆（qiú，美玉）冕舞

续表

经卷名称	山　　名	神　　名	祭　　礼
中十经	自首山至于丙山	龙身人面神 堵山，冢也 騩山，帝也	其祠之，毛用一雄鸡瘗，糈用五种之糈；其祠之，少牢具，羞酒祠。婴毛一璧瘗。其祠，羞酒，太牢具，合巫祝二人儛，婴一璧
中十一经	自翼望之山至于凡山	彘身人首神，禾山，帝也，堵山、玉山，冢也	其祠，毛用一雄鸡祈瘗，婴用一珪，糈用五种之精。其祠，太牢之具，羞瘗，倒毛，婴用一璧，牛无常。皆倒祠羞毛少牢，婴毛吉玉
中十二经	自篇遇之山至于荣余之山	鸟身龙首神，阳帝之山冢也	其祠，祈用酒，毛用少牢，婴毛一吉玉。其祠：皆肆瘗，祈酒，太牢祠，婴用圭璧十五，五采惠之。洞庭、荣余山神（帝二女居之）

注：毛—指牛马羊猪犬鸡一类长毛的牲畜；璋—玉器；瘗—埋；糈—精米；装精米的祭器。菅，编席的植物；席—席子；瑜、珪、圭、璧—玉制礼器，祭品；牷—色单的全牛或牺牲。太牢—全牛羊猪祭品的隆重祭祀仪礼；少牢—具猪羊祭品的祭祀礼仪；洁玉—祭器名。色彩—指杂色鸡等动物；吉玉—玉着色采者；稷—粟，五谷之一；菅—jiān，香草；县—同悬。祭法名；婴—祭法名，掩埋。刉—jī，切割。冢—家臣，冢宰。倒祠—即倒埋牲畜。

上述祠祭的记录，显示了上古人对山神的祭祀规矩：

其一，祭祀山神—图腾神—氏族的标志神，是有等级差别的。至少有3个等级。第一个等级，即最高等级的帝的祭祀。这个帝不是天帝，也不是人间的帝王，而是群山中的地位最高最尊者，如鞠山、升山、苦山、禾山、洞庭荣余山，皆“帝也”，它们祭祀时享受太牢之具，享用的祭品不仅有全毛牛、羊、猪，而且祭祀时还要求斋戒百日百牺，瘗以百玉，烫上等美酒百尊，婴埋百珪百璧，有的还要涂上颜色变成吉玉才成，并且还要巫祝两人舞。应该说这是最高的礼遇了。

次一等的是“冢”。冢，相当于商周时期的冢宰大臣，即国家的总理大臣这一级，其地位比“帝”低一级。祭祀时它享受的是少牢的待遇。祭品略低于太牢。只享有全毛的羊、猪，少了全牛。可以享受美酒，掩埋毛璧玉（吉玉）之类的东西。

再次一等的是神，即普通的山神。这较之前两种要简单多了。一般的可以享用精白粳米，用一吉玉瘗埋，或放在菅草席上，有的加一只鸡，一只猪，或一条鱼，一条牡羊，或一白狗祈，一点黍米而已。更有甚者是用一些藻菅茝之类的东西代替，猪羊之类的东西还要剖开来，众神共享。同是山神，帝、冢、神的差别“何其大也”。它真实地反映了其时社会所存在的等级差别。山神的差别正是现实等级差别的倒影。

其二，祭祀方式比较原始朴素。对山神的祭祀在野外进行，比较考究的是放在草席上，推行的是毛祭、生祭、血祭、瘗埋、婴、烝祭，即冬祭，差别极大。即使是对帝的祭祀，虽不如后代帝王三公九卿诸侯大夫，但它使我们看到原始祭祀的真实的一面。

其三，它也使我们看到有一些神并未享有祭祀。例如《南二经》，“尧光之山，有兽焉，其状如人而彘鬣（zhì liè）。穴居而冬蛰，其名曰猾裹（裹，怀古字）”；《西山经》，“槐江之山，实惟帝之平圃，神英招司之。其状马身而人面，虎文而鸟翼，循于四海，其音如榴。南望昆仑，其光熊熊，其气魂魂；又西南四百里，曰昆仑之丘，实惟帝之下都，神陆吾司之。其神状虎身而九尾，人面而虎爪，是神也，司天之九部及帝之囿时”；“又西北三百五十里，曰玉山，是西王母所居也。西王母其状如人，豹尾虎齿而善啸，蓬发戴胜，是司天之厉及五残”；“又西二百里，曰长留之山，其神白帝少皋居之。实惟员神魂氏之宫。是神也主司反景”。诸如此类不胜枚举。他们都是天神，在山神的祭祀中，并未见对他们有太牢、少牢或一般山神的祭祀礼品。泰逢神、武罗神、熏池神，是动天地气的吉神，他们是司和山、青要之山——帝之密都的神灵，虽是有名气，有名有姓的山神，也只能享用半个剖开的羊。

这说明天神系统是后来才有的，尚未引起世人的重视，人们心目中的主宰神灵是山神。故以山神为重，天神为轻。这一点，亦表示山神系统确实是中国最为古老的神系。

其四，也是最重要的一点是祭祀礼仪，已成为一种固定的制度。主持人为巫，他根据不同等级的神确定祭器、祭品，甚至还要在仪式上跳舞唱歌。我国有许多神话都是巫、觋们唱念的歌词记录的。如《诗经·鲁颂》中的“赫赫姜嫄，其德不回。上帝是依，无灾无害。弥月不迟，是生后稷”，《诗经·商颂》中的“天命玄鸟，降而生商”，《长发》中的“洪水茫茫，禹敷下土方”，《楚辞》的《九歌》《九章》中的神话，都是祷祠的实录。因此，我们有理由认为我国上古神话是由巫、觋的祷辞传下来的。

（二）明堂月令郊祭概览

明堂是上古帝王居住与发布政令的地方。《淮南子》里说神农之世，祀于明堂。汉武帝时，有人献明堂图。这些只是传说未经考古证实。但夏代，殷代明堂是有的，名字并不一定都叫明堂。《大戴礼记》有《明堂》，《小戴礼记》有《明堂位》，均有较为详细的记载。明堂是天子接见诸侯、按月布政令、举行祭祀、教育后代，以及养老的地方。

明堂按五行建筑布局，中方外圆，像一个井字加了一个四方框，共有九块地方。中央一块称为太庙，东边叫青阳，南边叫明堂，西边叫总章，北边称玄堂。每边左右一个侧房，左边的称左个，右边的称右个。

在一年四季中，立春、立夏、立秋、立冬是十分重要的节日，天子都要率领三公九卿诸侯大夫出城（走出明堂）到东郊迎春，南郊迎夏，西郊迎秋，北郊迎冬，并根据不同时节敬献祭品，赏赐官员。这种祭祀活动叫郊祭，迎接的是天神，但都要把自己的祖宗拉出来与天配享。从而表明自己是天神的后代，执行的是天命。

祭祀仪礼十分隆重，远非山神祭祀可比。

中央土有太庙太室。帝王四季的位置是：春季，孟春居青阳左个，仲春居青阳太庙，季春居青阳右个；夏季，孟夏居明堂左个，仲夏居明堂太庙，季夏居明堂右个；秋季，孟秋居总章左个，仲秋居总章太庙，季秋居总章右个；冬季，孟冬居玄堂左个，仲冬居玄堂太庙，季冬居玄堂右个。

立春、立夏、立秋、立冬的日子，前三天官员要告诉天子立春、立夏、立秋、立冬的具体时间。这一天到了，天子要沐浴、更衣、斋戒，并带领三公九卿诸侯大夫到郊外进行祭祀。

立春日，迎春至东郊，并发布德与命令，实行褒奖，施与恩惠，命太史守典奉法，并要选良辰吉日，亲载耒耜，躬耕于帝籍田，以祈谷于上帝，同时也为大众作了示范。

立夏日，天子也同样要斋戒三天，然后率三公九卿诸侯大夫迎夏于南郊。这个月是庄稼生长的季节，主要任务是命管事的官员要"劳农劝农，勿失农时"。麦子熟了，天子以彘尝麦，先荐寝庙。

立秋日，天子经斋戒后率文武大臣迎秋于西郊。这个月稻谷收起来了，先要请祖先尝新，祭完祖先后，请群臣品尝。

立冬日，祭祀程序也相似，要率群臣迎冬于北郊。这个月天子的主要任务是"赏死事，恤孤寡"。饮酎和烝祭于日月星辰，屠宰牲畜祭祀土神，并飨祭先祖，祭祀户、灶、中霤、门、行五神。

《国语·鲁语》上说："凡禘、郊、祖、宗、报，此五者国之典也。"

禘，即郊祭。春、秋两季均有禘，行郊祭仪礼。禘是王者特有的祭礼，"不王不禘"。禘主要祭其祖之所出，并以其祖配之。但在实际祭祀中，四时郊祭，均有不同的说法。周代的春祭曰礿，夏祭曰禘。虞夏王者禘黄帝、商人禘舜、周人禘尝。

郊，郊祭主要祭上天。重点是迎“长日（夏至）之至”。祀后稷，祈农事。郊祭有籍田大典，祭时除了祭天神外，还包括求雨、止雨等仪式。

祖，是道祖神。祖神是行人的保护神。所以天子诸侯要祭国行，老百姓要祭路行，求祖先保护平安，而故《礼记·祭法》有“士祭行”，即祭祖宗。

宗，凡继承开国始事业的嫡系继承人，他的庙号都称为宗。殷商时一切神主都可称为宗。

报，报天主日为报。这一制度殷商之前就有了。如报乙、报丙、报丁，都是报天主。报之于迎长日之至。

从祭品来说，主要有几种：一种是祭祀时选用祭上帝之专用牛为帝牛，祭前要“滌三月”，作为郊祭之用。

另一种祭法是荐，荐是一种非正式的祭祀。有田者祭天田者，庶人春荐韭，韭以卵；夏荐麦，麦以鱼；秋荐黍，黍以豚；冬荐稻，稻以雁。王者不叫荐，叫尝，即尝新。在夏祀中我们看到麦收以后天子以彘（猪肉）尝新，先荐寝庙。秋天，稻收了，要以鱼尝新，以犬尝麻（火麻）荐于寝庙，并大飨帝，尝牺牲。

还有一种祭法叫烝，烝同登，是献上祭品的意思。

这些祭祀只适用于王者，不适用于诸侯于普通人。诸侯不禘，用礿，禘则不尝，尝则不烝，烝则不礿。这种祭法夏商周均有，但都有所不同。四时祭法中最重要的是禘尝。禘这一天要发爵赐服，禘尝被视为“治国之本”。《月令》中的祭祀礼仪与方法，并非周之独创，而是继承了夏商传统，目的都是为了促农业发展，祈求老天爷保佑并赐予风调雨顺，获得好收成。

（三）社稷五祭概览

在山神祭祀里，我们没有看见祭天神，少见祭社稷之类的隆重祭仪。但在《周礼》中有关社稷的记载是很多的。

《礼记·祭义》说：“烈山氏之有天下也，其子曰农，能殖百谷；夏之衰也，周弃继之，故祀以为稷；共工氏之霸九州也，其子曰后土，能平九土，故祀以为社。”

社有大社、王社、侯社、置社等区别。王为老百姓立的社叫大社，王为自己立的社叫王社，诸侯为百姓立的社叫国社，诸侯为自己立的社叫国社，大夫为百姓立的社叫置社。

老百姓的家神很多，有的说有七种，有说有五种，叫五祀。一是中霤神，一

是门神，一是户神，一是灶神，一是行神，如加司命与泰厉为七神，百姓通常只祀五神，故称为五祀。

老百姓的祭祀与王全然不同。古时的制度是九夫为井，四井为邑，四邑为丘，四丘为乘。祭祀时所有都邑乡里的人都同时献米祭祀。虽说不像帝王们四时祭天那样隆重，却也十分热闹。因而老百姓的社祀便发展成民风民俗，到后来祭祀之地发展成庙会、赶集、众人进行商品交易的场所；这一天大众要进行唱戏耍龙、踩高跷、划龙船等娱乐活动，也是男女青年踏青访友寻伴的节日活动。所以祭祀地便成为匹夫众人供香还愿、了却心事的场所。因而大众的社事很受欢迎，数千年承传不断，直至今日依旧。

从上古先民对山神的祭祀，到王者对天神祖宗的祭祀，再到普通百姓对家神的祭祀，一直都是等级分明的。从中我们十分具体地看到王者是如何一步步把自己打扮成天神的继承人的。这一切说明了神的另一引人注目的特性——社会属性。神从驾驭自然力的神，通过祭祀这一神圣的祭坛，把自己变成了社会思想统治的神灵，具有了强烈的社会性。

三、三皇五帝时代的野合婚俗

（一）三皇五帝时代的野合婚记述

19 世纪美国人类学家路易斯·亨利·摩尔根的《古代社会》一书，是根据他对易洛魁氏族社会进行深入的田野研究而著作的。“该种族存在对偶家庭，个体婚制：把兄弟的子女，称为自己的子女，他们都称他为父亲；把姐妹的子女，称为自己的子女，他们称自己为母亲”。他进而发现整个印第安人、古印度居民、印度斯坦人、戈拉人、泰米尔人也是如此。在婚姻方面，他发现“男子过着多妻制的生活”。

根据摩尔根的研究，原始状态中的家庭，有以下几种形式。一是血缘家庭。所有祖父与祖母、父亲与母亲、孙子与孙女、曾孙与曾孙女们各互为夫妻，包括胞兄弟姐妹、从兄弟姐妹、表兄弟姐妹可互为兄弟姐妹，互为夫妻。一是普那路亚家庭。这种家庭排除胞兄弟姐妹、旁兄弟姐妹之间通婚。共同丈夫中排除了同胞兄弟。丈夫间不再称兄弟，而称同伴，即普那路亚。一是对偶家庭。一个男子在许多妻子中有一个主妻，一个女子在若干丈夫中有一个主夫。一是一夫一妻制家庭。要求女子严格保持贞操和夫妻忠诚。妻子管内，丈夫主外。妻子称为奴隶总管，男子可以纳妾。

这几种家庭形式均可见摩尔根《古代社会》(杨东莼等译，中央编译出版社)。中国上古时代的婚姻情况与此不合。虽然，至今我们并无直接资料，说明中国上古时代的婚姻形式，但从若干传说中，可见到其时婚姻家庭状况的影子与历史碎片。如果我们抹去这些碎片上的尘土，将碎片拼接起来，便可窥测一斑，发现三皇五帝时代上层贵胄的婚姻状况。

燧人氏时代的婚姻。具体的婚姻状况与习俗不清楚。

伏羲时代的婚姻传说。《史记·补三皇本纪》记载：“太昊庖牺氏，风姓，代燧人氏继天而王。母曰华胥，履大人迹于雷泽，而生庖牺于成纪，蛇身人首，有圣德。……造书契以代结绳之政，于是始制娶嫁，以俪皮为礼。结网罟以教佃渔，故曰宓牲氏。”

《路史·太皞纪》也说“伏羲母曰华胥，居于华胥之渚，尝暨叔媪翔于渚之汾，巨迹出焉。华胥决履以铨之，意有所动，虹且绕之，因孕。十有二岁，以十月四日降神”，因生伏羲。

在上述记载中，我们看到的是两个氏族、两代人的婚姻。一是伏羲的母亲与雷神的婚姻，一是伏羲氏与女娲的婚姻。它们的共同特点都是将自由的原始婚姻蒙上了一层图腾神支配的神秘色彩。我们朦胧地看到那时人们的结合，一无父母之命，二无媒妁之言，即所谓“男女杂游，不媒不聘”，但已不是《吕氏春秋·恃君览》里所描述的“昔太古尝无君矣，其民聚生群处，知母不知父，无亲戚兄弟夫妻男女之别，无上下长幼之道。”这样的时代至少要比伏羲时代早几千年。

华胥氏与雷泽氏的婚姻，是知母知父的。华胥氏是风兖部落的首领，居于华胥之渚，从小和族叔媪带领部落游牧，逐水草而居，到了雷泽，结识了雷泽部落的酋长，野合而生伏羲。或者这就是游牧民的生活习性。到了伏羲时期不同了，从记载来看已经有了嫁娶了，他们以俪皮（鹿皮）为聘礼，结了婚成立了家庭。这是中国家庭婚姻的最早记载，从其时习俗来看，主持者也应是母系中的长者。但在这一点上有不同的说法。

一种说法是女娲是伏羲的妹妹，他们是兄妹结合。持这一观点的以“伏羲女娲兄妹为婚神话”为据，如《春秋世谱》。清梁玉绳《汉书人表考》引该书卷二云：“华胥生男为伏羲，女子为女娲。”迄今苗、瑶、彝、壮等《史诗》均说他们是兄妹，因洪水绝人烟而结为夫妻。另一种说法说伏羲、女娲是不同氏族的人，都是风姓，都以蛇首人身为图腾。他们的结合是不同氏族间的对偶婚姻。《战国楚帛书·乙篇》的发掘证实了这一点。文中说女娲氏“戏子之子”。风兖伏羲娶“戏子之子”曰女皇。生四子“重、该、熙、修”。

上述两种说法的历史时代差别很大。一是伏羲女娲的婚姻尚处于血缘氏族对偶个体婚阶段。一是跃过了这阶段，实行了族外婚，进入了氏族婚阶段。或许他们是族外婚的始祖，血统婚的终结者。从他们之后，五帝的婚姻都是族外婚，也可以证实这一点。

炎帝氏族的婚姻状况。《山海经·海内经》有“炎帝之妻，赤水之子听沃生炎居，炎居生节并，节并生戏器，戏器生祝融，祝融降于江水”。少典是一个氏族和国族的称号。《伏羲庙残碑》说少典“奉伏羲之祀”，说明他为伏羲后裔。《春秋纬元命苞》最早记载：“少典妃曰安登，游于华阳，有神龙首，感之于常羊，生神农，人面龙颜，好耕，国号神农，是谓炎帝，始为天子。”（晋）皇甫谧《帝王世纪》云：炎帝“母曰任姒，有蟜氏女，登，为少典妃，游华阳，有神龙首，感生炎帝。人身牛首，长于姜水，有圣德，以火德王，故号炎帝。初都陈，又徙鲁（曲阜）。又曰魁隗氏，又曰连山氏，又曰烈山氏”。这是有关炎帝两代最早最原始的记载，差别不是很大。

有蟜氏是古代十分著名的母系氏族，可能是女娲氏支脉之一。少典氏族的头领娶有蟜氏女任姒为妻。姒，即嫂、姐。登，在这里和任姒并不是同一人。或许登是任姒的妹子。在战国以前，娶妻并娶其陪嫁的侍女或妹妹是一种习俗。少典同娶任姒安登也不足为奇。但也有另一种可能，少典氏族的领袖先者娶有蟜氏女任姒为妻，过了若干代的少典族领袖又娶有蟜氏女安登为妻而生了魁隗氏（连山氏、烈山氏）神农。当然这都是推测。但有一点是明确的，那就是在炎帝时实行的是族外婚，过的是“天当铺盖，地当床”的野合生活。

《史记·五帝本纪》说：“黄帝者，少典之子，姓公孙，名曰轩辕。”《国语·晋语》记载：“昔少典娶于有蟜氏，生黄帝、炎帝。黄帝以姬水成，炎帝以姜水成，成而异德。黄帝为姬，炎帝为姜。”《河图稽命征》说：“附宝见大电光绕北斗数星，光照郊野，感而孕，二十五月而生黄帝轩辕于寿丘。”说明黄帝的母亲是附宝氏族人，也是族外婚。结婚的方式，也同样不同于现代的洞房花烛，而是野合，并被神灵化。这也说明黄帝氏族与炎帝并非一母所生的同胞兄弟。现代学者认为黄帝出生于河南新郑，否认西来之说，否认他们是同胞兄弟。

金天氏与皇娥的婚姻传说，也同样是十分神奇的族外婚。这一点《拾遗记》《说郛》等典籍均有记载。皇娥是伏羲第四代的女儿，以鸠鸟鸷鸟为图腾，主管相风扶木重相风仪，地点在穷桑的小山丘上。白帝之子，在这一带观察金星。王嘉《拾遗记》描绘说，有一天皇娥“处璇宫而夜织，或乘桴木而昼游，经历穷桑苍茫之浦。时有神童容貌绝俗，称为白帝之子，降乎水际，与皇娥燕戏，奏嫂娟之乐，游漾忘归。……帝子与皇娥泛舟海上，以桂枝为表，结薰茅为旌，刻玉为鸠，置于表端，言鸠知四时之候……帝子与皇娥并坐，抚桐峰为梓瑟，皇娥倚瑟而清歌，白帝子答歌，及皇娥生少昊。号曰穷桑氏，亦曰桑丘氏”。

皇娥与白帝子的婚姻，虽然作者加了许多浪漫情节，亦不难看出也同样是族外婚，方式是男女游历野合成婚。

《大戴礼记·帝系》记载：“黄帝居轩辕之丘，娶于西陵氏之女，谓之嫘祖氏，产青阳及昌意。昌意娶于蜀山氏，蜀山氏之子谓之昌濮氏，产颛顼。颛顼娶于滕氏，滕氏奔之子，谓之女禄氏，产老童。老童娶于根水氏。根水氏之子，谓之高緺氏，产重黎及吴回。”后来吴回又产陆终，陆终娶于鬼方氏，鬼方氏之妹，谓之女隤氏，产六子，即樊（昆吾）惠连、参胡、彭祖、莱言、安、季连。

从众多考证来看，颛顼并不一定是昌意的儿子，老童也不是颛顼的儿子。“约公元前4513—4510年黄帝命少昊出潼关征杀风伯毕方胜利后，又将与其联姻的昌意氏（常羲）谪居甘、青、川若水地区。……昌意氏之男入赘方雷氏女雷祖为婿（子）”。[①] 黄帝流放少昊，使昌意监军，而降封若水。在那里昌意又入赘了少昊氏族的蓐收该，封于豕，大奎部落的朝云司彘之国，生了韩流。韩流入赘蜀山氏为婿，以蜀山氏女昌仆为妻，生了颛顼。

昌仆又名景仆、女枢，她出身于天文世家，长于找北极星，观北斗柄指向。据说有一天夜里她正在玄宫中观察北斗星时，见北斗九星中的第八颗星招摇星“贯月如虹”，直射玄宫，感而有孕，生下颛顼。

在上述这些记载与传说中，我们可以看到男性氏族的男子入赘女性氏族为婿，正是母系社会的最显著特征。从黄帝开始由政治笼络发展为一种时尚。不仅如此，昌意入赘嫘祖氏族之后，又入赘蓐收氏族，多次入赘蓐收，一夫多妻，至颛顼时才获封朝云司彘之国酋长的职位。

颛顼的父亲韩流也同样是入赘婚姻。其婚姻方式亦并无媒妁之言与父母之命，也是自由选择，野合而成的。因为玄宫并不是现代式的宫殿，而只是野外观星测月的黑屋子而已。在那里韩流与昌仆相合，野合为婚。所谓韩流“擢首谨耳，人面豕喙，麟身渠股，娶淖子阿女，生颛顼”，是对野合方式的一种嘲弄。

帝喾娶了5个妻子：邰氏姜嫄、有娀氏简狄、建疵、陈丰氏庆都、娵訾氏常仪。其中有娀氏简狄（茧翟）与建疵的婚姻最为引人注意。据《史记》《吕氏春秋》《淮南子》《拾遗记》《路史·后纪》等史书与典籍记载，帝喾与二女游于桑野，三人同浴于“玄丘之水”，交合于“九成之台”时有玄鸟落于台，二女爱而争捕之，玄女遗卵一枚，简狄与建疵取卵，简狄得而吞之，既而有孕，生子名契，是为商族。

帝喾这段婚姻依旧是一夫多妻族外婚姻；并非兄弟姐妹之间的群婚。无须讳言，这里包含了氏族联姻，以抗击良渚防王势力的扩张与威胁；和亲婚姻的推行。从高辛命女嫁盘瓠消灭防王吴将军的故事，让我们看到了父命许婚的推行与和亲政策的开始；帝喾的婚姻方式仍旧留恋于自由择偶，随意野合。《今本竹书纪年》云：尧“母曰庆都，生于斗维之野，常有黄云覆其上，及长，观于三河，常有龙随之，一旦……阴风四合，赤龙感之，孕十四月而生尧于丹陵”。显而易见，尧母也是野合婚。

到尧的时候，他为选择继承人，不惜将两个女儿一同嫁给舜，用以考察舜的

① 王大有编著，《三皇五帝时代》，中国时代经济出版社，第381页。

言行品德。尧女的婚姻不同了，实行的是父母之命。妇女的地位在这时显著降低，已是不争的事实。

鲧居西羌石纽娶有莘氏女嬉（修己志），年壮未孳，嬉于砥山，得薏苡吞之，有感而孕，剖胁而产高密（禹）。说明鲧的婚姻也是野合的。禹娶涂山氏也同样是野合的。

综合上述可见：

夏以前的距今5000—4000之间，氏族上层人士的婚姻关系是族外婚。未见原始性的杂乱群居、血缘群婚、兄妹之间的级别群婚现象，而是男性氏族与女性氏族的族外婚。这种族外婚氏族之间较多的是世婚。例如伏羲氏族与女娲氏族、炎帝氏族与有蟜氏、黄帝氏族与方雷氏、高辛氏与陈丰氏，等等都是世代通婚。不论是母系还是父系氏族，都是当时强大的极有势的氏族。美其名曰“圣人无父”“知母不知父”。从上述材料可见，其时父也是知道的，但父尚未有具体的名字，较多是以氏族的名称代称，因为他们大多是氏族的头人、酋长之类的人物。

（二）上古时期婚姻形式的演变与多种婚俗的形成

第一种，最为普遍的是已摆脱了血缘婚姻，实行族外自由择偶的野合婚。一无父母之命，二无媒妁之言，自由结合，随时野合。这种野合婚俗通常是春天踏春时节，进行某种庆典，祭祀地母神如女娲、西王母、嫘祖等等古氏族高禖，让男女青年相亲，他们相爱之后不回家，寻找山洞野合，现代婚的入洞房就是从其时野合婚传下来的。今天这种婚姻方式，到现在我国有的少数民族依旧保留着。它不受后来那种入洞房的仪式的束缚与繁琐礼仪，试婚后觉得不行，还可随时分手。

第二种，由父母指婚。为了国家的稳定，避免战争的损失与痛苦，帝喾将女儿许配给盘瓠犬戎族首领，让他去暗杀犬戎的吴将军；为了选一个合意的接班人，尧将两个心爱的女儿皇娥、女英一起嫁给舜，借以考察舜的行为品质。他们为女儿指婚，均达到了自己的政治目的。

第三种，是招赘婚姻。女性氏族为了自己掌管酋邦事务的需要，实行招女婿，死后再回其祖族。这种婚姻也非常之多。如昌意入赘雷祖氏族又入赘蓐收氏族；韩流入赘蜀山氏族；帝挚入赘东夷少昊三青鸷氏族，袭东夷鸷名号；舜入赘尧氏族。据记载尧有二君，均为上门女婿，尧传位皆为女婿。这种招赘婚是母系社会的义务，现代社会仍然保留着。

第四种，氏族联姻。出于政治需要，不同氏族结为婚姻关系，用联姻结盟，壮大自己的实力。帝喾先后讨了5个老婆，她们分属于4个不同的氏族。这些氏族与高辛结为联盟，对于抗拒防王的扩张起了很大的作用。

第五种，对偶嫁娶婚姻。一些记载中都说伏羲制嫁娶，以俪皮为礼。从世界婚姻史看，这是一种带买卖性质的婚姻，它将妇女的权利与自由剥夺殆尽。伏羲时代实行这种制度不太可能，而在伏羲之后的炎帝时代、少昊时代、黄帝时代、颛顼乃至帝喾时代，未见实行聘礼制。从若干记载来看尧嫁两女与舜，先封舜为伯，又给了他一片土地让他经营，并选择妫水与汭河会合的地方为他们举行婚礼，还赐予他们龙衣凤披作为礼物，似乎这就是最早的婚聘了。但真正的普遍执行的婚聘制却是商周以后的事。

（三）上古时期婚姻演变过程反映了妇女地位的下降

从大量事实中我们看到父系社会利益处于中心地位，母系社会利益衰落，男性成员在农业生产中成为主角，并拥有生产资料与政治权利，而女性相反，被挤进了家庭，从事简单的劳动，在家庭中处于从属地位。

正如恩格斯所说：畜牧业、农业、手工业的发展，出现了第一次社会大分工，提高了劳动生产力，增加了物质财富。在“第一次社会大分工中，产生了第一次社会大分裂，即分为两个阶级：主人和奴隶。剥削和被剥削者，因而在家庭中便发生了革命。男人占有生产资料、工具、畜牧、财产，处于第一位。妇女占第二位，限于家务劳动。保证男子在家中占统治地位。男子的劳动就是一切，妇女成了附属品”。① 中国大量的考古事实证明了这一点：农业生产的发展，社会财富的增加，导致了男女分工的变化，拥有财富多寡的变化，社会地位的变化和男女婚姻状态和婚姻形式的变化。这种情况到商末周初发生了根本性的变化，上古时期那种自由的非血统族外野合婚姻形态遭到彻底的否定，迎来的是封建时代新的婚姻制度。

《礼记·昏义》记载了如下的习俗与规定：“昏礼者，将合二姓之好。上以事宗庙，而下以继后世也，故君子重之。是以昏礼纳采、问名、纳吉、纳征、请期。皆主人筵几于庙，而拜迎于门外，入，揖让而升，听命于庙，所以敬慎重正昏礼也。”这时候的王者们认为“物不可以苟合”，必须有一套严格的仪式才能结婚，所以来了一个矫枉过正，废除野合制度，兴起了一套新规矩。他们把结婚分

---

① 中共中央马克思恩格斯列宁斯大林著作编译局，《马克思恩格斯选集》第4卷《家庭私有制和国家的起源》，人民出版社，1972年5月，第157—158页。

成6个步骤：

一要纳采。认为婚姻不可以“野合”，一定要找一个媒人说合才成。这媒人即称纳雁。请媒人要给钱，作为采择婚姻之礼。

二要问名。即问清女方之母名姓氏。

三要纳吉。要卜卦，问神灵，这宗婚姻行不行。

四要纳征。征，即证。以交纳钱币给女方父母，作为婚姻的凭证。也即聘礼。

五要请期。订婚。选订结婚的日期。

六要拜迎拜堂。即迎亲。子承命迎亲，筵几于庙。而这里面又有很多步骤。如婿要执雁入，揖让升堂，女子乘轿来了要出御妇车，御轮三周，俟于门外，妇至，婿揖妇以入，授之以绥。然后共丰而同食一牲。最后是合卺，即将一个葫芦剖成两半，男女各执一半，交互饮酒。这一套婚礼规矩，到现在也还在时行。只是因时因势的变化，在细节上有所不同罢了。

这虽是一种结婚仪式。但仪式背后隐藏的是男性中心论。男性是婚姻的主导者，女方处于像商品一样是被男方用金钱交换来的玩物。因而原来自由的女性到这时变成了“物”了。女子进入男人的门之后，要接受“男女有别”的繁琐规定，使她与家庭中的其他成员隔离开来。《礼记·曲礼上》规定：“男女不杂坐，不同椸枷，不同巾栉，不亲授；嫂叔不通问，诸母不漱裳，外言不入于梱，内言不出于梱；女子许嫁缨，非有大故不入其门；姑姐妹女子已嫁而反，兄弟弗与同席而坐，弗与同器而食；父子不同席；非有行媒不相知名；非受币不交不亲。”椸枷，衣架；巾栉，毛巾、梳子；梱，妇女居住的内室；缨，许嫁系的红头绳；行媒，来往做媒的人；受币，定亲的钱礼。总的意思是，在一个家庭里，男女也要分开坐，不可杂坐在一起，不可把衣服挂在一处，不要用同一条毛巾，同一把梳子，不能同坐一张桌子上吃饭，在一个盘子里吃菜，叔嫂之间不要相互搭腔，父亲的小老婆不能给儿子洗内衣，后院的妇女不能和外人交流、出入。甚至规定要帮父母姑舅穿衣服，佩短刀，系打火石，穿袜子，把他送到想到的地方。到了那里后要“下气怡声地问衣袄寒疾痛苛痒，而敬抑搔之”，出入要敬扶，进盥要奉盘奉水，请沃盥，递毛巾，进饮食要等父母姑舅等尝之后才能食退“非馂莫敢用，”更为严重的是“子妇无私货，无私畜，无私器，不敢私假，不敢私与”，甚至还明文规定妇女不可以有私有财产，不能存私房钱，也不能接受他人赠与，包括金钱、饮食、衣物、布帛等。在这里，女人除了一个赤裸的肉体外一无所有了，变成一个纯粹的附属品。

（四）三皇五帝时代野合婚神话背后的秘密

三皇五帝时代野合婚的神话传说中有真有假，不可简单地以“符瑞”加以肯定或否定。这是因为它是“君权神授”最有力最直接的证明，是统治者为证明其统治的合法性而精心编造出来的。

后世统治者想借祭祀证明自己是神的后代。他们先说祖先是神的儿子。通过“禘”的祭祀把自己的始祖配上去共飨神食，使其成为共祖的嫡系。但后代与天神之间毕竟代沟太深，于是就直说自己是天的儿子（天亦是神）。这样就可以名正言顺地，不用“选举”推荐那套手续，而直接取得了神的统治权了。为夺取前朝的统治权，后来者也举着“执行天命”“天命难违”“替天行道”的旗号，起来推翻前朝统治，自己当天子。汤武、周武王等都是如此。老百姓看穿了这套把戏，也想借祭祀使自己靠近天神。但统治者不允许。颛顼的“绝地天通”，正是出于阻止老百姓成为神才这么干的。这一传统上上下下传了几千年。所以我们说三皇五帝时代的婚姻传说有真有假。

上古君王的婚姻现实，基本上都是比较自由的野合婚姻。到周朝时实行新的婚姻制度。所以《周礼》中对婚姻作了严格的规定。表兄妹婚配的习俗，直到中华人民共和国成立以后都很普遍，更不用说上古时期了。

野合婚俗起于何时，我们并不清楚，但我们知道它的终止点是周礼的推行。三皇五帝时代实行的是野合婚姻制度是无疑的。野合婚的结束标志着封建性的婚姻制度的开始，女权制的彻底结束，夫权制度进入了社会舞台的中心。

四、神话源于上古时期氏族对祖先的祭祀

（一）上古时期以氏族为中心立国，邦国林立

中国古代氏族极多，至大禹时仍有万国之称。燧人氏我们并不十分清楚。据王大有先生称燧人氏为弇兹氏婿，弇兹以编结绳名。

弇兹氏又名玄女、织女、素女、须女。传燧人氏有子三：名三柯氏。他们以绳结织网，渔猎为生。燧人氏、弇兹氏居昆仑合黎山。氏族分为大鵹、少鵹、青鸟等分支，故称三青鸟氏。燧人弇兹氏族立姓氏为风。以候鸟命姓为凤，天皇本部为凰，以三青鸟得氏为俨允，以开明虎得氏为开明氏、陆混得名陆吾氏，以壶天氏得名盘古氏，以龙首山得首阳氏，以混天得氏弇兹。以火正名烛龙氏、烛融氏。龙首山居雷泽氏，古浪居古盘氏，疏勒居华胥氏，开明陆吾氏居钟山[①]。天皇徙居湟水，都乐都，湟中。

伏羲女娲时代的姓氏。伏羲氏为母华胥氏父雷泽氏合婚的后的后代，名风兖庖戏。又称伏羲。根据王大有先生《三皇五帝时代》所记，伏羲于公元前7724年在榆中称皇，帝号罗奉、国号羲，为政18年，死于公元前7707年桐柏山鸡公山。他为政时参政的主要氏族有“尊始祖雷明王而以龙纪官，故为龙师而龙名。命大庭氏（即大蓳氏共工氏）为居龙氏治屋庐；薮魁氏为水龙氏，导洪水；阴康氏（即中官黄龙氏）为土龙氏，治田里，主农田放牧；混沌氏为降龙氏，驱民害；昊英氏（皋英）为潜龙氏造甲历；朱襄氏为飞龙氏造书契，为巫师军事；并以共工氏为上相，柏皇氏为下相，朱襄氏为左监，昊英氏为右监。栗陆氏居北为冬官，黑龙氏主墨杆；赫胥氏居南为夏官，赤龙氏主赤杆；昆吾氏（即骊连氏，昆仑陆吾氏子裔）居西为秋官，白龙氏主白杆，葛天氏（即勾芒氏）居东为青官，青龙氏（苍龙氏）主青杆”。[②] 我深信王先生所言是有所根据的。这里的“氏”不是都指氏族。姓氏它有三重含义，一是姓氏代称，二是地方代称，三是官名代称。仅主管农业、房屋建设、主测日影的官员，其姓氏就有共工氏（大庭氏）、

① 王大有编著，《寻根万年中华——中华百家姓图腾始原》，中国时代经济出版社，第31页。

② 王大有编著，《三皇五帝时代》，中国时代经济出版社，第110页。

薮魁氏、阴康氏、混沌氏、昊英氏、朱襄氏、柏皇氏、栗陆氏、赫胥氏、葛天氏、昆吾氏。若以伏羲集团加盟氏族计算就更多了。但不知这些是否真正可靠，不过有一点是真实可信的。这就是史书和神话中所描述的重该熙修四子。楚帛书战国时伏羲四子神话证明这四子均以测定日月星辰制历明时著称。四子的后裔到黄帝时代，称之谓常仪、羲和，他们一个长于占月，一个长于占日，都是考定星辰之官。到尧时变成了羲仲、羲叔、和仲、和叔。应当相信他们是伏羲女娲的后代。《左传》记载“任、宿、须句、颛顼都是风姓，他们在济水建祠祭祀太皞，被认定为春秋时代尚存的太皞裔族。宿，指宿沙氏，风姓，为常羲氏分支，我国东北地区、山东地区的肃慎、肃沙、夙沙都是其后裔，以煮盐著称。须句，即勾芒，在勾芒山一带，颛顼在泗水一带生活”。

专家们考证传说中的蚩尤为伏羲后裔，据说他有 81 兄弟，即 81 胞族，或加盟氏族，生活于山东河北境内，是东方最强大的氏族集团。

关于伏羲后代的记述还很多，如《山海经》所记述的“西南有巴国，太皞生咸鸟，咸鸟生乘釐，乘釐生后照，后照是始为巴人”，等等。足见伏羲裔族人数众多，分布面广，影响巨大。中华民族中许多民族都认同伏羲为始祖。

女娲氏族。见于记载的并不很多，我国上古时代华夏民族聚居地区许多著名的女性氏族，如皇娥氏、有蟜氏、任姒氏、女登氏、常仪氏、娵訾氏等都与女娲氏族有血缘关系。《山海经·大荒西经》中说“有神十人，名曰女娲之肠，化为神，处栗广之野，横道而处”。这里的女娲之肠十人，示女娲所生十神，亦即十大著名的有女娲血统的女性氏族。世人说女娲传位于炎帝神农。炎帝神农，是炎帝氏族和神农氏族的合称。炎帝指“器”，他的父亲为少典氏，母亲是有蟜氏族之女任姒氏，后来少典氏又娶了附宝氏生轩辕。神农二世祖的母亲是安登氏，它的母系为任姒氏族，历四世祖羭呛（口蓊）时期为职能帝，传世八世至榆罔止。所以从炎帝神农距今6491—2000多年，这一漫长的历史阶段，绝非一世相传所能办到的。所以谓女娲传位于炎帝神农指的是传位于开始的炎帝氏族，让其入主中原，或者说是女娲将炎帝从南方引进中原的。持这说法的董立章先生在《三皇五帝史断代》中说得十分明白。另一层意思是说炎帝神农氏族一直与女娲氏族联姻。如与女娲有血缘关系的有蟜氏女任姒和安登就是证明。所以有蟜氏、任姒氏、安登氏为女娲之肠（血缘）的化生，应当是对的。

黄帝氏族，即轩辕氏，也是女娲之肠的化生。因为黄帝的母亲附宝也出生于有蟜氏。黄帝生而从母长于轩辕谷，而名轩辕。他的父系氏方雷氏，也是风姓的一支。黄帝轩辕氏的先祖叫枪术，是雷泽氏后裔，从少典氏、黄姬氏、天鼋氏历4代传至黄夷氏族，黄夷又历10代才传到黄帝氏族，经天宝有熊氏、帝鸿缙云氏和帝轩时代，前后传了20多代，氏族众多。

到少昊、颛顼、帝喾、尧、舜、禹时代，支脉氏族林立。他们均以氏族为中心立国，全国那时并没有统一的国家，只有不同地区依不同的文化传统不同形成的邦国群体。

《淮南子·地形训》言海外有三十六国：西北至西南有修股民、天民、肃慎民、白民、沃民、女子民、丈夫民、奇股民、一臂民、三身民，自西南至东南方有结胸民、羽民、欢头国民、裸国民、三苗民、交股民、不死民、穿胸民、反舌民、豕喙民、凿齿民、三头民、修臂民，自东南至东北方有大人国、君子国、黑齿民、玄股民、毛民、劳民，自东北至西北有跂踵民、句婴民、深目民、无肠民、柔利民、一目民、无继民。

修股民，长脚；天民，先民；白民，即白身民；沃民，饶沃；奇股民，一只脚；结胸民，鸡胸；欢头国民，即南方讙头国捕鱼为生；裸国民，不穿衣服之民；三头民，族有三头（三分支），或实行三首领制；句婴民，颈曲而肿之民。上述三十六国《山海经》里有记载。但《山海经》提到的邦国不止三十六国。因为这里海内诸邦国未列入三十六国。如西北陬的雒棠人、武人、蛇人，北方的夸父、耽耳，南方的昆吾丘，西方的轩辕丘，其北的巫咸，不周北的有娀（长女简狄，少女建疵），西王母国，昆仑地区的乐民、挐闾、三危，河洲地区的宵明、烛光，雁北的烛龙，以及后稷垅、狗国等。《山海经》的提法与此并不完全相同。特别是东夷地区没有提到。《山海经》提到邦国有 100 多个。不说别的，光是五帝的裔孙就很多。许多都是古王的裔族，均有史可鉴，有据可查，是比较真实可靠的。例如记载黄帝后裔的邦国有一个西周国，姬姓，以五谷为食，这就是岐山的周国，帝俊后裔稷其祖是农神，曾到天上带回种子，其弟句玺的儿子叔均，与后稷一起播种五谷被敬为农神；叔歜国是颛顼的后代，以五谷为食，能役使虎豹熊罴四兽；司彘国是黄帝的后代。颛顼曾是朝云司彘之国的首领。黄帝生昌意，降若水生韩流、娶淖子氏生颛顼，继而为王；北狄国，是黄帝的后裔，黄帝的孙子叫始均，其后人叫北狄。淑士国、伯服国、季禺国都是颛顼的后裔，食五谷；讙头国是颛顼的后裔，苗民的先民居海外，捕鱼为生，因犯不肖之罪，羞愧不已，投海而死，尧怜悯他，让其子住南海，繁衍成国；帝喾的后裔国的记载亦不少，如记载犬封国（犬戎国）平叛防王被高辛封于会稽郡为千户，并赏赐女儿为其妻；神话中的东海之外的羲和之国是帝俊的妻子常仪的封地，据说她生了 10 个太阳（行十月太阳历）；幽司国也是帝俊的后裔，以小米为食，能役四兽，男女不结婚，可以生孩子；传说中的三身国、黑齿国也是帝俊的后裔，以五谷为生，吃稻米，以蛇为菜；中宏国是帝俊的裔，以食野兽果子为生；载民国是舜的后代，姓盼，叫巫载氏，食五谷，不纺织有衣穿。

《山海经》记载的一个国家叫毛民国，国人姓依，以五谷为食，能役使四兽，全身是毛，连脸上也长毛，黑色，穴居，不穿衣服，大禹同意他建国。

上述这些上古氏族的特点是：

1．相互独立，各自为政

具有封闭性。虽然互有文化交流，但氏族间发展很不平衡。从《山海经》的记载，我们可以看到，有的氏族很先进，已摆脱了渔猎生活，能以五谷维生，他们“食稻”“食粟”，穿布衣，能役使虎豹熊罴四兽，驯养各类家禽；而有的氏族仍过着渔猎生活；有的还处于采集维生阶段，甚至还有食人者。

2．氏族同源

许多氏族都有共同血缘关系，宗族关系。同一宗族的人往往在一起居住，构成一个自然村落。这些由小家小户人家构成的村落，多数选择背阴朝阳依山傍水不当风口，不当要冲的地方建立起三合院或四合院的村落。在朝北一方设祭祀祷屋供同宗兄弟子孙祭祀祷告，两厢与北边的两间住人，院子南边种些竹木代屏风，中间是院坝作为村民晒谷、集会、娱乐的地方。墓地通常建在村子周边不很远的地方。这种格局可远朔至姜寨、裴李岗时期，近延续至目前的一些古老村落。为防敌防兽侵害，有的村子四周建了壕沟，甚至围墙，形成了具有封闭性各自为生的“小国寡民”居住区。

3. 实行族长制

同族同宗的若干村落的氏族，推选出族中威望高的长者为族长；族有族规，族长有权召集会议处理违规事件；向后人讲述或演唱祖先诰谕和功德供族人继承。嗣后变成以文字记录族谱；主持祭祀祖先的活动，至今有的地方仍保留有吃清明会之类的活动。

4. 氏族同谱

族谱开始以口头说唱，后来以文字方式传承。在族谱中通常都是按男性血缘叙述同一祖宗留下的各支脉的传承人。女性一般不续谱脉，但要记某姓氏为某人妻之类。这就是我国神话传说具有很强的真实性的独特原因。

5. 各氏族实行家长制统治

在氏族统领下的各家庭，实行家长负责制。在一个家庭里，家长是绝对权威，一切由他说了算。家长制的延伸到周初便形成了宗法家长制，他们为巩固自己的统治，把自己管辖范围内的领土、官职、管理权限统统分封给自己的子孙，封他们为侯为王，每年向中央交赋税，代代荫袭。诸侯有子也同样分封自己的土地，所在地区的人民不论那一级都唯王者之命是从，从而形成大大小小的独立王国。这一思想一直影响到现代人的行为方式。

6. 氏族同俗

每一个氏族，通常都是风俗相同的。现代的民族，不论彝族、藏族、维族还是汉族，其习俗都是各不相同的。不仅如此，各民族的习俗都具有延续性与继承性。例如彝族实行十月太阳历，过火把节，过大小年，就是从远古时代传下来的。同样，汉族实行的阴历阳历星历合成的农历十二月制，过阳历年，也是从几千年之前传承下来的。其他如婚俗葬俗，祭祀风俗，也无一不是与不同氏族和民族的传统习惯相联系的。

7. 氏族同祀

各氏族祭祀各自的老祖宗，并且都有一些特殊规定。祭祖风俗，尤其是祭父母祖父母的扫墓习俗，如清明扫墓，年三十祭奠，至今古今相同，改动并不很大。祖宗去世后通过祭祀获得全氏族成员的认同，便成了神。

8. 氏族同徽

上古各个氏族都有自己的识别徽标，即图腾标志。当今世界上许多民族（国家）都有自己的特殊标志，如俄罗斯的双头鹰、意大利的母狼、埃及的人面狮身等。中国上古时也同样有氏族的图腾标记。这种图腾标记的作用：一是作为氏族识别的标志，一是作为信仰与崇拜物同一的标志，一是作为民族文化同一的标志。我国上古时代亦有许许多多这样的图腾标记出现，如龙、凤、虎、龟等，它们代表着不同的民族信仰。考古发掘出土了许多这方面的遗物，如内蒙古三星他拉的璧玉龙、辽宁建平的白玉龙、安徽含山凌家滩玉豕鹰等等。所有这些以图腾为标志的原始氏族的首领，都是氏族祖神。这就是中国华夏民族原始神灵与神话与古希腊、埃及神灵神话的一个重大区别。

（二）中国人是从哪里来的?

中国人是从哪里来的？上述古氏族的存在已经给出了答案。但在西方人看来不是这样的，他们认为中国人是从西亚来的，或西部地区来的。

英国学者 H.G. 韦尔斯著《世界史纲：生物和人类的简明史》说："正值三个白种人的文明体系在印度和亚、非、欧三大洲交界处发展之时，另一个特别的文明正从当时富饶如今荒凉且干旱的塔里木河流域的昆仑山，经由两条线路顺黄河水道向下流去，不久便在长江流域发展不断传播开来。"① 这一说法影响深远，我国有些学者亦据此以为我们华夏民族发源于昆仑山，沿黄河两岸向东发展，播散于全国。这是想当然的推测。

首先，外国人说华夏民族的祖先似乎来源于"当时富饶如今荒凉的塔里木河流域"，指的是发源地的昆仑山，即新疆、青海省南面内的昆仑山。我国学者说的华夏民族的祖先所生活的昆仑山并不是塔里木河流域的昆仑山，是指甘肃新疆青海交界处的祁连山，上古神话称为昆仑山。昆仑山意为天帝住的耸入云霄的高

① ［英］H. G. 韦尔斯著，《世界史纲：生物和人类的简明史》，北京燕山出版社，第 128 页。

山。据何新先生考证，最早的昆仑山即今泰山，后来改称中岳嵩山，再后是祁连山，近古才指塔里木河流域的昆仑山。将中华文明的发源地归于南疆的昆仑山，有违史实。塔里木盆地虽然也考古发掘出一些史料，但都比较晚，较多的是公元前一二千年的遗存，最早的是1900年发现的塔林尔河墓地，2000年考古发掘出3具干尸，距今4000年，十分珍贵，但是它远不如秦安大地湾距今七八千年的遗迹悠久。中华文明从塔里木河流域发展而来，没有史实依据，不合逻辑。

其次，中华民族人类的起源和文明的发展不是单一的，而是多元文化的融合。在西方人的意识中，西方文明开始于苏美尔文化向希腊、罗马，并向整个欧洲的传播，他们想象着中华文明也是由那里传至塔里木河流域，或由欧洲传至塔里木河流域，再传遍全中国。正如他们津津乐道的在塔里木河流域发现有来自波兰的吐火罗人遗迹。其实，这只是战国时期，早一点是春秋时期的遗迹。想将中华源头近溯于此，目的是想说明中华文明也是和他们一样，来源于苏美尔文明。苏美尔文明有五六千年的历史，而中华文明却有上万年的历史，比苏美尔文明还要早数千年。

我们之所以说中华文明不是外来的，也不是来自中国的某一地方，而是由四面八方的不同文明向先进的中原的汇聚，进行争夺中原的斗争。在中原地区发展之前，我国无论是山东、山西、河南、河北、甘肃、内蒙、辽宁、四川、云南、贵州、湖南、湖北、江苏、浙江以及广东、广西、福建、台湾，甚至西藏等都有远古先民生活。这不是猜测，而是事实。

《云南民族大学学报》2004年11月号登载了王文光、翟国强先生的一篇文章，题目是《中国西南旧石器文化在中华文化形成中的地位》，文中写道："在开远市北小龙潭镇，小龙潭褐煤层中首次发现的古猿化石分属腊玛古猿和西瓦古猿两个种，是人类起源研究中珍贵的实物标本，也是我国发现的第一个古猿化石产地。开源古猿化石的地质年代确定为晚中新世，距今约1500万年。1975年，在禄丰县的石灰坝村发现的禄丰腊玛古猿，被定为是向人类转化的古猿，其地质年代确定为上新世中期，距今约800万年。1986年10月，在元谋物茂乡的竹鹏豹子洞发现的元谋古猿距今约500万—400万年前；1992年在云南保山市东南的西邑乡羊邑清水沟发现的保山古猿弥补了禄丰古猿到元谋古猿演进阶段的重大化石断缺。"

1965年5月1日我国地质工作者在云南元谋县上那坝村九龙口发现两枚人齿化石、10余件打制石器、3米左右的炭屑。说明元谋直立人有用火的痕迹，距今约170万年。除上述外，还有：距今115万年的蓝田人。1966年中科院古脊椎动物与古人类研究所在陕西蓝田地区作地质调查时发现一具人类下颌化石。1964年

5 月 23 日考古学家贾兰坡先生在蓝田考察发现一粒猿牙齿化石，10 月 12 日又从运回的堆积物里发现一个古人类头盖骨化石，1987 年测定，距今 115 万—110 万年。继长江上游金沙江南岸发现的元谋人之后，在长江中游湖北郧县境内相续发掘出郧县人、郧西人，距今约 100 万年。1989 年在长江下游和县和南京发现距今 30 万—20 万年的直立人。在南方珠江流域也发掘出距今 70 万年的广西右江人。新华社 1995 年 11 月 30 日作了专门的报道，据说他们属于比较高级的巫文化。

继发现距今 70 万年的北京人之后，河南南召也相继发现距今 70 万—20 万年的直立人与打制石器。在辽河流域发现了距今 22 万年的辽宁金牛山人。1984 年还在辽宁营口金牛山发现了 70 余块古人骨化石，其中有完整的人头骨、肢骨、髋骨、脊椎骨、肋骨、髌骨、手足小骨骼，属人类个体，可连接成完整的人。

另据《中国美术报》1986 年 1 月 27 日报道，山西省峙峪发掘出古人类，他们会制作磨光石器，骨刻猎鸵鸟图、羚羊图。经鉴定距今 2.8 万年。山西许家窑亦发掘出 10 万年的古人，他们会制作重达 2 千克的大石球，制雕刻器（晁福林著，《天地玄黄》，第 28 页）。

距今 20 万年的陕西大荔人。1978 年在陕西大荔县发现大荔人化石与 181 件石器。1976 年在山西阳高许家窑也发掘出距今 20 万年的人骨化石。

距今 5 万年的丁村人。1956 年在陕西汾河东丁村、紫庄、史村发现 3 枚人牙化石，为 12 岁少年，和他喜爱的石球。早在 1922 年时在内蒙河套地区乌镇发现 4 万年前的河套人化石。

距今 2 万年的山顶洞人和柳江人。中国学者贾兰坡等人 1933—1934 年在北京周口店龙骨山山顶的一个山洞里发现了完整的古人头骨、脊椎骨、盆骨、腿骨、牙齿和 125 件穿孔兽牙、3 个穿孔海蚶壳、3 个穿孔石珠、骨针、25 件石器。1951 年在广西柳江也发掘出 2 万年前的人骨化石。

距今 1 万年的四川资阳人。1951 年在四川资阳发现 1 万年以前的人骨化石。

上述事实说明：

第一，我国先民从千万年几百万年到几千年都有。他们自古以来都在我们脚下这一片土地上生息繁衍，经过千百万年的不断汇聚与融合，才形成了中华民族。这一民族的主体绝不是由境外或由西部某一地区迁入然后沿黄河长江扩散到全国的。据记载，我国考古工作者 1976—1977 年在塔里木河流域发掘出吐火罗人墓穴，一处是 1979 年发掘的孔雀河墓地 42 座，发现铜器等物 3 件，时间为公元前 1000 年；一处为 1986 年发掘的焉不拉克墓地 67 座，有铁器等物 7 件，时间为公元前 1300—前 600 年。距今 8000 年的磁山文化、后李文化、裴李岗文化、姜寨文化等北方粟种植文化和南方的 1.5 万年、1 万年、8000 年、7000 年的稻种植文化，岂是由公元前1000—前500年迁入的人所造就的。到目前为止，人们并未在塔里木河流域发现几万年以上的墓葬。所以中国人由塔里木河流域迁入云云，为不实之辞。

第二，从地域上看，云南开远、开源、禄丰、元谋，陕西蓝田，广西右江，北京周口店山顶洞，河南南召，安徽和县，辽宁营口、金牛山，山西峙峪、许家窑，四川资阳等等四面八方都存在着原始古人。这就是说中华民族的人种是多元的，是由不同地域的古人聚合形成的。他们的民族习俗不同，文化有差异，从而形成多元文化。所以自古就有东夷、南蛮、西戎、北狄之说。这正是多元民族共同存在、共同发展的反映。

第三，不仅由塔里木河流域迁入难以成立，就是由甘肃大地湾沿黄河长江东迁之说，亦难以成立。以伏羲女娲的东迁传说为例，目前就存在种种不同的说法。逄振镐先生在《东夷文化研究》中就提出东夷人是土著民族，并说他们是北京猿人的后裔。他在文中说1965年在山东沂源县千人洞发现了人类化石，1972年至1981年又有多处发现被命名为沂源人，距今50万—40万年，后来又在新泰等广大地区发现21处新泰人遗存，距今二三十万年，他们的“眉骨的粗壮程度和牙齿的原始性质与北京人相似”。据此逄先生认为“山东夷族是山东及其周围地区土著民族”，他们并非炎黄的直接后裔。他认为伏羲太皞与蚩尤是东夷人。这就是说他并不认为伏羲氏是由西部迁入的移民。林河先生在《中国巫傩史》中提出炎帝是南方人。徐旭生先生在《中国古史的传说时代》中从地望分析的角度提出伏羲是南方人。董立章先生在《三皇五帝史断代》中根据大溪文化分析认为女娲及其继承者炎帝为南方人。这就是说伏羲女娲由大地湾因洪水东迁之说，亦并未达成共识。

龙、凤是综合图腾，它象征着中华民族的形成亦是由多民族融合而成。它的主体是中华民族的本土居民，但并不排除外来民族的迁入与融合。这亦证明中华民族的主体绝不是由外来民族迁入而形成的。

五、结语：民族融合与神话的民族性

世界上所有民族，因信仰不同，生活习俗不同，他们信仰的神与深信不疑的神话亦各不相同。无论希腊、罗马、埃及、巴比伦，还是中国、印度，抑或其他信仰天主教、伊斯兰教、佛教、道教的民族，都是如此。即使是一个复合和多民族组成的庞大民族而言，其情形也同样。比如中华民族，它包括了经过数千年融合后形成的华夏民族（汉族）与其他 55 个民族，他们除了共祖神外，还有自己的始祖神及神话。它们也各有特点，各不相同。这里有几个具体问题需要加以讨论。

（一）主神的民族性

各民族都有自己的始祖神与共祖神，使民族的主神注入了民族性。如古希腊的宙斯神，古埃及的阿蒙—拉神，印度的大梵天，中国早期的中央天帝，后来的玉皇大帝，都是各民族敬仰崇拜的天神，人民期盼的保护神。由于各地民族所处地域的自然环境与生活习俗不同，他们所崇敬的天神与人的关系也不相同。在古希腊神话中宙斯是天神家族之父，人世间的城邦国王都是他的儿子，人王的一切都受天神群体的操纵与支配；埃及的法老们认为自己是太阳神阿蒙—拉的代言人，是太阳神在世俗的存在，法老生前是神死了也是神，他们与其他诸神并列，是活着的神；在中国，上古帝王并不认为自己是神，他们死后被后人祀奉，才成为天神。他们生前注重研究农业天文历法，死后变成天神的任务主要是管天上日月的运行，以供人间人王制新历法，因而被尊为太阳神。人们希望它们能保佑人间风调雨顺，五谷丰登。

我们中华民族内部有 56 个民族，除了共同的天神玉皇大帝外，各民都有自己民族崇拜敬仰的天神。即使是中华民族体系中的华夏民族也不是单一民族，而是不同历史阶段不同民族相互融合的复合体。反映在天神系统中便是以青龙、白虎、朱雀、玄武为标志的四方天帝——东西南北一年四季的四个太阳神——太昊、少昊、炎帝、颛顼，加上中央天帝，共五大天帝，成为复合体内各民族共认的主神。

共祖神和始祖神的出现，正是民族神灵最显著的标志，他们在本民族出生，升为天神后，又为护祐本民族服务，在神性中注入了强烈的民族性成分。

（二）神事的民族性

神事是神的行为举止的传说。正如阿姆斯特朗所说，“神话并不是一个自圆其说的故事，而是关涉到我们应有的行为举止”。[①] 原始神话并不是为了给后人讲述动听的故事而编造的。神话不是神学，“而是人类经验的总汇”。原始神话的价值与可贵之处，正在于它们不是有头有尾的经过艺术加工从而富有艺术感染力的故事。它留下的是一些“只言片语”“片断描述”和极为简单的故事。虽然它们不是真实的历史，但从零散的足迹和不同的习俗中，可以让我们了解史前不为人们了解的历史。原始神话具有一定的历史的真实性。上述谷物种植、农具、宫殿、水井、窖穴、陶器、牲畜饲养、火迹等等的考古发现，证明了原始神话中许多片段描述都是真实的。根据中国的封神习俗推定，三皇五帝无疑也应当是历史的真实存在。

（三）祭祖的民族性

各民族都有祭祖的习俗。古人祭祖犹如今人开追悼会、纪念会一样，目的是通过悼念先人的活动，让后人继承先人的遗志，多为人民办好事，积美德。因此古人往往用最精炼最美丽最概括的语言——诗的形式歌颂先人的功与德。有人认为《山海经》的神话来自祭祀颂辞，窃以为不无道理。在中华民族的大家庭中有像藏族的《格萨尔王传》、苗族古歌那样的长篇叙事诗。在少数民族地区以岩画来表述祖先功德的是不少的，如阴山岩画之类。所有这些，无一不打上民族的烙印。

① 胡亚豳译，《神话简史》，重庆出版社，第 4 页。

第三章
上古之神与文化创造

本章叙述中国上古人类的文化创造，包括音乐、文字、制陶、冶炼等方面，对后世文化的发展产生的深远影响。

一、音乐文化的创造

二、汉字文化的创造

三、制陶与制玉文化的创造

四、冶炼技术的创造与发明

五、结语：神话源于工艺创造之神妙

一、音乐文化的创造

（一）上古时期的音乐文化创造简述

上古时期随着农业生产和科学技术的发展，音乐也有很大的发展。这我们可以从考古发掘的乐器，典籍记载的音乐史实和音乐美学观的发展看得出来。

音乐考古中的几项重大发现

古书记载有“倕作鼙、鼓、钟、磬、吹苓、管、熏、篪、鞀、椎”。从考古发掘的事实来看，证明这些记载是真实的。根据王子初著《中国音乐考古学》福建教育出版社一书中所列的考古事实，我国已发掘的古乐器有骨笛、骨哨、陶埙、摇响器、陶铃、陶钟（陶铙）鼓、古磬、号角、铜铃、编铙、镈、排箫、甬钟、纽钟、编磬、编钟、笙、竽、琴、筝、瑟、箜篌、铜鼓、錞于、篪、律管、钲、铎、句鑃、筑等。这些器物的出土不仅证明各种乐器均是历史的存在，而且证明从公元前7000年至公元元年前后这一历史时期的不同历史阶段均有不同质料的音乐器物的存在。在许多人眼里，那是一个蛮荒时代，可为什么存在许多先进的，甚至迄今也令人无法理解的音乐成就呢？这是一个非常值得探讨的问题。在这里我们仅介绍几件震撼世界的乐器。

（1）距今9000—7800年的骨笛

1986年5月—1987年，我国考古工作者在河南省舞阳县贾湖村一群墓葬中发掘出25支骨笛。

据王子初先生记述，这25件骨笛中有22件作为随葬品置于15座墓中，1件藏于窖中，2件藏于地层中。25件乐器中有2件半成品，23件成品。专家们将23件骨笛分为3种类型。

第一种类型共2支。一只5孔，一只6孔，能奏四声五声音阶，存在于距今9000—8600年。

第二种类型共14支。除2支残笛，12支均为7孔，存在于距今8800—8200年。

第三种类型共7支，其中4支残笛，2支7孔，1支8孔，存在于距今

8200—7800年。

这些骨笛中最有代表性的是距今8800—8200年，编号为M282：20和M282：21的2支骨笛。均制作精细，保存完好。1987年8月初，经中国艺术研究院音乐研究所和武汉音乐学院的测音小组以闪光频谱测音仪测定，吹奏，认为音质好，是七声齐备的古老下徵音阶，能演奏多种复杂的旋律。

值得注意的是1986年在河南汝州中山寨遗址下层也出土了1支骨笛，残长15.6厘米，笛上有两排音孔，一排5个，一排4个，共9个音孔，其形制与贾湖骨笛相似。经碳14测定其年代为距今9790—8955年，经中国艺术研究院音乐研究所测定，认为可能是当时作为定音和标准音管使用的。

此外河南长葛1979年12月出土了距今8100年的骨哨，1973—1974年浙江余姚河姆渡出土距今7000年左右的骨哨达45件之多。类似骨哨在江苏吴江梅堰也有出土。

这批骨笛的出现，使我们不能不思考以下种种问题：

第一，时间早。距今9000年的骨笛举世罕见，证明中国在9000年之前已产生乐器，这也是世界最早的乐器。

第二，时间跨度大。从距今9000—7800年，前后延续了1200多年，如果连汝州算上，则前后长达1790年。

第三，地域集中。骨笛出现的地域在河南舞阳地区（包括汝州）。到目前为止，我们尚未在全国或世界其他地区发现过类似的骨笛。说明这一地区距今9000—8000年之间都存在演奏骨笛的传统，并非偶然。它表明这一地区曾经是文化高度发达的地区。

第四，骨笛的音阶表明我国在8000年之前已有七声阶、六声阶、五声阶、八声阶、九声阶存在，对此后竹制笛箫管篪的产生发展均有重大影响。

第五，这批骨笛保存完好，音质优美，至今仍能吹奏。

第六，骨笛出土并非孤立的偶然事件，而是上古贾湖农业发达和社会进步的实物证明。在贾湖遗址中，人们目前发现的遗物有：贾湖古村落，400多人骨标本，村落中有居住区、墓葬区、作坊区。村落周围有壕沟、半地穴单间住房、多间住房和少量干栏式地面建筑，室内有炉灶、烧饭用的鼎罐，汲水用的壶，以及盒、钵、碗、盏等炊具食品加工的磨盘磨棒。在那里人们还发现了贾湖人食用的大量碳化稻粒，表明他们以食稻米为主，猪、狗、牛、羊等家畜和龟鳖类捕捞，小型鹿类的猎获，甚至在龟甲、骨、石、陶器上发现了契刻符号与祭祀痕迹。

这一切表明贾湖人早在八九千年前就已摆脱了茹毛饮血和采集狩猎时代的生活，进入以农耕为主的定居时代，享受着高度的文明。骨笛的产生正是这一时代的产物，中华远古文明划时代的标志。

（2）山西襄汾陶寺合范铸红铜铃

1983年，在山西襄汾陶寺遗址M3296号墓出土了一件合范铸红铜铃，红铜纯度为97.86%。这是我国目前所见到的最早的铜制乐器。陶寺C14数据年代为距今4500—4000年，该铜铃无疑应属于尧舜禹时期的遗物，最迟不会晚于夏初。

值得注意的是铜铃是由陶铃演进而来的，并与后继的二里头铜铃相衔接。在襄汾陶寺铜铃之前，陶铃已在湖北、江苏、河南仰韶、陕县、古河村等地广泛存在。

1958年发掘，湖北天门市石家河三房湾陶铃，泥质红陶铃，悬铃，属于龙山文化。

1964年，江苏邳县刘林遗址，泥质黑陶铃，捏制悬铃，属于大汶口文化。

1974—1985年，郑州大河村遗址，陶铃4件，细泥红陶，为仰韶文化铃。

1956年陕县庙底沟陶铃，为细泥红陶，手工制成，距今5900年。

1983年山西襄汾陶寺，灰陶铃，捏制，时间距今4500—4000年。

1959—2002年发掘河南偃师二里头遗址，出土了青铜制品刀、锛、凿、鱼钩、戈、戚、镞和4个铜铃。

（3）鼍鼓

鼍鼓这种乐器也很早，在大汶口时期即有陶鼓出土，二里头时期有木鼓，湖北崇阳有商代的铜鼓。最值得我们记忆的有两件鼍鼓。一件是山西襄汾陶寺出土的一面鼍鼓。这是1980年发掘的一面木鼍鼓，鼓框是以整树干挖空制成的，表面有红底色，施白，黄，黑，宝石蓝等颜色彩绘。遗存时间为距今4500—3900年。“鼓内散落着鳄鱼皮骨板”，这就是李斯所传的那种“灵鼍之鼓”；另一件是河南安阳侯家庄出土的木鼍鼓。出土时间是1935年，地点在侯家庄M12—17，鼓壁木质，形如今日大鼓，鼓面由鳄鱼皮制成，有朱红色花纹，鼓身有饕餮纹。遗物属殷商前期文物，至今3500年左右。

这两件宝物证明帝颛顼“令鱓先为乐倡。鱓乃偃寝，以其尾鼓其腹，其音英英”，帝喾命“倕作鼙、鼓”，帝尧命质为乐“以麋辂置缶而鼓之”，并非虚妄之言。

（4）编钟

我国很久以前就有很多悬挂起来进行演奏的大型编悬乐器，影响最大的是周初晋侯苏编钟和战国时曾侯乙编钟。

① 晋侯苏编钟

1992年8月31日被盗出土，12月22日被返购回国。

地址在山西省曲沃县曲村镇M8，发掘编钟2件，1件有7字，1件有4字，前一编钟2件有铭文355字，记载了周厉王33年正月八日晋侯伐东夷的全过程。全部甬钟共16支。其中分为有旋无斡，为悬奏式，有旋有斡，悬奏式，完全确立悬挂演奏方式。

② 曾侯乙编钟

曾侯之墓位于湖北随州擂鼓墩1号墓（M1）。墓主乙是公元前433年前后的曾国君主。

该遗址于1978年发现开始发掘。共发掘出钟、磬、鼓、瑟、琴、钟、笙、排箫、埙、篪等乐器125件。其中有钟架1副，钟65件，挂钟构件65副，演奏工具8件。65件编钟里有纽钟、甬钟、镈钟3种类型，分上中下3层悬挂在架上。上层为3组纽钟，中层为3组纽钟，下层为2组甬钟，另有1件镈钟。钟体钟架挂件上共有铭文3755字。专家们认为这是“古乐器中科学与艺术结合的顶峰之作”。从曾侯乙编钟冶铸、工艺、结构设计方面看，均不失为一项空前巨大的技术成就。

这套乐器是我国上古乐器的集大成，被誉为“世界第八大奇迹”。如果我们将这套钟的形制往上延伸，则可以见到远在数千年之前中国乐器就已有了巨大的发展。如：曾侯乙编钟吸收上古钟铙的长处才铸成了千古声韵一绝的杰作。

（二）古代典籍中的音乐理论记述摘要

1. 音乐的产生“本于太一，化于阴阳”

“音乐之所由来远矣。生平度量，本于太一，太一出两仪，两仪出阴阳，阴阳变化，一上一下，合而成章。混混沌沌，离则复合，合则复离，是谓天常。”“万物所出，造于太一，化于阴阳，萌芽始震，凝寒以形。形体有处，莫不有声。声出于和，和出于适。和适先王定乐，由此而生。”“凡乐，天地之和，阴阳之调也。”①

2. 古人作乐，本于“省风”“宣气”

了解节气，才能发展农业生产。《管子·轻重篇》说，“吹埙篪之风，凿动金石之音”。《庄子·齐物论》说，南郭子綦隐机而坐，与子游讨论音乐问题，他们把声音分为三种，人籁、地籁、天籁。古人省风，为了解节气，帮助农业生产。子游问：“敢问其方？”南郭子綦曰：“夫大块噫气，其名为风，是唯无作，作则万窍怒号……山林之畏佳，大木百围之窍穴，似鼻，似口，似耳，似笄，似圈，似臼，似洼者，似污者，激者，謞者，叱者，吸者，叫者，譹者，宎者，咬者，前者唱于而随者唱喁；泠风则小和，飘风则大和；厉风济，则众窍为虚。而独不见之调调、之刁刁乎？”子游曰：“地籁则众窍是已，人籁则比竹是已，敢问天籁。”子綦曰：“夫吹万不同，而使其自己也。咸其自取，怒者其谁邪？”庄子将地籁比为人的七窍，将人籁比为竹节，吹法不同，“而使其自己也”。

《国语·周语下》刘文公对周宣王说：“先时九日，太史告稷曰：‘自今至于初吉，阳气俱蒸……’王乃使……司空除坛于籍，命大夫咸戒农用。先时五日，瞽告有协风至，王即斋宫，百官御事，各即其斋三日。”“政成生殖，乐之至也。”高诱注曰：“古者以乐省风而征农事，故曰：乐以殖财。”《左传·昭公二十一年》曰，“天子省风以作乐”，则和于物，“物和则嘉成”。

《国语·周语下》曰：“三间仲吕，宣中气也。”高诱注曰：“黄钟，以宣养六气。”

度量，指律管的长度，容积；太一，指天地的本原，即道；两仪，指天地；阴阳，指阴阳气，阴阳相争，变化。仲夏日长至，即夏至日，阳气盛，阴气上升，仲冬，日短至，即冬至日，阴气最盛，阳气上升；成章，成形。古人认为音乐是用于阴阳调和的。音乐产生于和适需求。

① 张玉春译注，《吕氏春秋·大乐》，黑龙江人民出版社。

省风。风义有两解，一是指自然界的风。“省”同“审”，辨别自然的风是从什么方向刮来的，是什么季节的风。汉人释八风，以八风配八卦。《淮南子·天文训》中的八风，从冬至之日起每隔45天为一种风向，即条风、明庶风，清明风、景风、凉风、阊阖风、不周风、广莫风。不同的风表示不同的季节和方位。古人认为音乐是模仿不同的风声而作的。因此，音乐便入阴阳八卦之列。风的另一含义，即民风民俗，民间风气的变化。亦即道德风化。故有德音盛衰之说。

宣气，指宣导调和阴阳之气。古人认为气不通畅，就会影响万物生长，形成“滞久而不振，生乃不殖”“谷乃不殖”的局面。在古人的思想中，“至治之世，天地之气，合以生风。天地之风气正，十二律定”。十二律指的是六律六吕。六律为阳，包括黄钟、太簇、姑洗、蕤宾、夷则、无射。六吕为阴，包括大吕、夹钟、仲吕、林钟、南吕、应钟。六律六吕要相互配合协调才能出好声。所以要“赞阳出滞”“宣养六气”。从这一层关系看宣气，就是以阴气协阳气，以吕协律，才能奏出和谐乐声。

综上所述，可见古人的音乐审美观有三：一是省风，二是宣气，具有促进农业生产的适用价值，三是张德。

3. 圣人制乐，以昭其功，以张其德自古如此

《吕氏春秋·古乐》说：

“昔古朱襄氏之治天下也，多风而阳气蓄积，万物散解，果实不成，故士达作为五弦瑟。”（注：此指炎部落，士达为其臣。）

“昔葛天氏之乐，三人操牛尾，投足以歌八阙：一曰载民，二曰玄乌，三曰遂草木，四曰奋五谷，五曰敬天常，六曰达帝功，七曰依地德，八曰总万物之极。”

圣人律吕的制作记载：

“昔黄帝令伶伦作为律，伶伦自大夏之西，乃之阮隃之阴，取竹于山嶰溪之谷，以生空窍厚钧者，断两节间——其长三寸九分——而吹之，以为黄钟之宫，吹曰舍少。次制十二筒，以之阮隃之下，听凤皇之鸣，以别十二律。其雄鸣为六，雌鸣亦六，以比黄钟之宫，适合。黄钟之宫皆可以生之。”

帝颛顼生自若水，实处空桑，乃登为帝。惟天之合，正风乃行，其音若熙熙凄凄锵锵。帝颛顼好其音，乃令飞龙作，效八风之音，命之曰承云，以祭上帝。

“帝喾命咸黑作为声，歌《九招》《六列》《六英》。有倕作为鼙、鼓、钟、磬、吹苓、管、埙、篪、铙、鞀、椎、钟。”

“帝尧立，乃命质为乐。质乃效山林溪谷之音以歌，乃以麋辂置缶而鼓之，乃

拊击石，以象上帝玉磬之音。”

“舜立，命延，乃拌瞽叟之所为瑟，益之八弦，以为二十三弦之瑟。”

“禹立，命皋陶作为夏籥九成，以昭其功。”

“汤乃命伊尹作为大护，歌晨露，修九招、六列，以见其善。”

周武王“命周公为作大武”。

注：有倕泛指制乐的工匠。后为掌技艺的官职。猪婆龙，夔，也是这一类乐官。到周时这一类乐官更多分工更细。三皇五帝令乐官发明制作乐器，几乎都为考古发掘遗物所证实，并非虚妄之言。大武为大型乐舞。

4. 孔子倡导礼乐，德音，目的在于审乐而知政

《礼记·乐记》说：“凡音之起，由人心生也。人心之动，物使之然也。感于物而动，故形于声。声相应，故生变，变成方，谓之音。”

“审声以知音，审音以知乐，审乐以知政。”

“乐由中出，礼自外作。”

“大乐与天地同和，大礼与天地同节。”

“礼者殊事合敬者也。乐者异文合爱者也。礼乐之情同。”“乐者天地之和也，礼者天地之序也。”“乐由天作，礼以地制。”

关于德音，《礼记·乐记》里说，“昔者舜作五弦之琴，以歌《南风》，夔始制乐，以赏诸侯。故天子之为乐也，以赏诸侯之有德者也。德盛而教尊，五谷时熟，然后赏之以乐。”

“德者性之端也，乐者德之华也。金石丝竹，乐之器也，诗言其志也，歌咏其声也，舞动其容也，三者本于心，然后乐气从之。”

“乐终而德尊。生民之道，乐为大焉。”

“子夏对曰：夫古者，天地顺而四时当，民有德而五谷昌……纪纲既正，天下大定，然后正六律，和五声，弦歌诗颂。此之谓德音。”

从上述记载中我们可以看到音乐的产生本来也是出于“省风”“宣气”以利于农业生产的，后来逐渐变成了歌功颂德，到孔子时代又发生了重大的转变。他将礼与乐扯到了一起，认为“乐由中出，礼自外作”，它们互为表里，故而“审音以知乐，审乐以知政”。知政，主要看德行，而德的核心是仁。并以此为标准进行音乐审美评价。

从考古发掘与古籍记载，我们可以对原始骨笛等乐器出现的文化价值作出如下判断：

（1）骨笛的出现，是人类第一次经济大革命的文化标志

马克思认为：生产力是推动社会进步和发展最活跃最积极最革命的因素。中华人类先民经历了漫长的采集狩猎生活的历史时期，终于跨进了一个崭新的历史阶段。贾湖村人的经历证明了这一点：他们结束了痛苦的采集狩猎经济生活开始在一块平坦、宽阔、丰饶而温润的土地上种植水稻，从而从根本上改变了自己的命运。骨笛声声向世人宣告贾湖人开始掌控自己的命运了。如果没有农业生产的出现，就不会有贾湖人的一切。

贾湖遗址出土的碳化稻谷标本，颗粒饱满，粒粒在目；"人骨中碳 13 研究也表明贾湖人以食稻米为主要来源的碳 13 型植物为主，而未见粟、黍类植物为主要来源的碳 14 型植物"，可见"茹毛饮血"对贾湖人来说是不存在的。

他们改变祖先们的游牧、狩猎的生活，在贾湖周围建起小村庄，过起了定居的生活。他们的住房大多是半地穴式的单间房屋和多间房屋，也有少量的地面建筑和干栏式建筑，房子里还有专门的灶间，灶上摆着烧饭的鼎锅，旁边有打水用的陶罐、陶盒、陶钵、陶碗，还有用于碾磨的手工石磨盘和磨棒，不仅可以吃白米粥，软饭，还可以吃米饼子。所以炎帝才开始放火烧荒种植，黄帝才教民烧火煮饭。

贾湖人为了庆祝自己生活的改善，感谢老祖宗和上天的恩德，他们继承了祖先的传统，将鹤类动物的尺骨去掉两端，做成了骨笛，吹奏起庙堂音乐，作为祭祀乐曲。祭祀时还在神龟壳里用石子按二四八六的组合方式进行占卜，一边吹奏起响彻山野的仙笛，一边向上苍祷告，形成了一幅动人心魄的古老画卷。

骨笛的出现不是孤立的个别现象。它是伴随稻作农业产生而产生的独特的文化标志，是人类历史上第一次伟大的革命性变革的文化标志。它把中华民族的文明历程提早了数千年。这是事实，无法否认。

（2）骨笛的出现，是中华早期文明的显著标志

它向世人宣告：中华文明从骨笛算起，已有 9000 多年的历史了。骨笛的出现，丝毫也不亚于几千年前那些古老石头城堡和石刻碑文，它自身就是中华文明智慧的结晶。它向人们集中展现的是：

① 9000 年之前，中华大地上已经有音乐了。

② 这批骨笛多达 25 只，出自不同时代不同的墓穴，但一般都长 20 多厘米，直径 1.1 厘米左右，形制固定，制作规范，大多为 7 孔，有的还有调音小孔，7 音阶结构，发音准确，音质好，能演奏当今乐曲，说明其时音乐在这一地区较为普遍，较为成熟了。

从这里，我们可以看到贾湖骨笛是和贾湖稻谷、贾湖契刻（文字）同时出现的事物。它是那样明确、清晰、亮丽，不容任何争辩与误解：这就是 9000 年中

华文明的明证。

（3）骨笛的出现，是中国音乐发展的第一个高潮的标志

如果我们把我国的音乐史作为一部伟大的史诗，那么这一史诗的开端并不在贾湖，而是更早的时代，贾湖骨笛的出现，只是这幕史诗的第一个高潮而已。

我们之所以说它是第一个高潮（或者说高峰），还因为它有来者，有新的高潮、新的高峰、新的乐器与理论出现。这一点，大量的音乐考古发掘的乐器，尤其是青铜编钟的大量出现，和众多乐曲理论证明了这一点。

从骨笛到曾侯乙编钟，是我国音乐发展的完整的历史。骨笛既是9000年前结出的硕果，又为9000年后的音乐开辟了一条夺目的金光大道。它像一道闪电使我们在刹那间看清了我们民族的高度文明是从那里开始的。

（4）考古工作者将贾湖文化纳入裴李岗文化，是否合适，值得商讨

裴李岗遗址位于河南新郑县城西北8000米的裴李岗村西的台地上。李坤《中国大考古》河南新郑裴李岗遗址发布的数据为距今7885±480年，绝对年代为距今7500—6900年①。王大有编著的《三皇五帝时代》考古学文化年表所列数据为BC 5495±200（ZK754），BC 5423±200（ZK753），BC 5195±300（ZK751）（未校正），其年代为BC5495—5195（距今6000—5600年）；②董立章先生的重要遗址高精度树轮校正年代：河南新郑裴李岗前期文化为距今7933—6230年，地域文化为距今6200—5500年。③裴李岗遗址是氏族墓地，东部是村落，随葬品最多的有10件，最少的只有1件，文化层厚达122米，内含遗物很少。

从上述碳14检测年代分析，裴李岗存在年代，王大有先生的数据为距今8000—7600年，董立章先生的数据为距今9900—8230年和8200—7500年，李坤先生的数据为距今7500—6900年，其平均数据大略为王大有先生所述的8000—7600年左右，而贾湖骨笛所展示的年代为距今9000—8600年，时间早于裴李岗遗址存在的时限。

另外，贾湖遗址的文物内涵不仅比裴李岗遗址的丰富，而且比裴李岗遗址的先进很多。骨笛不仅是制笛技术的先进，艺术造诣的深厚，饮食文化祭祀文化也较斐李岗文化先进。把一个早于斐李岗又比斐李岗先进的文化系统归入下个相对迟滞的文化系统，在道理上是说不通的。至于，贾湖的石磨盘石磨棒与斐李岗的相似甚至完全相同。这存在着两种可能性，一是贾湖人吸取了裴李岗人的先进技术，一是裴李岗人吸纳了贾湖人先进技术。裴李岗人如果是善于学习十分先进的

① 李坤编著，《中国大考古》，陕西师范大学出版社，第21—23页。

② 王大有编著，《三皇五帝时代》下，中国时代经济出版社。

③ 董立章著，《三皇五帝史断代》，暨南大学出版社，第481，566页。

氏族，那它也会学习贾湖人的音乐与骨笛制造。现在我们在裴李岗并未见到类似的蛛丝马迹，相反，在贾湖我们却见到了他们拥有裴李岗人碾磨粟米（稻壳）的磨盘磨棒，而他们是食稻米并不食小米（粟米），显而易见这是他们吸收外来文化的成果，用以去稻壳，碾米粉。这也说明贾湖人是一个先于裴李岗，又善于学习的氏族。

根据上述数据，考古文物内涵分析，本人认为贾湖人与裴李岗人并不是一个文化系统。他们一个以食粟为生，一个以食稻为生，一个为北方民族的代表，一个为南方（江淮）民族的代表，它们不是一个文化系统。

（5）大批骨笛的出现，向人们提出了一个十分严肃的问题

8000 年前贾湖地区是否存在着一个文明古国。传说中女娲伏羲氏族长期在贾湖执政，将贾湖建成经济文化发达的区域。炎帝氏族在伏羲女娲时代封国于大溪文化区域，后来北迁，进入关中、豫西，并与“女娲方面结盟”，继而炎帝在女娲的帮助下“灭共工而建立炎帝”。① 炎帝在取代伏羲当政后，不仅占领了伏羲氏族的地盘还继续北上，这就不能不与东夷的蚩尤和北方的黄帝氏族发生冲突，因而发生了炎黄之战、炎黄蚩之战。从这一观点出发，再纵观贾湖生产、音乐、契刻、信仰等可以推断贾湖可能是一个早期的经济文化高度发达的文明古国。贾湖文化打开了中华上古文化史的一扇天窗。由于洪水贾湖文明被毁，从而产生了女娲补天造人的故事。由于骨笛是早期作为随葬品进入地下才得以保存，这也是人们未能在水灾后的地面见到大量骨笛等乐器的重要原因。研究 5000 年前的中华文化不妨从贾湖开始，以贾湖为突破口。

（6）原始骨笛之神奇

这也是最不能理解的。在当时，以石器为工具的条件下，他们是用什么工具钻的笛孔？笛孔距离是相等的，是否当时人已有了数的概念与计算方法？汝州的正音骨笛，与贾湖骨笛之间有什么内在的联系？当时是不是已有乐谱之类的东西存在？那么多骨笛相继出现，是否意味着当时已有吹奏这些骨笛的宫廷乐队？……这些疑问至今我们也不能解。神奇呀，神奇！今人尚觉神奇，何况上古人呢？上古人只能猜测为是神所为了。

① 董立章著，《三皇五帝史断代》，暨南大学出版社，第 55 页。

二、汉字文化的创造

在这里，我们比较集中地谈两个问题：一是考古发掘的汉字图画、刻符、文字；一是分析汉字产生与特点。

《汉学堂丛书》辑《春秋元命苞》说："仓帝史皇氏，名颉，姓侯冈，龙颜侈侈，四目灵光，实有睿德，生而能书……于是穷天地之变，仰观奎星圆曲之势，俯察龟文鸟羽山川，指掌而创文字，天为雨粟，鬼为夜哭，龙乃潜藏。"这是一个极有名的神话故事。仓颉是传说中的造字之神。有记载说他是黄帝手下的史官。他创造了中国的文字，撼天地，泣鬼神。

黄帝时代是不是就有甲骨文那样的文字，不敢说。是不是仓颉一个人造的

字，不敢说。但有一点是可以说的，那就是在黄帝所处的仰韶时代，已经有与殷商甲骨文一脉相传的刻符了。

考古发掘的图画与刻符

包括以下资料：

（1）山西峙峪刻符 4 字（距今 2.8 万年）

（2）河南贾湖刻符（距今 7500—8500 年）

（3）浙江河姆渡刻符（距今 6900 年）

（4）山东连云港朐山将军崖岩画图符

（5）西安半坡刻符（距今 6000 年）

（6）陕西临潼刻符（距今 6000 年）

（7）陕西零口、垣头、五楼、莘野、李家沟刻符（距今 6000 年）

（8）内蒙古小河沿图画文字（距今 5000—4000 年）

（9）陕西镐京龙山文化骨笄、肋骨上 4 个字（距今 5000—4500 年）

（10）商县紫荆龙山的 3 个刻划字（夏初文字）

（11）大汶口陶文（距今 4500—4000 年）

（12）山东昌乐早期刻骨文 600 字（距今 4500 年）

（13）良渚文化刻符 7 字（距今 5000 年）

（14）二里岗甲骨文 10 字

（15）柳湾出土陶符 45 字

（16）二里头出土陶文 24 字

（17）甲骨文、金文

这些图画、刻符只是部分考古发掘资料，并非全部。从这些资料中，我们可以清楚地看到这些图画、刻符与汉字都存在内在联系，并在我国长时期大面积存在，它们负载着大量的文化信息，值得我们珍视。由这些图画、刻符演变发展成为后来的汉字，才造成汉字具备许多举世罕见的特点。

考古发掘的汉字图画、刻符举例：

（1）2.8 万年前的文字符号

山西峙峪细石器时代遗址，出土一件距今 2.8 万年的骨器，上面有契刻文字，考古学家未能识读，以为是猎人围猎普氏小羚羊和鸵鸟的刻画纹。其实这上面契刻的人方豢人方牙之像。王大有编著《三皇五帝时代》第 36 页描述说：“”是今文‘人’字。与甲骨文金文完全相同。“”首上方的，是燧人发明的挺木

牙交，"ㄣ"即方牙。①

（2）河南贾湖遗址龟甲石饰刻符（距今7500—8500年）有7个刻画符号

（3）浙江余姚河姆渡陶器上的符号（距今6900年左右）

（4）山东连云港朐山将军崖岩画图符文字，王大有先生考证为距今7000—6000年少昊鸷与勾芒氏天文日月星象图

（5）西安半坡113件27种（距今6000年）

（6）陕西临潼姜寨刻符（距今6000年）

（7）陕西零口、垣头、五楼、莘野、李家沟刻符（距今6000年）

（8）内蒙古小河沿图画文字（距今5000—4000年）

内蒙古赤峰市西北30千米翁牛特旗解放营子乡南沟村石棚山。字符　㐀

1977年清理古墓77座，在几件陶器上发现文字符号，其中M52深口大腹罐刻有6字和一个山石形图案。

第一组字1字	译为电、神
第二组字2字	译为燕、田
第三组字3字	译为神、燕、泽
小河沿鸟形符号	甲骨文"夋"

（9）陕西镐京龙山文化遗址骨笄的"退"字

1985年初夏，陕西京镐考古队在长安县斗门镇花园村鄘邬岭高岗发现一处龙山文化，为公元前30世纪—前25世纪，距今5000—4500年。

同年5月在一座圆形地穴式房基门道和两个灰坑里，发现15块兽骨和骨笄。

骨笄淡黄色，残长7厘米，圆径0.4厘米，椭圆形，表面光滑，顶端刻有一个米粒大小的字，字体笔画多，刀法朴拙。专家鉴定为"退"字，有专家在放大镜下认为为"太基"。

后来又在一块长12厘米，宽2.5厘米，厚1.5厘米的褐灰色坚硬的兽肋骨上，发现3个结构复杂的文字，字体笔画纤细匀称，一个类似今天的"三"字。一个为"萬"字。②

（10）商县紫荆龙山晚期地层（T307出土1件灰色杯形器，器底和腹有3个刻划的象形文字，"×"为5字）

从古文字发展角度讲，夏代初期我国古代文字的体系初步形成③，距今时间约

① 王大有编著，《三皇五帝时代》上，中国时代经济出版社，第36页，燧人氏一章。

② 摘自苏民生撰，《我国文字的历史究竟有多久——考古新发现表明：可以上溯到4500—5000年前》，原载《瞭望》1989年第9期。

③ 王志俊撰，《关中仰韶文化刻划符号综述》，《考古与文物》，1980年第3期。

为4000年左右。

（11）大汶口陶文（距今4500—4000年）（摹写）

灵　　熄　　戊　　斤　　皋

上述文字见于1974年文物出版社《大汶口考古报告》。大汶口文化晚期距今4800—4300年，这批文字距今4500—4000年。有些文字专家已释，虽可信，但并未达成共识。另外3个字未识。值得关注的是这些符号在不同的地方多次出现，专家们认定是早期文字。

（12）山东昌乐早期文字“昌乐刻骨文”

上海《新民晚报》2008年10月24日A13版，新华社记者许剑铭报道并摄有照片2张。文如下：中国考古专家最新考证表明，4年前在山东省昌乐县集中出土的100多块兽甲骨上刻600多个符号，结构和布局有一定规律可循，应为距今4500年的早期文字。专家们认为，这批骨刻文字主要出土在昌乐古遗址。又被昌乐爱好者收藏，暂定名为“昌乐刻骨文”。

（13）良渚文化刻符（距今5000年）。江苏澄湖良渚黑陶鱼篓形罐的4个字：

华（帝）　　钺　　五（互）　　矢（寅）

（14）二里岗甲骨文

1950年发现并发掘科学出版社1959年出版发表《郑州二里冈》发掘报告，据记载，考古工作者在这里只发现一片龟甲，并在附近采集了一片肋骨刻字，共有10字，字迹和安阳小屯殷墟出土的甲骨文很相近……经中国科学院考古研究所鉴定为：“又□土羊乙贞从受十月。”

（15）河南贾湖遗址

1987年发掘，距今9000—2800年，发掘出的龟甲上，有18个字。据王大有《三皇五帝时代》一书记载其龟甲文字日、目、父、及、丨、刂、一、八、二、、、、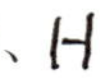、等字“与安阳殷墟文字无异，极为成熟”。①

上述诸例，表明中国上古文字有以下3个举世罕见的特点：

第一，中国汉字是世界上使用时间最长的文字。

世界文明古国都有古老的文字。但从古一直使用到今天的文字只有汉字。因而中国文字的本身，就可以见证中国的历史。

① 王大有编著，《三皇五帝时代》，中国时代经济出版社，2005年，第118页。

世界上有几种影响比较大的古文字，如苏美尔楔形文字、埃及僧侣体文字和玛雅文字。苏美尔楔形文字大致从公元前 4000 年末期开始出现，到公元前 3000 年中才发展成为较成熟的通行文字。埃及象形文字也是在公元前 4000 年末期开始出现，最早僧侣体在第三王朝时期出现。① 到公元前 3000 年，阿卡德人、埃兰人、巴比伦人、亚速人通行楔形文字，到前 2000 年赫梯人仍借用楔形文字。此后楔形文字的使用便中断了。埃及文字通行于古王国时期，用于书写宗教文献和社会生活，后来也变成了表意与音素结合的文字。

第二，中国文字是世界上起源最早，使用时间最长的文字。

西方人说公元前 5500 年西亚哈拉夫陶型女神肩上的 X 符号是世界上第一个字。可中国湖南澧县彭头山的巫术文字“X”始于公元前 6000 年，贾湖遗迹的 7 个字也在公元前 6000 年，比西亚字早了 1000 多年。实际上这些都是陶文刻符。世界上对“文字”的界定有两套不同的标准。一是认为图画契刻属于文字，如埃及古象形文字；一是认为要音、形、意结合构成的表意文字，才算文字。依前者，我国文字则出现于距今 6000 年西安半坡之前；以后者为标准，我国文字则起于二里头夏朝甲骨文或昌乐刻骨文，距今 4000 多年。对这一问题，学者们认识并不一致。

根据何山青《论文字的生成机制》中提出的文字发展 3 个阶段的理论，我国文字的产生的时间，如下：

其一，我国的图画文字与契刻字萌生于距今 8500—6000 年之间。

其二，契刻文字，包括陶符、甲刻等的大量使用流行于距今 6000—5000 年之间。

其三，甲骨文兽骨文的通行文字形成于大约距今 4500 年左右（与殷商甲骨文相体系的巫文字，即占卜文字）。

其四，我们现在使用的汉字就是从 8500 年前发展来的，当中从未间断。上述刻符证明了这一点。这种情况是世界上众多文字发展史上从未见的，十分独特。

第三，中国文字凝聚了上古人的智慧，承载的文化含量极其巨大惊人。

由于汉字使用的时间长，各个不同历史时代都在它身上留下了不可磨灭的印痕，加上汉字自身字型的演变，蓄积在它身上的文化分量也越来越重。

从上古图画文字和契刻文字的图形和刻痕中，我们可以看到上古种植农业、渔猎生活、天文天象，特别是立杆测影等事项的记录。更为重要的是它对我国上

① 何崝撰，《论文字的生成机制》（二）2008 年第二辑，《中国文字研究》，大象出版社，第 7 页，作者转引 B.A・伊斯特林著，《文字的产生和发展》。

古文化思想的记录，尤其是哲学思想的记录对促进民族的和谐统一，文明进步起到了决定性的作用。

第四，它的字形结构式极其独特，不同于现存的任何一种文字。

首先，汉字的构成，自古就有“六书”之说。《周礼·地官·保氏》载：“保氏，掌谏王恶，而养国子以道。乃教之六艺。”这六艺中就包括了五礼，六乐，五射，五驭，六书，九数。据此记载六艺之中还包括教六仪，即六种礼仪。如祭祀之容、宾客之容、朝廷之容、丧纪之容、军旅之容、车马之容，凡祭祀、宾客、会同、丧纪、军旅，王举则从。听治亦如之。六书既不同于六艺，也不同于六仪。“六书”指的是文字。《汉书·艺文志》中说：“古者八岁入小学，故周官保氏掌养国子，教之六书，谓象形、象事、象意、象声、转注、假借，造字之本也。”其后许慎《说文解字》把它归纳为“象形、指事、会意、形声、转注、假借”六种，人们也理解为以六种不同的功能字组合成为汉字体系。实际上汉字的构成是象形、指事、会意、形声四种，其他两种为使用方法。将汉字分类分析，人们不难发现汉字中有以下几类字：

一类是象形文字。在《说文解字》中列出了364个象形字。按唐兰先生的说法，这些字一定是独体字，一定是名词或一定是在名词外，不含有其他的意思；这一类象形文字吸收了甲骨文以前的图画文字和契刻中象形文字的特点。

第二类是指事字。这一类字是在象形的基础上，以象征性符号示意的内涵。这类字在《说文解字》里有125个。如刀、加、刃、本、末、米、右等以绳记号指事的字等。有的以象征符号指事，如⊥表示上，⊤表示下，一二三四五六七八九十表示数等。

第三类是会意字。这类字由两个或两个以上的图画字组合而成。有的以形会意，如逮，为一个人抓另一个人；有的为象义会意，如人言为信，日月为明，背厶为公；有的右两字重叠而会意，如两火为炎，双木为林；有的以抽象字形会意，如少力为劣，小大为尖，小土为尘，不正为歪之类。

第四类字是形声字。这类字在《说文解字》中比较多，有9353个，占总字数的80%以上。在甲骨文中，这类字也不少，约占20%。这类的构成以形旁、形符、意符或形图加上声旁（声符）音符构成。如“和”“吐”“姑”“阁”等由表意表音结合而成。

第五类为转注。即意义相同的两字可互相注解。如老、考之类。

第六类为假借。同音字可以相互替代。如甲乙丙丁之类。①

---

① 蔡连章著，《古文字基础》，百家出版社，2006年。

这样的汉字构造与线形音素文字的构成是全然不同的。从中我们可以清楚地看到它的图形会意，偏旁造型和上古的图画文字与契刻之间有难以割舍的联系。有一些字如数字的字画形态古今是完全一致的。

汉字的结构之妙，意象之神奇，使用之长久，生命力之强，魅力之诱人，在发展民族文化中的独特地位和维护祖国的统一中的巨大作用，绝非一时一地一人之力所能成就的，古人将其比拟为神造，是惊天地，泣鬼神的杰作，是完全可以理解的。

三、制陶与制玉文化的创造

“陶器最早发现约在公元前6000年下半叶”，叙利亚、巴勒斯坦人在“公元前6000年发明了陶器”。这是《新石器时代——世界最早的农民》一书的作者Catherine Louboutin的结论。这个结论很值得商榷。中国的制陶就比它早。

（一）中国制陶远远早于西亚

中国已发现了距今2.5万多年前的陶片，中国制陶远远早于始于公元前6000年的西亚制陶。

《考古》2004年第6期载朱乃诚《中国陶器的起源》一文记载：柳州鲤鱼

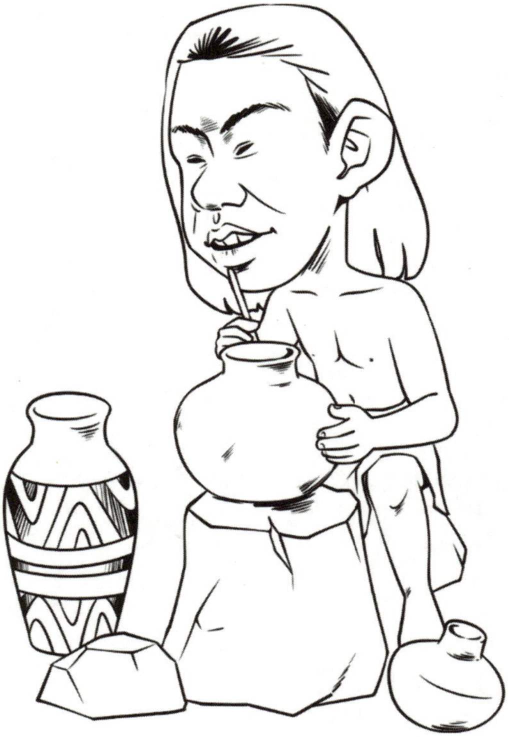

出土陶片的下文化层螺壳碳 14 测年数据为：公元前 23330±250 年，公元前 21020±450 年，公元前 18500±300 年。

这就是说中国人在距今 2.5 万年—1.8 万年就会制陶了。当然那是很粗糙的陶制品，但的确是最早的，比西亚发现的公元前 6000 年的陶片，早了 1.4 万多年。所以可以说叙利亚—巴勒斯坦地区出土的公元前 6000 多年前的陶片是西亚最早的，却不能说是世界最早的陶片。在中国出土的 1 万年以上的陶片并不只有这一桩，还很多，我们可以举几个例子证明。

1993—1995 年发掘的江西万年县仙人洞和吊桶环遗址出土早期陶片 297 块，原始陶片夹粗砂，胎厚，多用泥片分块贴拍，底部用泥条盘筑法成型，器表有粗绳纹或条纹，内壁有横向纹饰。其碳 14 检测数据，经校正为公元前 18050—17250 年，比西亚陶片早 1.2 万年。

桂林庙岩遗址第五层出土陶片，两个碳 14 检测数据为公元前 15560±260 年，比西亚陶片早 9000—7000 多年。

1990 年以来河北省徐水县南庄头遗址发掘出 15 个陶器残片和石磨盘磨棒骨锥角锥等物。陶器由夹砂褐陶制成，陶胎厚约 0.8—1 厘米，低火烧制，同时还出土了狗、猪骨头，其碳 14 年代测定为距今 98100—10815 年，也比西亚早 2000 多年。

迄今为止我国所发掘距今七八千乃至 1 万年的陶制还很多，如：

浙江萧山跨湖桥遗址，2001 年第二次发掘，出土了大批的陶、石、木器。碳 14 测年，为距今 8000—7000 年，其陶器以釜、甑、豆等炊具最多。值得一提的是其陶制品有彩绘、镂孔、戳印、刻划、泥兰等装饰。器壁薄，造型美，钵盒内壁漆黑光亮，做工之精，令人仰止。

湖南洪江市高庙新石器遗址 1991 年、1994 年、1995 年 3 次发掘，2005 年发掘祭祀场所 1 座，面积约 1000 平方米，其中有牺祭坑、人祭坑、窖坑、白陶器。陶器上有装饰刻划纹，戳印篦点组成的凤鸟、兽面、八角星象等图案。年代为距今 7800—6800 年。其构思之精巧，令人称奇。

河南新郑裴李岗遗址，1977 年、1978 年、1979 年 3 次发掘，出陶窑 1 座，灰坑 10 个，器物 400 余种，其中有石铲、石斧、石磨盘和磨棒等石器和壶、鼎、罐、钵、盆、碗、勺等陶器。陶制品胎壁厚薄不匀，陶质松脆，陶器是红色橘红色，个别为灰褐色，其年代约距今 7500—6900 年。

与裴李岗属同一时期的河南舞阳贾湖遗址有许多极重大的发现，如稻谷、骨笛等。“考古工作者还发现了龟甲、骨、石、陶器上有契刻符号”。根据第二至第六次发掘报告，陶器达数百件之多，材料有夹砂、泥质、夹灰、夹蚌片、夹云母片和滑石粉；陶色以红为主，褐色占一定比例，灰黑陶较少；器形有平底器、圆底器、三足器、圈足器；器类有鼎、罐、壶、钵、三足钵、圈足碗、盆、缸、瓮、杯、勺、支足、锉、纺轮、弹丸等；器表是以磨光和素面为主，饰纹有绳纹、刻划纹、戳刻纹、附加堆纹、乳钉纹、齿状纹、篦点纹、篦划纹等。碳14检测校正年代为距今9500—8500年。

内蒙古敖汉旗兴隆洼遗址，1983—1994年6次发掘，揭露总面积3万余平方米，清理出房址180余座，出土了大量的陶器、石器、玉器、骨器、蚌器。碳14年代测定，该遗址距今8200—7500年。其中墓葬内玉器如玉猪龙、玉斧等，是迄今所知中国年代最早的磨光真玉器。

大地湾遗址，共发掘出4147件陶器，38座制陶的窑址。其中一期发掘的彩陶200余件。虽然制作方法和烧制技术比较原始，造型单一，色彩不均匀，但却是我国最早的彩陶，距今8000年。到二期彩陶技术进步惊人。其中人头型器口彩陶瓶，融造型、雕塑、彩绘艺术于一体，是我国史前雕塑艺术的代表作。同时还出土了成系列的彩陶圆底鱼纹盆，将写实鱼纹，抽象鱼纹与变形鱼纹融为一体。其制作方法采用“内模敷泥法”。彩陶上的彩绘符号与刻划符号也成为我国文字的最早雏形。

上述诸例，足以说明我国的制陶艺术不仅起始时间比西亚早几千年乃至上万年，而且技术也比较先进、成熟，制陶区域十分广泛，到距今8000年时，已达到十分普遍程度。

（二）中国上古的制陶文化

如前所述，我国上古制陶已十分发达。从距今12000—8000年的制陶地区就包括了陕西大荔人、江西万年县仙人洞、广西柳州大龙潭、内蒙古哲里木盟科尔沁右翼中旗嘎查、青海贵南拉乙亥、贵州平坝飞虎山洞及至台湾玉山等广大地区。

到了距今8000—4000年时，黄河上游的青海东部、甘肃洮河流域、渭水上游、河西走廊东部及宁夏南部地区出现了以彩陶为特色的文化形态；黄河中游地区的渭水流域，豫西、晋南、老官台、仰韶、庙底沟、豫中裴李岗、大河村、秦王寨、王湾、冀中、南、北的南庄头、磁山、后山文化，黄河下游的后李、北辛文化，鲁中、鲁南、苏北的大汶口文化；山东、江苏、安徽、豫东、豫北、辽东半岛的龙山文化；长江中下游地区，湘西北的彭头山、皂市文化、鄂西的城背溪文化、大溪文化，两湖平原的屈家岭文化、长江下游的宁镇“湖熟文化”、宁绍河姆渡文化、太湖流域的马家浜、崧泽，良渚文化；华南地区的东南石硖、西樵山、大龙潭、昙石山、原山、阜南文化类型；西南地区的云贵川藏的原始文化；东北地区黑龙江的新开流、昂昂溪，辽宁丹东及辽河流域的红山文化。① 这些文化遗址不下7000处，已发掘400余处，已命名的几十处。考古学家们将它们分为七大系统，即：

黄河上游的马家窑文化系统；

黄河中游的老官台、仰韶、裴李岗、大河村文化系统；

黄河下游的大汶口、龙山文化系统；

长江流域的良渚、大溪、屈家岭文化系统；

南岭、武夷山以南、珠江流域、闽江流域的石硖、昙石山文化系统；

阴山以北，辽河流域的红山、富河文化系统；

广大西北、北方地区的细石文化系统。

苏秉琦先生在《关于重建中国史前史的思考》一文中概括中国有六大文化区系，即：

（1）以燕山南北、长城地区为中心的北方；

（2）以山东为中心的东方；

（3）以关中（陕西）晋南、豫西为中心的中原；

（4）以环洞庭湖与四川为中心的西南部；

（5）以环太湖为中心的东南部；

（6）以洞庭湖珠江三角洲线为中轴的南方。

上述文化分野不一定科学，但都是以陶文化为标志进行划分的。陶文化事实上就是一部凝固在器物上的中华文化的鲜活历史。

（三）中国上古的制陶技术走在世界的前列

上述各文化系统分野的重要标志是以陶制品的泥质、烧制、器形、造型、制作技术为依据的。下面我们仅举几个比较典型例，以说明它们突出的文化特征与制作艺术特点。

① 曾文芳著，《夏商周民族思想与政策研究》，人民出版社，第26—27页。

遗址名称	发掘时间	特　　点
河南渑池仰韶村遗址	1921.10.23 1951.6 1980.10—11 1981.3—4	① 红底黑彩、深红彩 ② 陶罐、碗、小口尖底瓶、鼎、灶釜、甑、钵、盆、壶、罐、瓮、器盖 ③ 黑彩多，红彩白彩少的圆点纹弧线纹、带状纹、直边三角纹、弧边三角纹、月牙纹、网状纹 ④ 手工制作，个别为轮制
甘肃秦安大地湾遗址	一期距今7000年 二期距今6000年（到20世纪50年代，共四期）	① 共发掘出陶器4147件。一期200多件彩陶。其中有彩陶三足杯等。二期出土了人头形器彩陶瓶，融造型，雕塑，彩绘艺术于一体 ② 出现成套彩陶圆底鱼纹盆。依时间顺序为写实鱼纹，抽象鱼纹，变形鱼纹 ③ 制作采用“内模敷泥法” ④ 彩陶上有彩绘符号与刻划符号
山东大汶口文化遗址	距今6300年 1959—1964年3次大发掘 （200余处）	① 以夹砂红陶，泥质红陶为主，也有灰陶、黑陶、白陶 ② 器形器物有觚形器，釜形鼎，钵形鼎，罐形鼎，镂空圈足豆，双鼻壶，背壶，宽肩壶，实足鬶，袋足鬶，高柄杯、瓶，大口尊 ③ 纹饰：泥质陶常饰镂孔，划纹，彩绘，朱纹；砂质陶附加堆纹，篮纹 ④ 制作的阶段性强。早期均手工制作。砂质陶火候较低，造型简单，多为盆、罐、杯、鼎、豆、大口尊、觚形器之类；中期采用轮制技术，火候较高，出现鬶、背壶、簋一类陶器；晚期以快轮生产大器件，如大陶盆，袋足鬶，三足鬶，宽肩壶，筒形豆壶等白色、黄色、粉红色器形 ⑤ 其黑陶高柄杯，磨光，胎薄如纸为龙山文化胶县三里河蛋壳陶开了先河
浙江余姚河姆渡遗址	距今7000—5000年 1973年、1974年2次发掘	① 夹灰陶、彩陶 ② 器形有陶灶、陶盆、陶豆、陶敞口釜、陶人、陶猪、陶鸟、陶羊、陶鱼、陶牛、异形鬶裸体女 ③ 局部立体捏塑，形象生动。质地细腻，打磨光滑，黑褐色彩绘。图案层次分明，线条工整，讲求对称，风格朴素，淡雅、清静与北方暖色调形成鲜明对比
良渚文化江苏金坛三星村遗址	距今6500年—5000年 1985年发现并相继发掘千余墓葬	① 陶质：泥质红陶与泥质灰陶为主，另有夹砂红陶与夹砂灰陶，泥质红衣彩陶 ② 器形有鼎、釜、豆、罐、盆、钵、杯、盘、樽、纺轮、丸、陶猪、组合式陶豆 ③ 制作特点：器形小，质地坚，形态规整，设计巧妙，构思精准，其组合陶豆由豆盘豆座合成，中部以圆柱榫和圆筒状卯眼扣合，无间无隙，技艺惊人

从上述介绍中，我们可以看到仰韶文化、大汶口文化、河姆渡文化、良渚文化等不同的文化系统是以陶器的质地、色彩、形器、纹饰、制作工艺的显著特点加以区别的。我们亦可看到陶器是人类最早的创造性的产品。正是这些显著不同的陶文化反映了不同时代不同区域的不同民族的生产、政治和文化特点。因而陶器是新石器时代的一个重要的文化标志。

我国从上古7000多年以来，彩陶制作从形器刻到人物、动物、植物、几何纹饰皆具独创性。在几何图样中最多的是鱼、鸟和抽象图形（如水波纹、八角星纹、鱼网纹）。这些装饰纹前后有传承性，东西南北有分野，讲究对称，均衡，反复，间隔，对比，和谐，显现出古典朴素的韵律美与鲜明的节奏感，无论是北方还是南方的制陶业，在七八千年至五六千年间就达到了很高的艺术成就。有许多工艺，如山东胶县三里河出土的一只蛋壳陶高柄杯，杯高有20厘米，重量却不到40克，漆器装饰与嵌玉镶牙技艺之完美，以及给人造成的美观适体的艺术效果，即使是现代陶艺家也不能不叹为观止。

在传说与神话中，堪与日月同辉的帝尧就是制陶官出身，将他列为陶神也就是可以理解的了。上古陶艺是上古制陶技艺的智慧结晶，陶神、陶帝实际上也就是智慧之神、创造之神。

玉器的制作与使用，我国也是世界上最早的。我国产玉的地方很多，《山海经》里有许多记载，但制玉最著名的地方，北方是红山文化区，南方是良渚文化区。它们都在距今6000—5000年之前就有许多精美的玉制品存于世。这并不是说其他地方就没有玉制品出现，也不是说制玉是从这个时候才开始的，而是说它们是中国上古时代制玉的代表者。

（四）中国北方的古玉文化

根据郭大顺、方殿春、宋达编著的《牛河梁红山文化遗址与玉器精粹》(文物出版社）和郭大顺著的《中华五千年文明的象征》所提供的资料，我们可以看到红山文化的玉器发掘主要有玉雕龙（包括大玉龙）玉箍形器、双兽首三孔玉饰、玉碧、勾云形玉佩、玉镯、玉臂饰、小勾云形玉佩、双龙首玉璜、玉箍、绿松石鱼形耳坠、绿松石石鸮、玉鸟、玉鹄、小玉鸟、玉龟、兽面纹长方形玉牌饰、兽面形玉牌饰、玉琮形器、双联玉璧、勾云形大玉佩等，品种繁多，数量惊人，构思大胆，技术不群，令人震惊。

大量的玉器是陪葬品，多数出于牛河梁遗址，少量出于阜新县胡头沟墓地，内蒙古翁牛特旗三星他拉，个别征集。这些玉器基本上都是祭品，象征着神圣与权力。令人十分惊奇的是：

1. 龙形玉器很多

玉雕龙1。高15厘米，宽10.2厘米，厚3.8厘米，征于建平县。

特点：形体较大，形制规整，白色蛇文叶岩制成，头大，耳短肥，眼圆，有獠牙，通体圆滑，刻划线条匀称流畅。首尾未完全断开。

玉雕龙 2。高 10.3 厘米，宽 7.8 厘米，厚 3.3 厘米，出于牛 1 号冢 M4。淡绿色软玉，质地坚硬，首尾完全断开。出土时为一对。特点是圆睛微突，吻有皱纹多道。

玉雕龙 3。高 4.2 厘米，宽 3.4 厘米，厚 1.4 厘米，征集所得。青白色玉，首部小，身细长，首尾缺口大，圆睛突出，吻部有皱纹线条较宽。

玉雕龙 4。高 26 厘米，鬃长 26 厘米，呈 C 字形，来自内蒙古翁牛特旗三星他拉。特点：墨绿色软玉制成，吻伸上扬，棱形细目，长鬃飘举，卷尾有力，无角，无肢，无爪，富有动感。

玉雕龙 5。高 15 厘米，宽 10.2 厘米，厚 3.8 厘米，牛河梁出土。整体造型如“C”字。体扁圆，大耳，圆睛吻前突，口微张，面部有阴线皱纹，环孔圆滑，光滑无纹饰。①

这些玉雕龙的出现，表明红山文化区域是龙的崇拜者，这里的王者是“龙”的后裔。

2. 勾云形玉器很多

长 22.5 厘米，宽 11.5 厘米，厚 0.5 厘米。出土于牛河梁第十六地点 M2。其特点是：淡绿色，长方形，上下左右对称，有正反之分，正面有互沟纹；图版 12、13 勾云形玉佩，长 20.9 厘米，宽 12.9 厘米，厚 0.6 厘米，出土于牛河梁第二地点 1 号冢 M14。特点：白色蛇纹，体长，中央卷勾，本体与四角卷勾，亦有正反之分；图版 15，长 11.3 厘米，宽 8.9 厘米，厚 0.35 厘米，征集品。特点：青灰色，体近方形，四角卷勾；图版 46 勾云形大玉佩，长 28.6 厘米，宽 9.5 厘米，出土于牛河梁第二地点，1 号冢，M27。其特点是深绿色，体长，正面有盘卷曲折的互勾纹，被誉为“玉雕玫瑰”。

上述这一类勾云类玉器是干什么的，至今无有定论。但可以肯定的是这些勾云形玉佩，并不是一般的饰品佩件，而是某一种王者身份的标志。它具有某种权力的标志。这一点我们从诸多玉璧、玉璜、玉琮等象征王权至上的玉制品亦可看出它们是同类。

这一切表明北方红山玉文化，是中华玉制文化的起始点，也是第一个制玉高峰。红山文化是黄帝统治时期，大量红山文化玉制品的出现表明传说中的黄帝为

① 郭大顺、方殿春、宋达编著，摘自《牛河梁红山文化遗址与玉器精粹》，文物出版社，第 50—53 页。郭大顺著，《中华五千年文明的象征》。

玉帝，行“玉兵”，亦并非虚妄，而是事实。黄帝因制玉而名于上古，被敬为玉神、玉帝，最高天神玉皇大帝，这和他在世时发展制玉事业，富甲一方，因玉握有神权、政权、兵权是分不开的。

在中国，玉的出现也并不是在距今6000—5000年，而是比这更早。1995年6月19日《人民日报》有一篇文章叫《我国玉文化考古又有新发现》，报道了内蒙古兴隆洼遗址出土了一批8000年之前的玉器，报道说兴隆洼人早在8000年前就能将玉石琢制成形，抛光钻孔，具有鲜明的时代风格。1987年辽宁阜新查海遗址发掘出8000年之前的石塑巨龙，陶器，1991年又出土了几只玉玦。玉玦为真玉，人工磨光。这说明其时对玉的认识、加工和使用已达到了相当的程度。红山文化玉器是最早期制玉的继续和高潮，但却不是唯一制玉的地方。

（五）中国南方的古玉文化

我国南方距今6000—5000年时，制玉业也十分发达，良渚文化几百处遗址均有大量玉制品的出现。这些玉制品不仅分布广，品种多，规格高，而且制作精良，艺技惊人。有许多技巧，即使是现代人恐怕也不是随意可以达到的。如在一个玉人身上对穿一个头发丝细的小孔，不用精密机械，要做到是很难的；许多玉制品都有大胆而精心的构思，如将猪头与鸟合成一个图腾神象，技巧之高是现代人难以想象的。

南方大量的玉制品，和北方红山文化区一样，也是从墓中发掘出来的，只有少量的玉制品是祭坛的礼仪祭器与祭品。这里我们不妨举几个例子：

1980年11月浙江杭州良渚，仅T4M6一个墓就发掘出玉斧、玉锥、玉臂、玉珠、玉管、玉坠、玉漏斗、玉璧、玉琮、玉环等多种文物。良渚镇的芳庵村、荀山、近山、桑树头、吴家埠，后湖村，江苏的草鞋山、张凌山、寺墩、上海的福泉山都有大量的玉制文物被发掘出来。

张凌山M4发掘4件扁平环形玉璧、3件短圆形玉琮。

草墩山M189有玉璧1件、玉琮2件，10多件玉琮、玉镯、玉管、玉珠。玉琮上有兽面纹。

青墩M8有120件随葬品，其中有57件玉碧玉琮，14件玉制生产工具，包括穿孔斧7件、锛2件，以及玉刀玉饰等，此外还有40多粒玉珠、玉管、玉坠。

江苏江阴高城墩1999—2000年发掘14座墓，出土玉器145组、279件。

最令人热血沸腾的是安徽含山县凌家滩遗址的玉制器物。该遗址1998年10月第三次发掘，在M44出土了大量精美玉器，其中有玉人、玉龙、玉璜、玉玺、玉鹰、玉铲、玉喇叭。

玉鹰、玉龙造型独特，构思巧妙，加工制作细腻。玉鹰由鹰头鹰身鹰尾组成。一双翅膀，却由两个猪头组成。鹰身体正中有一个圆圈，圈内有一个八角星，八角星中心有一小圆，小圆内有以个小圆点，它标志着这是5000年前一个方国的徽号。

玉龙；环形；猪首，龙身，龙尾；首尾相衔；近尾部有一小孔，表明这是一个挂配件。

玉人为一女性，椭圆脸，柳叶眉，双垛髻，前额微微隆起，发髻前倾，似现代女性刘海，上穿宽领袖衫，下着百折裙，脚登圆头鞋，似为一位俏佳人。玉人胸背各有一个牛鼻穿，足底也有两个小孔。胸部的对穿小孔细如头发丝。考古学家们经实验表明即使在现代也要精密钻孔机床才能完成。这个对穿小孔在石器时代究竟是用什么东西钻成的，至今无人能解。无怪乎其时人们称其为神，制玉之神即制玉技术高超之人。

更为令人惊讶的是凌家滩还出土了玉板玉龟一件。这玉板中心有八角星图案和四面八方指示标，边缘有洛书数符，玉板陈放于龟甲板之中，以示传说中的河图洛书。对这一宝物，专家们认定就是古代的河图洛书，即伏羲八卦图，一则活的神话。

四、冶炼技术的创造与发明

（一）铜的冶炼技术与青铜器制造

“世界上最早的铜器是在土耳其发现的，距今已有9000年的历史。中国最早的铜器是在仰韶文化时期，距今已有6000余年。”这话没错，土耳其铜器是什么样子，我们不清楚，中国仰韶以来的冶铜记载与事实却不少。

《史记·封禅书》有“黄帝采首山铜，铸鼎于荆山下”。鼎没找着，荆山有采铜痕迹却有明证。据苏湲《黄帝时代》记载，1999年10月17日—20日在河南灵宝开了一次学术研讨会，专家们还从古地理、地名学、冶金史、考古学等角度对黄帝在铸鼎原“采铜铸鼎”的可能性进行了分析研究，认为《史记》所载，并非空穴来风，向壁虚构①，而是与其同时代相合的。铸铜记载还有《尸子》的“蚩

① 苏湲编著，《黄帝时代》，清华大学出版社，第43页。

尤造冶”、《世本》“蚩尤以金作兵器”。我国考古工作者在姜寨遗址考古中发现了残黄铜片。

另据苏湲记载中科院考古队与河南联合考古队 1980 年重点发掘淮阳平粮台古城遗址，在 H15 号灰坑近底部发现了一块铜渣，呈绿铜色，长 1.3 厘米，断面近正方形，每面积均为 0.8 厘米。这里曾是距今 4500 年的炼铜作坊。① 其残片质薄均匀，是用陶范法铸造的青铜器。

在龙山文化的考古发掘中发现的铜器铜渣也不少。如：

山东胶县三里河发现了两段残片铜锥；

山东诸城呈子发现残铜片；

山东栖霞杨家圈发现了铜锥、炼铜渣、碎矿石；

山东日照尧王城发现炼铜渣；

山东长岛店子发现残铜片；

河南登封王城岗发现残铜片；

河南临汝煤山发现炼铜坩残片、铜液；

山西襄汾陶寺发现了一枚铜铃，高 2.6 厘米，长 6.3 厘米，宽 2.7 厘米，棱形，由合范铸成；

河北唐山大城山发现两块穿孔铜片；

内蒙古伊克昭盟朱开沟遗址发现铜锥，铜手镯；

甘肃齐家文化，多处遗址均发现了铜器，如刀、锥、匕、指环、斧、镜等。

上述这些发现大多在仰韶文化之后的龙山文化时期，距今也有四五千年的历史了。

到了夏文化时期，我国的青铜器的铸造与发明就更多了，其中最著名的如河南二里头遗址。那里发掘出的文物证明，我国的冶炼铜的技术，早在 4000 年之前，就已经十分成熟了。

河南二里头是比较典型的夏文化，其年代为距今 3900—3600 年。其时的二里头人，以农业维生，工具以石器为主，农业生产已有剩余，可以饲养猪、狗、鸡、马、牛、羊等家畜。手工业有铸铜、制陶、琢玉，青铜制造已相当成熟，能制造出青铜铃、青铜戈、青铜镞和青铜刀、锥、鱼钩等物，并能用复合范铸造出铜爵、斝等较复杂的器物。据测定二里头一件青铜爵含铜量竟高达 92%，还有嵌着绿松石的青铜兽面饰牌。

该饰牌与二里头青铜器齐名，深深震撼世界的四川广汉三星堆遗址，出土了

① 苏湲编著，《黄帝时代》，清华大学出版社，第 43 页。

大量的青铜器制品，其精湛程度，简直令人难以置信。这些青铜文物中最使人惊奇的是青铜神树、青铜人面具、青铜立人、青铜纵目神面具、青铜人头像、青铜刀具、大小铜人、青铜摇钱树，以及那至今人们也弄不清楚的像汽车轮盘一样神秘的东西，究竟是干什么用的？我猜想可能是大型祭器太阳轮，其时间在距今4500年前后，多数与二里头相当，不少是商周时代的青铜器。

上述事实证明，我国不仅是冶铜很早的国家，而且是冶铜技术成熟很早的国家。

商、周、春秋战国时代是青铜铸造的鼎盛时代。20世纪30年代以来，在殷墟遗址进行了几十次发掘，出土了3000多件青铜器。仅1976年在妇好墓出土的青铜器就有468件之多。中国社会科学院考古研究所从中挑选了91件进行专业测定。91件青铜制品中礼器有65件，占71.4%；武器12件，占13.2%；生产工具4件，占4.4%；残片10件，占11.0%。从成分看，91件中，锡铜型有66件，占72.5%；锡铜铅型25件，占27.5%，说明在殷武丁时期，铜锡合金的青铜器数量占据了统治地位。①

三元合金青铜器25件中，礼器有18件，其铜含量为77%—82%，锡含量12%—20%，铅含量为2%—8%，此外还有微量的锌。这些含量是人为造成的，说明我国在3000年之前就已掌握了三元合金冶铸新工艺了②。

妇好墓中出土的有礼器、乐器、工具、武器、生活用具、车马器等八类用器，有铭文的达200余件，铭文如“妇好”“好”“司母辛”“司鲁母”“亚弜”“亚启”等。重器司母辛大方鼎及铜觚（gū）、好大型连体觥，好大铜盂，亚弜大圆鼎，后司母癸大方尊，妇好方罍（léi），圈足觥，妇好鸮尊，妇好扁圆壶，司母方壶，妇好方斝（jiǎ），妇好偶方彝，妇好方尊以及铜戈、铜号、铜镞、铜镜、铜匕等物器，青铜器总重量达1.6吨，司母辛鼎2件，分别重128千克、117.5千克。这些青铜器中礼器有210件，其中铜鼎31件、铜53件、铜爵40件。青铜礼器占据十分重要的地位。

在青铜器的铸造艺术上，司母辛鼎的成就极高。其铸造方法，专家研究认为铸型是由芯、底范、四块腹范和顶范组成，铭文是先在模上阴刻成文，再用泥片复印成阴文，修正后嵌在芯上的。③

西周时期的青铜器出土也很多，工艺精巧，规模宏大，并刻铸了大量的铭文。如康王时代的大盂鼎有291字，毛公鼎有497字，制作精美，冶铸水平高，

①② 郭旭东著，《走进殷墟》，中国文史出版社，第231页。
③ 同上书，第341页。

选料，塑模，翻范，花纹十分考究，甚至采用了浑铸、分铸、铸接、叠铸，镶嵌绿松石、玉、红铜等多种铸造技术。

青铜器的出现除祭祀用的大鼎之外，在兵器上也有极为突出的成就。2010年5月31日上海《新民晚报》登了一条消息："世博中国馆又添镇馆之宝——秦铜车马今天完成安装即将展出。"消息中说："30年前，在陕西临潼出土了两乘'秦彩绘铜车马'。这两件珍贵的秦代青铜器，如真马一半大小，因造型精妙绝伦，工艺高超复杂，被誉为'青铜之冠'。这次借给中国馆展出的，是1号铜车马。它双轮、单辕、驷马系驾，有御手、伞盖，由3500多个零部件组成，总重约1040千克，其中金饰件3000余克，银饰件4000余克，车马通体饰有彩绘，精美无比。"

铜车马，彩绘铜车马，镶金镶银驷马齐驱重达1000多千克由3000子部件组成的十分复杂的铜车马，这是世界上见所未见闻所未闻的珍品。没有高超的冶炼技术是难以完成的，即使在今天恐怕复制也很难。

（二）黄金的冶炼技术

最引人注目的是冶炼黄金制品的出现，三星堆1号坑出土了一根金权杖。同时还在1号坑出土了青铜杖首，其上有龙的造型，似为金杖首。权杖不仅表明权力的授予，是王权的象征，而且龙首还标志着神权，即中央帝王授予的权力。三星堆还出土了金面青铜人头像，纯金虎。金沙遗址相继出土了商朝晚期西周初期金器90余件，如金面具、金箔蛙形饰品、金冠带、太阳神鸟金箔、鸟首鱼身金箔、金喇叭形器、金盒形器、鱼形金饰品。太阳神鸟金箔，形制为"圆形薄片，空心部分是图案，外径125厘米，内径5.29厘米，厚仅0.02厘米，重20克。从外形上看，与现代剪纸工艺制出的物品极为相似。据器物的发掘者朱章义、张擎等考古学家的研究，认为中心镂空的圆形代表太阳，其外侧12道弧形代表太阳的光芒，整个器体形像地表现了运行中的太阳特征。在器物外缘于12道太阳光芒之间又镂空处4只飞鸟，鸟的形制形同，均引颈伸腿，首足相接，张开的喙微微下钩，逆时针同向飞行"。这4鸟绕日飞行的图案，构思神奇，工艺绝佳，魅力无限，被国家文物局定为中国文化遗产的徽标。这是一个活生生的具体的神话。它真真实实地表明，商末周初的蜀国已将黄金制品的冶炼与制作工艺推向了一个新的高峰。

（三）铁的冶炼与制造

英国历史学家 H.G. 韦尔斯说："中国直到公元前 500 年左右才开始普遍使用铁器，这意味着在亚速、埃及和欧洲普遍运用铁器之后的二三百年，或更晚一些时间，中国人才开始使用铁器，铁很可能是由匈奴人从北方传到中国的。"①

他的这一看法，似乎为孙危先生所证实。孙先生在 2009 年第 1 期《考古与文物》杂志登了一篇文章《中国早期冶铁相关问题小考》。作者在文章中说世界上发现最早铁器是在公元前 3000 纪上半叶居住在波兰的吐火罗人。后来他们南迁。经南俄草原—中亚草原—塔里木盆地—河西走廊—中国北部晋南地区。在那里，他们和当地土著频繁接触的过程中把冶铁技术传授给了他们，所以晋国才有先进的冶铁技术。他又说公元前 6 世纪"吴国在晋国的帮助下，掌握了冶铁术并利用自己的优势和特点，如前文所述，迅速占领了冶铁技术的制高点，进而一跃而成为当时的霸主"。他的主要论据是在塔里木地区 1996—1997 年发掘香宝宝墓地 40 座，发现小刀等铁器 5 件，经鉴定为公元前 900—前 525 年；1979 年发掘孔雀河墓地 42 座，发现铜器 3 件，时间为公元前 1000 年；1986 年，发掘哈密焉不拉克墓地 67 座，发现铁器 7 件，其中有弧背直刃小刀 1 把、菱形剑尖 1 个，时间为公元前 1300—前 600 年间。假如这一推论成立，则韦尔斯的 500 年说不能成立。

但这一看法中，有诸多地方其正确性是值得怀疑的。

第一，据邓荫柯先生《中国古代发明》说："世界冶炼生铁的技术最早发现于中亚，但由于炼铁炉过小，鼓风力弱只能炼出海绵状的块铁。从春秋晚期开始，中国在炼铁技术就开始独领风骚，竖式炼铁炉成了生铁冶炼的主要设备。"② 这种炼铁方法使用的是一种叫橐（tuó），是皮制的鼓风机。其实用土炉子烧碳拉风箱炼铁是一种比较简单的冶炼技术。1949 年前的农村都有这样流动的打铁匠。中国在公元前 2000 多年就能炼出工艺极为复杂，技术含量极高的合金青铜祭器、乐器、礼器，为什么还不会打铁？河北藁城的商代墓葬中曾出土了一件铁刃铜钺。马家窑文化中有实例。据陈炳应，卢冬著《古代民族》介绍考古工作者在永登榆树沟出土了铁铲长 17.6 厘米，宽 5.5 厘米；铁矛鐏长 18 厘米，宽 3.4 厘米，特别是永昌大铁犁的出土，说明沙井文化的晚期已进入早期铁器时代。③ 作为月氏

① ［英］H.G. 韦尔斯著，《世界史纲：生物和人类的简明史》，北京燕山出版社，第 131 页。

② 邓荫柯著，《中国古代发明》，五洲传播出版社，第 28 页。

③ 陈炳应，卢冬著，《古代民族》，敦煌文化出版社，2004 年，第 51—52 页。

后代的沙井文化是西周晚期到战国时期从青铜时代到铁器时代的文化。他们世居河西走廊的祁连敦煌之间的交通要道，主要从事农业生产。所以他们不仅能生产出大量青铜器，同时也能生产大量的铁器如锛、铲、犁、锄、矛鐏、刀、剑、狗形铁制牌饰等农用工具和武器，这说明他们出于农业生产和生活的需要已经在公元前 500 年之前就能铸造大量的铁器农具和生活用品了，并非一定为吐火罗人的传授。波兰的距今 5000 年前的吐火罗人何时来到塔里木盆地，没有证明，塔里木发掘的铁器究竟是不是吐火罗人所为不能证明，吐火罗人入晋传冶铁技术至江南更难以证明，《山海经》的吐火人亦并不与吐火罗人切合，倒像是本土人。

第二，史书所载中国的制铁也是很早的。远在吐火罗人到来之前的距今 6000 多年就使用铁制品了。《管子·地数》记管子所述黄帝与伯高的一段对话："上有丹沙者下有黄金，上有慈石者下有铜金，上有陵石者下有铅锡赤铜，上有赭者下有铁……而葛卢之山发而出水，金从之，蚩尤受而制之，以为剑、铠、矛、戟，是岁相兼者诸侯九。雍狐之山发而出水，金从之，蚩尤受而制之……以为雍狐之戟、芮戈，是岁相兼者诸侯十二。故天下之君顿戟一怒，伏尸满野。"此见戈之本也。蚩尤生活于 6400 余年之前，该文中还说中国地之东二万八千里，南北二万六千里。其中有"出铜之山四百六十七山，出铁之山三千六百九十山"为"戈矛之所发，刀币之所起也"。我们且不说蚩尤时有无以铁造戈矛的事，仅就铁矿知识而言，在管仲时代，人们已知"赭者下有铁"了。知道铁可以造戈矛、戟和刀，又有造青铜器的技术，也不应该是难事。春秋时，楚欧冶子炼剑出名，巢湖市还有纪念他的庙宇。欧治子"取铁英、作剑三枚"，干将、莫邪作剑，都是江南铸剑的传说。什么太阿剑、镆铘剑、湛卢剑、季札剑等等之类的宝剑，也是传说。但考古发掘的勾践剑、越王剑、吴王剑之类却是真的。它们至今仍旧寒光闪闪，削铁如泥。1965 年 12 月我国考古工作者在湖北荆州望山桥 1 号楚墓中发掘出青铜剑一柄，并带剑鞘，该剑长 55.6 厘米，剑上有八个字，为"越王勾践自作用剑"，1977 年经复旦大学鉴定为青铜与锡、铅、铁、钵、镍合金，其精密度可与现代合金媲美。为什么会铸造含铁锡铜等合金剑的能手，还偏要专门请教比较简单的冶铁技术呢？显然，由晋传吴越冶铁技术的推论，是不合理的。

第三，我分析中国之所以早炼青铜晚炼铁，是和其时人们对炼铁的思想认识有关的。中国早期的青铜器的出现大都与祭祀有关。殷商时代迄至周朝都是一个泛神时代。那时的青铜器大都用于祭祀，作为国之重器的祭器。河南安阳出土的鼎、酒器，四川金沙出土的青铜摇钱树，三星堆出土的神树、傩面具，大多是为神而存在。西周后期这些东西才成为现实人的实用器物。铁器在那时从未继玉琮、青铜宝鼎之后列入最高级的祭具，这表明铁器的冶炼在那时并未受到重视，并不是会炼青铜不懂铁的冶炼。战国时代，由于铁犁等农具的发明推广促进了农业生产才形成了冶铁技术的普及；加上铁器容易腐蚀，所以我国至今未发掘出五六千年前完整的铁制工具。这绝不是说过去没有发现过铁器，碎铁块也是有的。即使过去产未发掘出铁器，是否就可以断定今后也不会发掘出早期铁呢？恐怕也不能这么说。

第四，从春秋之后的冶炼技术发展来看，其成就也远胜于西方人。中国古代很早就发明了水力鼓风的高炉炼铁技术，铸铁柔化技术（即炼钢）和炒铁技术。铁器的缺点是性脆，缺乏钢性，所以古人发明了铸铁柔化技术。“因热处理的温度与方法的不同，分作白心可锻铸铁和黑心可锻铸铁两种。白心可锻铸铁具有比较高的硬度和强度。黑心可锻铸铁具有较好的耐冲击性。西方人写的冶金史著作都认为，这两种极其重要的，有实用价值的铸铁技术都是欧美的发明，其中白心可锻铸铁是法国人在 1722 年发明的……黑心可锻铸铁则是美国人 1826 年发明的……然而，据史书记载和考古发现提供的证据证明，中国比西方早近 2000 年就发明了白心和黑心可铸铁的技术”“炒铁是古代中国钢铁冶炼的重大发明。是一种简便有效的炼铁术。”① 上述事实证明炼铁技术的重大发明创造，不仅早于西方，其冶炼过程与技术也是我国青铜冶炼技术的继承与发展，并非舶来品。

① 邓荫柯著，《中国古代发明》，五洲传播出版社，第 29—30 页。

五、结语：神话源于工艺创造之神妙

因此，制陶有制陶之神，制玉有制玉之神，冶炼有冶炼之神，制乐有制乐之神。所以《易·说卦》中说：“神也者，妙万物而为言者也。”这里讲的神是制作之神妙，神奇，不是指天神，是子曰：“知几其神乎”的神，几，指细微，精细，精妙。同样的意思在《周易·系辞》中也有解释。“制而用之谓之法，利用出入，民咸用之谓之神。”这就是古人对神的另一种含义的解释，即神是指制作之精妙，神奇。故而古人将神器的制作者和他们的代表人物，本来是人的，也被敬之为神。如仓颉，被尊为造字之神；欧冶子被敬为锻造之神；黄帝，被尊为制玉之帝；尧，被尊为制陶之帝；巧倕，被尊为制乐之神；颛顼、帝喾，被尊为制乐之神……在上古人眼中，因创造、智慧而显现的神奇，是常人最崇敬的神。黄帝就是集各种创造于一身的集大成者，是创造百物之神。可见，文化创造是神的重要来源。

第四章
上古历法的创造

图画历法是上古的历法形态，它具有形象性、具体性与形式的多样性等特点，对上古人的思想生活具有重大影响。我国天文考古工作者对上古图象历法的研究成果在本章有介绍。

一、上古图画形历法

二、上古画卦形历法

三、附录

四、结语：神话源于上古历法的神秘性

一、上古图画形历法

我国考古工作者近年来在考古发掘中，从陶器、骨器、玉器等器物的纹饰中发现了许多令人猜测的图案，引起了专家学者们的注意与兴趣。他们作出了许多假定性的解释，都各自认为是八卦，如仰韶鱼纹盆、大汶口象牙梳、良渚与含山凌家滩八角星及殷商龟甲数字八卦等。

在这里，我们仅就专家们的研究成果摘要介绍如下：

（一）赵国华鱼纹盆八卦说

1987 年 4 月 16 日上海《社会科学报》第二版介绍了赵国华《鱼纹盆八卦说》。半坡仰韶文化得名于距西安市 5000 米的半坡村遗址。距今 6840—6085 年。1953 年发现，1954—1957 年 5 次发掘。发掘面积达 50000 平方米。他们在该遗址中发现了许多原始的打制技术工具和钻凿孔技术工具、磨制工具，半穴式坑壁式木柱支撑倾斜屋面，和大量黄泥条盘筑陶艺。其中有许多古朴简练的作捕食状的鱼、鹿、蛙纹图案和几何图案。特别是那些绘制在盆、钵、罐底的红色、黑色的人面鱼纹图案，引起了专家们的诸多猜测。陆思贤先生认为是月相图，赵国华认为是八卦图。赵国华其时是中国社科院南亚与东南亚所副研究员。在一次学术报告中，他以《八卦符号与半坡鱼纹》为题提出，“半坡彩陶抽象鱼纹具有表示数量的含义，分别表示一至九条鱼”，“八卦的八个符号系从半坡彩陶中抽象鱼纹直接演化而出。八卦符号表示数字意义的方法及所用密码，与半坡抽象鱼纹表示鱼的数量意义和方法及所用密码完全一致”。半坡鱼纹为半坡母系鱼祭，祈求生殖。“洛书是半坡‘鱼祭’场地布局分离出的数据图”，即原始“河图”。今传“河图”系由今传“洛书”交易而出，是“文王”八卦原始数据的秘密记录。赵国华还认为八卦直接起源于半坡“鱼祭”，出于母性或父性的生殖崇拜需求。

专家们认为伏羲八卦的根源是与这类宗教活动有关。“半坡鱼纹盆”就是仰韶彩陶人面鱼纹盆。这种陶具是人们在“鱼祭”“鱼荐”时使用的祭器。他们在祭祀时，一边跳舞，一边祈求风调雨顺，获得丰收。

仰韶鱼纹盆的边缘，有表示8个方向的符号，东、西、南、北4个方向为“丨”，东北、东南、西南、西北4个方向标为“↑”，专家们认为是八卦符号“☰”“☷”的雏形。所以赵国华据此认为八卦起源于半坡鱼祭。

谢世俊先生认为“半坡鱼纹图说明，那时人们已经掌握了8个方向，画出了八卦的记事符号，而且应用了阴阳概念”。①

半坡人面鱼纹图案，是否为最早的八卦，是否是伏羲八卦，或者河图、洛书，尚无定论，值得研究与思考。“丨”“↑”是否为八卦雏形，需要进一步探讨。仰韶半坡文化是炎黄时代的文化，距伏羲时代相距几千年，不能说是伏羲“始”作之八卦，或伏羲时代的八卦。即使是八卦，也只能说是炎黄时代的八卦。

刘云辉先生有一篇文章，题目是《仰韶文化“鱼纹”“人面鱼纹”内含二十说述评》，该文介绍了诸多专家对人面鱼纹的不同看法。其中有马兴邦先生的半坡图腾崇拜的徽号，肖兵、王大有、曾琪、李泽厚先生亦持此说；老武先生认为不是人面鱼纹结合图案，而是水虫形象或龙凤、鱼娘图案化；朱狄先生认为是巫术活动，其内涵为某种神话传说；张广立先生认为仰韶人认为自己的祖先是半鱼半人，还有人认为人面鱼纹是外星人宇航员戴的帽子；谷闻先生说是一种祈求鱼丰收的原始信仰；刘敦愿先生认为是新石器时代鱼面文身习俗的直接证据，沈之渝先生亦持此说；马宝光先生持摸鱼图像说；王大有先生认为象征权力的角和帽最初都是鱼饰；刘夫德先生认为“人面鱼纹”是月亮的意象性摹写；蒋书庆先生认为“人面鱼纹”是太阳的象征，表现的是太阳崇拜；钱尧强先生认为“丨”符号和“↑”形符号是“宣布终于五日的历法”；叶复山先生认为有酒、有鱼，便是福；肖兵先生认为人面是飞头颅精灵；靳之林先生认为是一组崇拜生命之神，祈求子孙繁衍，生产丰收；杨堃先生认为是女性生殖器象征；李荆林先生认为是原始婴儿的出生图；刘云辉先生认为“人面鱼纹”是巫师面具的形象反映，它是代替巫师主持祭祀活动器具上的图案。鱼纹既像鱼的丰收，又象征农业生产的丰收，还象征人类生殖繁盛，或许还有驱邪避祸，大吉大利的含义吧！

陆思贤先生的《神话考古》一书中对人面鱼纹图中人头上的空白形状的变化分析，得出结论，认为是古人探测月相的记录。图上的空白形状变化表明的是月生、上弦月、望月、下弦月、月晦的完整过程。②

笔者综合上述观点认为：人面鱼纹图案是一种极富想象力的图案。一个人就有一种不同的解释。赵先生的八卦说，也是众多说法之一，或许有一定道理。但

① 见谢世俊著，《中国古代气象史稿》，重庆出版社，第86—90页。

② 陆思贤著，《神话考古》，文物出版社，第120—124页。

到目前为止，尚未见有普遍的认同。然而“丨”和“↑”符号及其表述的方位是值得探讨思索的。至少，应是一种空间与时间观念的表示。

刘云辉先生的综述十分全面，却未包容赵国华先生的八卦说与陆思贤先生的月相说。而两说皆新鲜，令人深思。

此两说虽然都以“人面鱼纹”而发，角度全然不同，一个由此论及伏羲八卦，一个论及嫦娥探月相，一个讲与占卜祭祀有关，一个讲与月历制度的产生，相距甚远，但有一个共同点，即都与农业历法有关，与上古人祈求农业丰收有关。

（二）逄振镐先生的象牙梳八卦说

1959 年泰安大汶口 M26，出土了一把象牙梳子，上面刻了一个“8”字形图案。逄振镐先生认为这不是一般的装饰图而是一幅原始八卦图。其图形如下：

逄振镐先生在《东夷文化研究》一书第四章第三节作了详细的介绍与分析。1991 年《北方文物》第 1 期第 22—24 页逄先生以《论原始八卦的起源》为题也发表了相同的见解。据逄先生分析“墓主生前很可能是一个巫师一类人物。或者有可能墓主是我国原始八卦的最早创立者，随太昊部落西进而入中原地区的河南一带，并在那里进一步将原始八卦完善、系统化。而中原地区的原始居民，并不知八卦的最早起源，而只知是太昊部落带去的八卦，并加以完善的。于是便出现了伏羲（太昊）‘始作八卦’的一些传说和记载”。所以，他认为“流传至今的八卦，其原始形态是大汶口文化时期东夷人的发明创造”。

逄先生认为图中由 15 个“☰”符号组成 S 形。这 15 个“☰”中有的与八卦的最基本卦形极为相似。如乾卦，象征天，坤卦象征地。“⊥ ┬”为上下，上为天，下为地。通过祭天，占卜，使天地、阴阳、上下相通，亦即“仰则观象于天，俯则观法于地，观鸟兽之文（纹）与地理之宜，近取诸身，远取诸物，于是始作八卦”。上下相通“以通神明之德，以类万物之情”，先生认为这就是伏羲始作的八卦。

先生的许多分析令人钦佩。如原始的占卜，巫师的证据，M26 墓主的身份等不无道理。但有不少地方使人疑惑。

其一，时间不合。大汶口 M26 中遗物“属大汶口文化中期”。大汶口文化早期距今 6100—5500 年，中期距今 5500—5000 年，晚期距今 5000 年。也就是说这是距今 5500—5000 年的遗物。据王大有先生《三皇五帝时代》上第 119 页记载，第二十代纯血缘伏羲暨 75 代大伏羲氏太河帝，于距今 7144 年，第二十三代（77 代）节芒（伏旼）“帝止”。考古发掘的河南舞阳的贾湖遗址的碳 14 测定年代为公元前5800年，即距今7800多年。即使是末代伏羲也比大汶口早期也要早1000多年。将太昊伏羲减少了相近4000年来证明象牙梳，不很合理。或许这是羲和之国少皋所创之八卦也未可知。

其二，创初始八卦的目的并非只出于宗教占卜的需要，而应出于授时指向的需要。“S”形图案，有“☰”，不错，但没有“☷”，说明创造出这一图案者并没有乾“☰”坤“☷”的对应观念，却可以说作者所表示的是天地一体，阴阳两分的观念，天地意向明确，“☰”表示什么，并不清楚，在天地间循环往复，经历不同方位。这是什么意思呢？不明白。这是一个谜，有待进一步揭开。无论如何，可以说这是太极初期形态的一种创造。

在这里，我们假定象牙梳的图案确为一种八卦，它不是伏羲发明，又不是伏羲时代与炎黄时代的物品，那么我们便可以理直气壮地说它至少是少皋颛顼朝代的八卦了。

我猜想这个图案可能是八卦画卦的过渡形态。理由如下：

其一，“☰”与八卦的乾卦一致；

其二，方位呈四方四隅八卦形；

其三，两个八卦形呈上下交叉形态，有阴阳表示；15个“☰”，实际应是16个，因为有一个在两圆相交时重叠；

其四，其时的八卦只有阴阳卦之分，阴卦阳卦的符号是一样的，都是“☰”表示，区别在于阳在上阴在下，并以“┴”“┬”标明，说明其时阴符“☷”尚未产生；

其五,八卦符号单一，只有一种，与以后的八卦的八种形态相差甚远，但确是两个重叠的形态，它的不成熟，表明它可能是文王八卦画卦的原始形态；

其六，制作精致，且有祭祀表示，表示此为祭天地之物。

据此，所以本人以为不妨先推断为过渡形态的八卦。

（三）陆思贤、冯时八角八卦说

在最近一些年的考古发掘中，考古工作者发现在陶器玉器骨器上刻划了数量众多的八角星。这些八角星说明了什么？有的说是太阳的光芒，有的说是八卦，认为八角即八卦。冯时先生在他的《中国天文考古学》，陆思贤先生在他的《神话考古》中，分别作了介绍与论述。本人将他们搜集的个例摘录下来加以整理补充，按时间顺序重新排列，或许从中会获得一些新的印象与认识。

陆思贤先生在《神话考古》一书中以专门一章谈“伏羲画卦的远古依据”。

其中第三节认为原八卦图形、第四节昆仑玄圃与玄宫，分别论述了八角星图案。他的基本观点是："学者普遍认为，八角星图案表示太阳的光芒。"在此基础上陆先生分别介绍了大溪文化八角星、大汶口文化八角星、马家窑文化八角星、青莲岗文化八角星、小河沿文化八角星。指出"八角星纹图案作为原八卦图形，本于四方八角，具有四时八节"的含义。他认为凌家滩玉版为"洛书"，中央小圆中的八角星图案，表示太极所在；小圆与大圆之间分成八等分，每分格中刻圭形箭牌一个，共 8 个，即原八卦图形，也表示了四立与二分二至，即四时八节；大圆之外与四角之间，又各画一个圭形箭牌，表示《易》中的"四象"，玉版上边钻 9 孔，两边各钻 5 孔，下边钻 4 孔，陈久金、张敬国先生考证为古史传说中的"洛书"。陆先生表示赞同。他说八卦按阴阳分成 4 组，乾与坤，震与巽，坎与离，艮与兑，与八角星图案有"四方八角"的外形吻合，其义"应本于立杆测影用的图腾柱分成四段八节"。由索而纯而神而名为八卦。颛顼的玄宫被"称之为八角星王宫"即"昆仑县圃"，后世的"宣室""旋室""明堂"都是立杆测影观天测地，祭祀天帝地神发布历法政令的地方。

冯时先生在他的《中国天文考古学》第八章第二节重睹"洛书"中，以"史前八角纹与上古天数观"为题，进行了精彩的论述与分析。他的主要看法是：这类特殊的八角图像分为两个不同类型，一类于八角中央交午处呈圆形，另一类则呈方形，"因此，八角并非表现太阳的光芒是显而易见的"。在彝语中"八卦"称为"八角"。八角图形至少可以和八卦建立起某种联系。冯先生认为八角并不指八方，而是指四方。其图形具有某种新的思维与内涵。经过分析实验，冯先生认为："从古人方位观念的发展去分析，先有四方而后有八方，应该是很自然的趋势，而先有生成数后有阴阳数也应符合原始思维过程。将这两个概念分别布图，就是五、十图数的两幅图。一幅是彼此重叠的两个五位图，即所谓河图；另一幅则是彼此交午的九宫图，即所谓的洛书，而将这两个概念融为一体，便是那个神秘的八角图形。"所以冯先生认为八角星图实际上是上古人将河图和洛书融为一体而出现的新的图形。反映了一种新的思维的出现。

冯先生的见解很新颖，但那个时候的人是否是以这样的一种思维方式用一三五七九和二四六八十组成九宫形成八角星图案，是值得探讨的。

（四）陈久金、张敬国玉版八角八卦说

距今5200年安徽含山凌家滩八家星图

1989 年第四期《文物》杂志载安徽文物考古研究所发表的《安徽含山凌家滩

新石器时代墓地发掘报告》称该遗址存在于公元前3000余年。M4号墓出土了玉片玉龟各1件。该文物分为玉版、玉龟两部分。玉版长方形，长11厘米，宽8.2厘米，牙黄色，上长边有9孔，下长边有4孔，短边各5孔。玉版中心有2个同心圆，里圆中有八角星图案，里圆与外圆之间平分为八大部分，每一部分内都有一矢状标识，分别指向东南西北和东北东南西北西南8个方向。

玉龟由玉龟甲和玉腹甲组成。龟甲呈圆弧形，两边各2孔，中央4孔；腹甲亦为弧形，两边各2孔，中央1孔。

出土时玉版夹在玉甲和腹甲的中间。呈放在死者胸前。

天文考古学家陈久金、张敬国先生对此图进行了专门的分析研究，发表了《含山出土玉片图形试考》一文。作者在文中指出，玉片中心圆内的八角星“按照传统的解释，它是太阳的象征”，玉片大圆小圆之间的箭头和外圆四角的箭头“在天文学上，大圆往往代表宇宙、天球、季节变化。如果将大圆和周天旋转，季节循环相联系，那么箭头的数量四和八就有了实际意义”，即四时八节。进而两位先生把玉片四周的孔与河图洛书的数联系起来，指明：玉片四周的4、5、9、5之数与洛书的“太一下行八卦之宫，每四乃还于中央”相合。所以他们认为此玉片与玉龟证实了5000年前就有这种历法存在。它反映了我国夏代或先夏的律历制度。其意义非同一般。

据本人实地观察，这里北靠太湖山，南临长江，由裕溪河连接长江与巢湖水域。凌家滩处于裕溪中段水泽北岸。裕溪下游是运漕镇，江边有裕溪口水码头，与对岸芜湖船坞相对。凌家滩离运漕镇裕溪口很近，约10来里路，而离巢湖开汽车也得走1小时。由此地势本人怀疑凌家滩5000年前会不会是长江边北岸的水码头城市，由于长江水道缩小，才出现了北岸的运漕镇，南岸的芜湖。如果这一设想成立，那么凌家滩的覆灭则是因长江水涨而湮灭于现在的水泽，而非巢湖水涨而沉没。因为巢湖离凌家滩很远，又有重重大山隔阻，即使是巢湖水通达裕溪河也难以将高坡上的凌家滩沉于水底。

凌家滩八角虽然出现的时间距今只有5000多年，但是其价值却是难以估量的。这里的环境适于农业发展，有水有山又可获渔牧之利。文物所表现出的祭祀、祈求丰收、授时历法及彘族与鸟族合婚联盟的特点，也是十分显然的。

凌家滩玉版的发掘震惊了中外，所有的天文考古学家均一致赞美，给予了高度评价，但较不一致的看法是古代洛书的体现。这样看来所谓“河出图”“洛出书”“龟负书出”，并非空穴来风，而是有实物可证的。既然古人视八角为神，那么河图洛书被五帝视为神物，就不足为奇了。

我对处于不同时期八角形态分析是——

第一，从八角出现的时限分析：

距今 7400 年　湖南黔阳高庙八角

距今 7000 年　湖南长沙大塘八角

距今 7000—6000 年　嘉兴马家浜八角

距今 6000 年前　江苏靖安仰韶八角

距今 6400—5000 年　重庆巫山大溪八角

距今 6300—4600 年　山东大汶口八角

距今 5900—5300 年　上海青浦崧泽八角

距今 5800 年　甘肃马家窑八角

距今 5300—4200 年　浙江良渚八角

距今 5200 年　安徽含山凌家滩八角

距今 4000 年　内蒙古小河沿八角

从上述可见：在距今 7400—4000 年间，每一个历史阶段都有八角存在，这表明八角形态具有某种传承性，并非个别时段个别种族的装饰习俗。

第二，从八角存在的地域分析：

八角存在较多地区是湖南、江苏、江西、重庆巫山、山东大汶口、上海青浦、浙江良渚、安徽含山、甘肃马家窑、内蒙古小河沿，集中传播于江淮地区，少量存在于黄河中上游地区，具有一定的普遍性。特别这些地区历来都是农业发达的地区，水稻粟米的主产区。这些八角的出现和这些地区的农业发展特别是授时历法，不能说没有关系。

第三，从八角的内涵分析：

其一，具有某种装饰性和祭祀性。许多装饰具有记忆性，如大汶口的陶盆、彩陶豆，野店的陶钵、大墩子陶钵和良渚许多陶器上的八角，装饰精美、神圣，并不具有可操作性和实用性，而是只对前人功绩的传说记载或只作为祭物而存在。湖南黔阳高庙、长沙大塘、安徽凌家滩玉鹰的八角图案在这一点上尤为明显。

其二，有的八角星具有史实的记录性。江苏澄湖良渚文化遗址出土了一件黑陶鱼篓形陶罐，其上刻有 4 个陶文字。

陆思贤先生释为：

华、岁、互、矢（寅）

取形于四时八节太阳晷影，中华的徽帜，释为“华”，是原始的八角星。

是由交午而来。也就是说八角星是由立杆测影记录演化而成的“华”族记事标记。

其三，八角星内涵中确有对四时八节四面八方的指事标记与洛书符号标记。

凌家滩玉版的设计十分明白地表现了这一点。八角星有方框与圆之分，表现了对天地的崇拜。这自然不错，但值得注意的是两个交叉的“十”字，对“十”字的崇拜。八角星交叉后的小方框十分清楚地展示了这点。我们都知道“十”字是太阳神的标记，“田”是天帝天神的标志。如果这一点无误，那么我们可以确认至少从距今7000年左右的长沙大塘和距今7000—6000年的江苏武进潘家塘马家浜时代就明确表示这种崇拜的存在了。

其四，作为图画形历法，从标记性八角、装饰性八角、祭祀性八角，至玉版指事性八角，从单一型到复合性与操作实用性，是一个不断演进变化的过程。

这个过程的可能模式为：

原始八角；

为表示神圣，祭祀在口中加“十”；

装饰性八角另加图案，加了圆以示天；

操作性八角的强烈指示性；

八角加洛书之数应是具有可操作性的原始八卦图。

可见凌家滩玉版八角实是此前数千年间八角形态的演进。它不仅有立杆测影概念、数的抽象概念、神的概念，而且具有复杂思维的严密性与现实的可操作性。因而把它说成洛书，或古老的八卦，应该是不错的。

（五）冯时、陆思贤等数字八卦说

冯时《殷墟易卦卜甲研究》中说：

殷墟出土易卦卜甲一件，卜甲上刻有数组易卦，文字小如粟米。易卦卜甲正面有五处文字及卦画，分别位于腹甲四隅和中甲。

1. 腹甲

腹甲四隅

右组　八六九八七六，即《周易》之䷦，坎上艮下，蹇卦；

左组　九七六一七六，即《周易》之䷹，上泽下泽，兑卦；

左组　六六七六七七，贞吉。即《周易》䷴，巽上艮下，渐卦；

左下　“二二二二二友”，冯时释为“西南得明”。

2. 中甲

中甲契刻两组数字，位于左右甲桥，可读为“阜六”“阜九”，即大阴、大阳，后世称老阴、老阳。少阳称七，少阴称八。六为老阴，一为老阳。由于受古人传统观念影响，"一而变七，二而变九"，九复变一，一为变形之始。故"九""六"涵盖了易学的本质。

冯时先生的结论是："证据表明，数字表示阴阳爻与以长短卦画表示阴阳爻的做法应是并行发展的，这意味着长短横组成的画卦的出现时间并不像人们认为的那样晚，只是由于画卦本于筮数，所以数字卦的运用更为普遍。"今本《周易》的阴阳爻卦画乃由数字演变而来。①

大量的考古事实证明，数字八卦是一种客观存在。不仅殷商甲骨文中有数字八卦，在殷商之前的骨刻中，如江苏海新石器时代遗址的骨刻中也有数字卦。殷商之后周代战国，直至秦汉间的古八卦都是以数字标示的。由于发明将奇数以"—"表示，偶数以"- -"表示，才形成了画卦。或许地将这一功劳归之于周文王，是比较合理的。伏羲那时候是结绳记事时代，还没有文字，自然也没表示八卦的数字，他可能画的是代表数字的符号和某些观念的图画。

据赵诚著《甲骨文字学纲要》(中华书局)第20—21页记载：

《考古》1961年2期《1958—1959年殷墟发掘简报》第74页，图及陶文拓片有：

(1)(778667)，即䷩上巽下震，为益卦。

(2)(667668)，即䷏上震下坤，为豫卦。

(3)(6678875)，即䷵上震下兑，为归妹。

《考古》1961年2期《山东平阴县朱家桥殷代遗址》第93页，图9之8，陶铭文：

(4)(188611)，即䷨上艮下兑，为损卦。

其他如殷墟四盘磨卜骨，长安张家坡卜骨、周原卜甲等均有关于数字卜甲的记载。1979年江苏海安青墩新石器时代遗址出土骨角鹿角上有八卦刻纹，其形式为：

(5) 三　五　三　三　八　三
三　五　三　三　六　四
上乾下艮，为遁卦

(6) 二　三　　三　一
六　二　三　五　三　一
上震下乾，为大壮

① 冯时编著，《中国天文考古学》，中国社会科学出版社，第394—399页。

这两例与商周古八卦完全一样，由数字组成。这表明八卦的卦画是由刻符数字演变而来。数字卦很早就有了。

《殷墟文字缀合》第199片摹本

321	123
654	456
987	789
21	12
43	34
65	56
87	78
9	9

书中解说：数码加上横道，为原甲残损部分。两组数字相向排列各为1—9，合5于中宫，六七八九与一二三四相匹，左右对称，正合生数与成数理论：

1	2	3
4	5	6
7	8	9

九宫格数，纵横交叉，三数之和为十五。除四边外，纵横的二五八，四五六，三数之和为十五，对角的一五九、三五七，三数之和为十五。

书中指出按“太一循环至九”的方法 旋转，中宫不动，四边旋转一周，其“十”字形纵横与“×”形纵横（略）的三数之和也都是十五，但四边不合。如果数码1放在四边的中间，可得如下几种形式：

此二六七八组九宫格，总共八种形式，均合于洛书数，第五组又合于大戴礼记与明堂中的“二九四七五三六一八”，即所谓“戴九履一，左三右七，二四为肩，六八为足”的格局。所谓法龟文，明确龟甲占卜用数是洛书的形式之一。洛书的含山玉版出土时夹在玉龟的背甲之间，也反映了占卜用数与洛书的关系。①

以上两位先生所举用的数是两个问题，一是卜筮用数，一是洛书用数，都是八卦用数，都是占卜筮数。

过去说“殷人龟卜，周人筮数”，在殷墟甲骨中所发现的筮数虽不多，但说明筮数起新石器时代兴于殷商，盛于周人。

① 陆思贤著，《神话考古》，文物出版社，1995年，第340—342页。

（六）对河图、洛书的几种不同解译

河图、洛书，一向被认为是天书，神书。历来众说纷纭，各说各话。至今也难找到一种极具权威性的解释。但我认为在众多河图、洛书的研究中冯时、田合禄、张吉良 3 位先生的研究是有代表性的。

冯时先生认为河图并不存在，是宋人伪造的；

田合禄先生认为河图是根据月亮晦朔月、望月、上弦月、下弦月 4 个运行特征制成的古代太阴历，是阴阳合历历法和易卦构成的重要依据；

张吉良先生并不否认河图的存在，但他认为朱熹所传河图是错的，应予更正：朱熹所传的洛书是河图，朱熹所传的河图是洛书。

3 位先生的观点均十分鲜明：

1．冯时认为河图并不存在

（1）朱熹所传《河图》《洛书》的来龙去脉

朱熹《周易正义》开卷有图说，道德两幅图即《河图》《洛书》。

系辞中说："天一，地二，天三，地四，天五，地六，天七，地八，天九，地十，天数五，地数五,五位相得而各有合：天数二十有五，地数三十。凡天地之数五十有五，此河图之数也。"而洛书则取自龟象，故其数：戴九履一，左三右七,二四为肩，六八为足。

朱熹并引蔡元定的话说："图书之象，自汉孔安国，刘歆、魏关朗子，明有宋康节先生，邵雍尧夫，皆谓如此。至刘牧始两易其名，而诸家因之。故今复之，悉从其旧。"

朱熹说得十分明白，这两幅图从汉以来就是这样传承的，并不是他个人的看法，他只是因袭旧例而已。

（2）冯时认为河图并不存在，是伪造的

冯时，中国社会科学院研究员，天文考古学家，著有《中国天文考古学》(中国社会科学出版社，2001 年）等著作。

他在该书第 382 页中说："事实上在今天看来，不论朱熹的门徒蔡季通，还是陈抟的传人刘牧，对河图，洛书的认识从一开始可能就是一种误解。""从本质上，宋人指定的河图、洛书其实表现的只是两个不同的布数过程。这两个图形在目前所见的古彝文文献中仍然被完整地保存着，但却未冠之河图、洛书之名。在古彝文中，与河图相似的图名五生十成图，与洛书相似的图则名十生五成图。这些名称与易数原理十分吻合，显然也应较河、洛之名更接近这类图数的本质。”“所谓河图其实只是体现生成数体系的五位图，而洛书则是体现天地数体系的九宫图，其实质则是反映古人不同天数观的五十图数。蔡氏的图、书虽然也正是自彝区蜀地访得，但他很可能并没有真正弄清它们本属同一种图的两幅附图，而错误地定为两种不同的图形。”“根据我们的研究，真正的河图，实际就是太极图，而与这类五位九宫图没有关系，剩下的唯一选择就是将这两幅五十图书统统归为洛书。”

传统认为先天八卦配属河图，后天八卦配属洛书。冯先生认为：“先天八卦方位至少在宋以前是根本不存在的，它是宋人为迎合自己的学术杜撰出的一种奇怪东西……宋以前只存一种后天方位，宋人为区别河图、洛书，特意附会出先天方位，并用它配属河图，以显示其与配属后天方位的洛书的不同，这一切实际都是错误的。”

归纳冯先生以上论述，他的观点是：

① 朱熹所传河图、洛书，一开始就是一种误解，它们并不是两个东西，而是一个东西的两个不同布数过程；

② 真正的河图只有一种，即太极图，与五位九宫没有关系。所传河图、洛书“统统归为洛书”；

③ 宋以前根本不存在先天八卦，宋人为区别河图、洛书，才特意附会出先天方位，并以河图配属；

④ 在彝文中河图、洛书是有的，仍完整保存着，不过名称不叫河图与洛书。

这些看法，影响很大，附和者不少，是否准确，值得商榷。河图是上古时就存在，还是宋人伪造的呢？可以讨论。学界并非都是赞同他的观点。在田合禄先生看来，冯先生完全弄错了，他认为河图、洛书是上古时期两种不同的历法形式。

2. 田合禄先生认为河图是远古太阴历

田合禄，河南滑县人，安阳周易学院教授，长期从事《黄帝内经》研究，在医易学术领域多有创见，著有《中医外感三部六经说》《八卦与河图洛书破译》《中国古代历法解谜——周易真原》《周易与日月崇拜》等专著，以及《论太极图是原始天文图》《八卦图——远古中国的历法》《试译千古河图、洛书与八卦之关系》《千古科学之灯塔——日月五星运动天象图》《河出图、洛出书》等震撼学界的著名论文，为上古历法探索开了新路，解开了众多的千古之谜。其中有关河图、洛书的看法，与冯先生大为不同。

其一，他认为河图、洛书讲的月亮的运行规律，反映的是古代的月历，并非宋人伪造。

《周易·系辞》上有一句十分著名的话："天一，地二，天三，地四，天五，地六，天七，地八，天九，地十。天数五，地数五，五位相得而各有合。天数二十有五，地数三十，凡天地之数五十有五，此所以成变化而行鬼神也。大衍之数五十，其用四十有九。分而为二以象两，挂一以象三，揲之以四以象四时，归奇于扐以象闰；五岁再闰，故再扐而后挂。《乾》之策，二百一十有六，《坤》之策，百四十有四，凡三百六十，当期之日。二篇之策，万有一千五百二十，当万物之数也。是故四营而成易，十有八变而成卦。"

众多的解说者和我们许多普通人一样，认为这只是一种筮法，并不了解它的内涵，只简单地认为"大衍之数"五十指以竹签为算筹总共用 50 根，使用的是 49 根。先拿出 1 根作为太极放在一边，把 49 根一分为二，分别握在左右手里，以象征天地两仪，然后从右手中抽出 1 根挂在左手小指缝处，以象征天地人三极，再用右手数左手，4 根一数代表四时，数尽时不留，余下的加上小指缝的 1 根，合计为一时，即乾卦☰，二是兑卦☱，三是离卦☲，四是震卦☳，五是巽卦☴，六是坎卦☵，七是艮卦☶，八是坤卦☷。乾卦有 216 策，坤卦 144 策，总共 360 策。《周易》上下两篇 64 卦共 11520 策。代表了万物之数。

看了田合禄先生的《千古筮法、河图、洛书及八卦之解译》才明白，大衍之数的真正内涵在于：

首先，"大衍之数"讲的是月亮的运动规律。田先生说"大衍之数"是讲月亮的周年运行之数。众所周知，一个朔望月有晦朔月、上弦月、望月、下弦月 4 个特征点，一个回归年有 12.368 个朔望月（365.25 天 ÷29.53 天），约 49.47 个特征点，化为整数，约为 50，此 50 即"大衍之数"，用其实数为 49，除去不足一个朔望月天数的特征点为"49 挂 1"。十二朔望月为 354.36 天，与一个太阳回归年的 365.25 天相差 10.89 天，故有"五岁再闰"之法。平年为 49 特征点，闰年为 53 特征点，53 为太阴历的一个常数。"五岁再闰"即"逢 5 进 2"制，5 是一个常数，不变，按月体纳甲图中的 4 月相按月右旋逆时针方向排列为晦朔月 1，望月 2，上弦月 3，下弦月 4，5 置于相四象数图之中，于是就成为下图形：

望　月

2

上弦月　3　5　4　下弦月

1

晦朔月

此即河图之数的内层。10为5的成数，5加晦朔月1为6，加望月2为7，5加上弦月3变为8，5加下弦月4为9。这6、7、8、9，也是四次推算的历数24、28、32、36四个数以4特征相除，即24/4、28/4、32/4、36/4所得出的商数。将此列为上图外圈，即形成为：

望　月

7

2

上弦8.3　　　　4.9下弦月

5

10

1

6

晦朔月

这就是河图数的来历。也是上述筮法，四次推算的根本原因。

其次，田先生认为“洛书，即月历——太阴历。自然数按

1　2　3

4　5　6

7　8　9

顺序排列，纵横皆15，9+5+1=15，6+5+4=15，8+5+2=15，3+5+7=15，4个15共60，60年之历法也。”由十天干十数表示的朔望月运动，“素问”称为五行。洛书是按五行相克次序排列的，河图是按五行相生的次序排列的。在五行中，“土只用生数不用成数，实际上只用9个数，即洛书数。《素问》就是用洛书数表示突变的”。[①] 田先生在《试译千古河图、洛书与八卦之关系》一文中还说“《洛书》以生成数之阴阳分离而无化生，故以阴阳为主，讲阴阳平衡，以阴阳配春夏秋冬，阴阳在不断变化，所以古人预测阴阳突变均用《洛书》，而不用《河图》。如出土的汉代太乙九宫占盘及《灵枢经》所载的九宫八风图，均用《洛书》”[②] 这是有道理的。因为月行9道，1道有24变（24节气之变），9道有216变。太阳（日）运行一年有6气，每气有24变，6气有144变，月、日运行共为360变。32年即有11520变。

① 田合禄、田峰编著，《中国古代历法解谜——周易真原》附录8；田合禄编著，《千古筮法、河图、洛书及八卦之解译》，山西科技出版社，第547—552页。

② 田合禄、田峰编著，《周易与日月崇拜》，光明日报出版社，第323页。

其三，作者认为朔望月运动的四象——朔月、上弦月、望月、下弦月的变化，不是单纯的月相变化，而是日月地体系的阴阳变化。日地运动可以从月相变化中推算出来。其阴阳变化是借月亮运动来调节的。由于太阳运动造成一年春夏秋冬四象，古人将冬至夏至春分秋分四象与月亮的晦朔、望、上弦、下弦对应并分为阴阳，从而形成了下列模式：

冬至	春分	秋分	夏至
朔月	上弦月	下弦月	望月
太阴	少阳	少阴	太阳
阴仪		阳仪	

这一按日月右旋次序取象二分阴阳，对点月相四象的横排形式就是先天八卦的横排形。

从上述可见，田先生认为河图、洛书所反映的是日月运动的客观规律，由此形成太阴历，与太阴历太阳历结合，进而形成了八卦六十四卦。筮法的四次推算，并非迷信，而是历法推算是科学。这就揭开了河图、洛书与八卦的真正奥秘。

3. 张吉良先生认为朱熹所传洛书即河图，河图即洛书

张吉良，本名伯良，湖南湘乡人，肄业于清华大学，曾任江铃汽车集团公司高级工程师，江西周易研究会会长，著有《老子研究》《名家研究》《周易通读》《周易哲学和古代社会思想》等著作。在《周易哲学和古代社会思想》（齐鲁书社）一书的第一篇第二节中，有一小节专门谈《洛书》《河图》的形成、本义及其与《周易》的关系，现将该小节的有关论述摘要复述如下：

《洛书》是五行历数之学的十数代码图，后来演进为黑白圆圈数代码图。《河图》是五行天文历数之学在《洛书》基础上发展形成的九数代码结构，与《洛书》同时演进为黑白圆圈代码图。自殷商至先秦西汉即已形成。

朱震《汉上易传》说："《河图》，刘牧传于范谔昌，谔昌传于许坚，坚传于李溉，溉传于种放，放传于希夷陈抟。其图戴九履一，左三右七，二四为肩，六八为足，纵横十有五，总四十有五。"关于《洛书》，《汉上易传》说："《洛书》刘牧传之，一与五合而为六，二与五合而为七，三与五合而为八，四与五合而为九，五与五合而为十。一六为水，二七为火，三八为木，四九为金，五十为土，十即五五也。"

张吉良先生引述了王湜《易学》、郑樵《六经奥论》、朱元升《三易备遗》、李简《学易记》、张理《大易象数钩深图》、薛季宣《河图洛书辨》等重要论著，证明刘牧所传河图数四十有五，洛书数五十有五。说明十数为《洛书》，九数之

为《河图》，结论：刘牧为是，朱熹为非。

故而《河图》《洛书》的正确图形应为：张吉良《河图》《洛书》矫正图。

关于《洛书》《河图》的产生过程，张先生的分析是：

《洛书》为九畴，本于《洪范》，"天乃锡禹《洪范》九畴，彝伦攸叙"。九畴之首为五行。五行的生数与成数衍为《洛书》十数。

《河图》为八卦，本于战国时期的《黄帝内经·灵枢经》中的九宫八风。即九宫图春风三、立夏四、夏至九、立秋二、秋分七、立冬六、冬至一、立春八，中央招摇，未注数，推定为五。张吉良先生指出《吕氏春秋·十二纪》《礼记·月令》由五行妃合演为十干妃合。十干表现为五行生成之数。"由水火木金土而生一、二、三、四、五次第之数，是为生数，分别加各生数得六、七、八、九、十之数，是为成数。生数与成数配合，故一与七、三与八、四与九、五与十合也。""这就是殷商以降，见于《洛书》九畴，发展至春秋，有五行妃合之说，殆战国学五行生成数代码。"而集中表现为五行历数之学的十数代码结构，故谓之图焉。①

五行历数之学是古代历法的活化石。《尚书·夏书·甘誓》中有一段插入的内容："有扈氏威侮五行、怠弃三正，天用剿绝其命。"讲有扈氏侮五行，不实行传统历法，废弃正德、利用、厚生三大政事，所以我要奉上天之命，剿绝其命。由此看来，不实行五行历法是商代夏的一个主要借口。这种五行历法就是十月太阳历《夏小正》这种历法。商历是这种历法，《诗经》中"七月流火"行的也行这种历法。1949 年前，许多少数民族，如彝族、纳西族等仍行这种历法。这种历法，把一年分成五个季节，每季两个月，每个月 36 天。这五季分别是以土、金、水、木、火表示，每季的两个月中前一个月为公，后一个月（双月）为母，合计 72 天。一年 360 天，有两个过年日，过大年 3 天，过小年 2 天。夏至为大年，冬至为小年。逢闰年过年加 1 天。这种五行历法，后来发展为十干纪日，即甲一，乙二，丙三，丁四，戊五，己六，庚七，辛八，壬九，癸十。从此公母十月便为十干取代。《管子·五行》说的"作立五行，以正天时"指的就是这种每季两月 72 天的历法。这也说明洛书之数，"五行""五方"只不过是"四时之代码年"，属于古代的科学。

随着古代天文学的发展，人们逐渐认识到用 28 宿和北斗定时的作用，"便在《洛书》基础上创作了《河图》。因此，《河图》作为历数之学的历法数图，是从《洛书》发展而来的第二个历法数字代码结构，至北宋《河图》与《洛书》同时

① 张吉良编著，《周易哲学和古代社会思想》，齐鲁书社，第 33—34 页。

演进为黑白圆圈数代码图”。①

张先生认为东方为木，为青，属《洛书》，本此，东方七宿属苍龙；南方七宿谓之朱雀；西方为金，为白，属《洛书》，故谓之白虎；北方为水，为黑，属《洛书》，本此，北方七宿故谓之玄武；中央为土。二十八宿本在周天，无宿可配，乃从各方取出二宿兼配之。九宫也配五行。苍天为木季，青，为春，炎为火季，为朱，为夏，昊天为金季，为白，为秋，玄天为水季，为黑，为冬。中央钧天为四行主，为土。“九数本于十数。代码与属性基本相承。”“随着北斗星指示时令的关系被认识，钧天由北斗所取代，十数《洛书》演变为九数《河图》即宣告完成。”②

张先生所言极是。但《河图》《洛书》是否是在夏商之间基于五行才产生的历法，是大有疑问的。1989年第四期《文物》刊载安徽含山县凌家滩新石器时代墓地发掘报告，称M4号墓出土了玉片玉龟各一件。该文物经测定距今5000余年。出土时玉版夹在玉龟甲和腹甲的中间。天文学家陈久金、张敬国先生撰文《含山出土玉片图形试考》指出玉片四周的4、5、9、5之数与洛书的太一下行八卦之宫，每四乃还于中央相合。所以他们认为此玉片为5000年前的历法明证。这说明《河图》《洛书》的源头远远早于张先生所断定的时代。

4. 我的几点看法

第一，河图、洛书之名并非宋人伪造，很早就有。

《尚书·周书·顾命》有“大玉、夷玉、天球、河图、在东序”，郑注“河图八卦，伏羲王天下，龙马出河，遂则其文，以画八卦，谓之河图”。

《礼记·礼运》中有，“山出器车，河出马图”，孔颖达《正义》引《中候握河纪》云：“伏羲氏有天下，龙马负图出于河，遂法之画八卦。”

《汉书·五行志》刘歆曰：“伏羲氏继天而王，受河图，则而画之，八卦是也。”

谯周《古史考》：“伏羲氏灵龟负河图，八卦是也。”

《山海经》：“伏羲氏得河图，夏人因之，曰《连山》。”

《竹书纪年》，“龙图出河，龟书出洛，赤文篆字，以授轩辕”；《路史》，“黄帝有熊氏，河龙图发，洛龟书成，于是正乾坤，分坎离，倚象衍数，以成一代之宜”；《山海经》，“黄帝得河图，商人因之，曰《归藏》”；《中候握河纪》，“帝尧受河图之礼”。

上述种种记载，可能都源于《礼记·礼运》里的一段记载孔子参加鲁国蜡祭

① 张吉良编著，《周易哲学和古代社会思想》，齐鲁书社，第40页。
② 同上书，第42页。

后的感慨。文中说孔子叹喟：“昔者先王未有宫室，冬则居营窟；夏则居橧巢；未有火化，食草木之实，鸟兽之肉，饮其血，茹其毛；未有麻丝，衣其羽皮。后圣有作，然后修火之利。范金合土，以为台榭、宫室、牖户，以炮以燔，以亨（烹）以炙，以为醴酪。治其麻丝，以为布帛，以养生送死，以事鬼神上帝，皆从其朔。”从而得出结论：“大道之行也，天下为公”“礼者，君之大柄也”“政必本于天”。以天地为本，就会天降膏露，地出醴泉，山出器车，河出马图，凤凰麒麟就会现于郊区。显然，这是对太平盛世的神奇向往。并非现实图景。

第二，关于河图洛书的性质，有的说河图是山川传世图，有的说洛书是历法。由于上古天文科学历法科学的深奥难懂，所以人们视之为天书，造成了极端的神秘性。就《河图》《洛书》而言，我国现代的科学如上述天文学家考古学家尚且认识不统一，更何况上古的普通人呢？由于这种神秘性所裹藏着的上古帝王们权力斗争，所以才显现了“帝尧受河图之礼”“舜设坛于河，黄龙负图”“黄帝得河图，商人因之，曰《归藏》”“伏羲氏得河图，夏人因之，曰《连山》”“河龙图发，洛龟书成，于是正乾坤”等神秘传说。

第三，河图、洛书是古历法的代名词。古代帝王即位，为“正乾坤”授民时都要传授颁布历法改年号。河图、洛书的出现并非常人想象的一条神龙神马或神龟出现在人们面前。而是即位时“受河图之礼”，接受了祖传历法，故才有得“河图”之说。其时所传的洛书，可能是一种如凌家滩玉版洛书那样的神圣而贵重的神器，上面也可能契刻有类似文字（包括数字）的符号。传授这种神物，要举行隆重的仪式。

第四，河图、洛书并不是一个东西，反映出它们可能是远古时代不同历史时期的历法形态，与《连山易》《归藏易》《周易》有内在的联系和传承关系。

第五，河图、洛书是介于图形历法，画卦形历法之间的数字历法形式。

中国历法的研究起始很早，在1万年以前已出现了农业生产，随着生产规模的扩大，种植技术的需求，所以很早就使用了太阳历、火历（星历）、太阴历，甚至为历法的推行发生了战争，如尧镇压十日族之类。太阳历规定一年为360天，另加5.25天为过年日。太阴历比太阳历少10多天。星历定一年为12星次，即12个月。如何将不同的历法统一起来，使之更准确，更适实用，就是一个大问题。因此，将太阳历、太阴历、星历统一起来，合理解决置闰问题，就成了当务之急。太阳历是根据立杆测影和转盘刻度计算出来的年历，将太阳周视运动的一个回归年，即从冬至开始经立春春分、立夏夏至、立秋秋分、立冬又回到冬至的一个周期，其时间为360天，其余5.25天为过年日。对360天里的月份划分，上古时代并不完全相同。有的把一年分成8个月，叫8月太阳历；有的分成10个月，叫10

月太阳历；甚至有的改为18个月，如彝族历；有的分为12个月。周易反映的都是12月太阳历；太阴历，即根据月亮运行的规律，晦朔月、上弦月、望月、下弦月这一特征，计算出一年四季的天数，12个望月为354.54天，它比太阳运行一年的365.25天要相差10.89天，[①] 所以必须用置闰月的办法来使之与太阳历一致。这种历法，俗称阴历。即我们中国农历所称的阴历年。另一种历法是星历。星历据说始于燧人时代的北斗星历。以观斗柄的指向确定一年四季。斗柄指东为春天，指南为夏天、指西为秋、指北为冬天。在神农尧舜时代，东方人以观察二十八宿中的东方七宿中最亮的心宿，即心宿二，称为大火星，西方人观察参宿，南方人观察鹑火在初昏在南中天出现和黎明在南中天的出现为依据，并以此作指季节变化判断的依据，进行农业种植。这种历法，被称为火历。火历在《夏小正》和《诗经·七月》中均可见到。中国现行的农历就是这三种历法的综合。

解决这一矛盾的理想方式是画卦的八卦。所以才有依《河图》《洛书》画八卦，"圣人则之"的传说。

（七）天干地支纪年历法

历来史家多从《史记》之说，认为黄帝令大挠作甲子。夏曾佑《中国古代史》上第十四节"黄帝之政教"，列出黄帝的政绩有九条，其中第五条岁名，云"容成作历，大挠作甲子，二人皆黄帝之臣。盖自黄帝以来，始用甲子纪日，每六十日而甲子一周"。天干地支是两种不同的纪时历法。据说是黄帝时代创造的，至今仍在不同民族不同时限使用。用一种最简明的语言表述：天干即10月太阳历。十二地支，指一年12个月，每月天数不同，分大月小月，大月30天，小月29天。这一历法究竟从什么时候开始执行，不清楚，但有一点是明确的，即在夏商时候帝王人名就以天干地支命名了，甲骨文亦有记载。在商王朝中，成汤名天乙，儿子叫天丁、中丙、中壬，孙子叫大甲，《殷墟书契前编》七四四卜辞有"乙卯卜、昱丙雨""辛亥卜箙、昱壬雨"等等，说明在商时天干地支广泛使用。

十天干

十天干：甲、乙、丙、丁、戊、己、庚、辛、壬、癸。

配上五行为：

甲乙木

丙丁火

① 田合禄、田峰编著，《周易与日月崇拜》，光明日报出版社，第326页。

戊己土

庚辛金

壬癸水

配上四时方位：

甲乙东方木　　　其时春，万物复苏

丙丁南方火　　　其时夏，万物生长

戊己中央土　　　其时季夏，万物茂盛

庚辛西方金　　　其时秋，万物秋实

壬癸北方水　　　其时冬，万物终藏

故甲乙为春，丙丁为夏，戊己长夏，庚辛为秋，壬癸为冬。古人每两月为一季，上月为阳，为公，下一月为阴，为母。

将十干神化，甲乙则为青龙，丙丁则为朱雀，戊己则为勾陈与螣蛇，庚辛为白虎，壬癸为玄武。

十二地支

十二地支：子（鼠）丑（牛）寅（虎）卯（兔）辰（龙）巳（蛇）午（马）未（羊）申（猴）酉（鸡）戌（狗）亥（猪）。民间为方便记忆以十二属相配。

十二地支配阴阳五行为：

子（水）寅（木）辰（土）午（火）申（金）戌（土）——属阳

丑（土）卯（木）巳（火）未（土）酉（金）亥（水）——属阴

配上四时方位：

寅卯东方木　　　寅卯辰为春季

巳午南方火　　　巳午未为夏季

申酉西方金　　　申酉戌为秋季

亥子北方水　　　亥子丑为冬季

辰戌丑未四季土。

夏历十二支的月建顺序为正月建寅，二月建卯，三月建辰，四月建巳，五月建午，六月建未，七月建申，八月建酉，九月建戌，十月建亥，十一月建子，十二月建丑。我们现在实行的仍是这一建制。

十二时辰表述：

子时，三更时，北京时间	23 时——1 时	午时	11 时——13 时
丑时	1 时——3 时	未时	13 时——15 时
寅时	3 时——5 时	申时	15 时——17 时
卯时	5 时——7 时	酉时	17 时——19 时

辰时	7 时——9 时	戌时	19 时——21 时
巳时	9 时——11 时	亥时	21 时——23 时

从上述可见天干是历法，地支是历法，六十甲子纪年也是历法。它们并非是同一时代的同一种历法。

古人将天干的甲乙丙丁戊己庚辛壬癸与地支的子丑寅卯辰巳午未申酉戌亥组合用为六十甲子纪年历法。如：

甲子	丙子	戊子	庚子	壬子
乙丑	丁丑	己丑	辛丑	癸丑
丙寅	戊寅	庚寅	壬寅	甲寅
丁卯	己卯	辛卯	癸卯	乙卯
戊辰	庚辰	壬辰	甲辰	丙辰
己巳	辛巳	癸巳	己巳	丁巳
庚午	壬午	甲午	丙午	戊午
辛未	癸未	乙未	丁未	己未
壬申	甲申	丙申	戊申	庚申
癸酉	乙酉	丁酉	己酉	辛酉
甲戌	丙戌	戊戌	庚戌	壬戌
乙亥	丁亥	己亥	辛亥	癸亥

六十年一个甲子，满了以后又从头开始第二个甲子，依此类推。过往的帝王纪年，从帝王登基之日即要定正朔，确定年号。例如汉文帝刘恒登基是前元元年，这一年是壬戌，接下来是六十甲子的癸亥、甲子、乙丑、丙寅丁卯……后来改元为后元，这一年为后元元年，时值戊寅，接下来是己卯……汉武帝在位时多次改元，开始是建元，后来改为元光，元朔、元狩、元封、太初、天汉、太始、征和、后元，但甲子顺序未变，依次下推，前一个甲子从辛丑（公元前 140 年）至癸庚（公元前 118 年），后一个甲子从（公元前 117 年）至甲午（公元前 87 年），共 53 年。①

甲子不仅可纪年，还可以纪月。

这一纪年历法虽说起始很早，但用得最多的是封建时代，从 1949 年中华人民共和国成立后才采用公历。

与日历、星历相对的是月历，及月体纳甲历。

月体纳甲指用天干地支中的十天干讲述月相变化，与八卦的关系。月体纳甲

① 邵伟华著，《四柱预测学》，华夏出版社，第 50 页。

最早的文献记载可见于东汉顺帝刘保、桓帝刘志当政时代（公元126—167年）的魏伯阳所著《周易参同契》。他在书中说：“三日出为爽，震庚受西方；八日兑受丁，上弦平如绳；十五乾体就，盛满甲东方。蟾蜍与兔魄，日月炁双明。蟾蜍视卦节，兔者吐生光。七八道已讫，屈折低下降。十六转受统，巽辛见平明。艮直于丙南，下弦二十三。坤乙三十日，东北丧其朋。节尽相禅与，继体复生龙。壬癸配甲乙，乾坤括始终。七八数十五，九六亦相应。四者合三十，阳气索灭藏。”“坎戊月精，离巳日光，日月为易，刚柔相当。”

这段文字是用传说故事阐明纳甲。从中我们可以看到魏伯阳的几点主张：

一是，用十干方位来表示时间。甲乙居东方，丙丁居南方，庚辛居西方，壬癸居北方，戊己居中央；

二是，月相变化的时间为每个月初八：上弦平如绳，有兑卦之象，出现于南方丁位；

十五：望月，有阳象无阴的乾象，在东方的甲位；

十六：一阴初生，月落于西方辛位开始亏缺，有巽卦象；

二十三：下弦月，有艮卦象，平旦消失于南方丙位；

三十日，日月月时从东方升起，阴象极盛，有坤卦象，甲壬配乾卦，乙癸配坤卦。

田合禄先生揭示月体纳甲的秘密在于：

第一，甲与乙、丙与丁、戊与己、庚与辛、壬与癸所表示的是“月亮在对点位的月相”。其顺序为晦朔—上弦—满望—下弦—晦朔。按邻近月相将八卦象排出，即可得先天八卦图结构。

第二，从日月相对运行位置，判断日月对地球影响之大小。夹角小则合力大，夹角大则合力小。其表现最明显的是如潮汐，大潮汐都发生在晦朔月和望月。对人体有很大影响。

第三，月行九道。东方有甲乙二道，南方有丙丁二道，西方有庚辛二道，北方有壬癸二道，中道有戊巳一道。黑道凶日多。在壬癸之位，即望月和朔月。

第四，田合禄先生根据《周易》复卦剥卦小畜卦明夷卦的卦象分析，认为《周易》中已明确地载有月体纳甲内容，《序卦传》《周易》均有月体纳甲法的卦序。故他认为月体纳甲法不是汉人魏伯阳或虞翻的创造发明，而是在周以前就有。①

月体纳甲不是迷信，“它是易学的重要组成部分，历代易学家为什么均用月体纳甲法作预测是易学的基础，就是因为月体纳甲有着自然科学的天文知识，反映着日月的运行规律。”②

---

① 田合禄、田峰编著，《周易与日月崇拜》，光明日报出版社，第305—307页。

② 同上书，见316页“结语”。

二、上古画卦形历法

（一）八卦的原始本质

1. 从八卦的名称看八卦的原始本质

古有“八表同昏”之说，意思是八圭、八表、八方、八节、八风。八卦这几个名称指的都是同一事物，即卦都是古人用来测量太阳升起、落下去的影子的。

最早使用测量影子的工具叫土圭。观察者面南而立，左为东，右为西，日出为东，日入为西，日中为午。天安门前两边的华表，就是古代的土圭。

土圭长度高八尺，立杆称为股，映在地平线上的日影称为勾，斜射的日影称为弦。以尺度确定它们之间的比例为勾 3、股 4、弦 5，借此计算日影长度，即勾长。通过测量一年四季二十四节气晷影的长度变化，向人们预先季节的变化。例如：

冬　至　为 1 丈 3 尺 5 寸　白天最短

夏　至　为 1 尺 6 寸　白天最长

春　分　为 7 尺 5 寸 5 分　白天晚上一样长

秋　分　为 7 尺 5 寸 5 分　白天晚上一样长

古人以白天最短晚上最长的一天为冬至，见此即知冬天到了；白天最长，晚上最短的一天为夏至，见此即宣告从这一天起夏天到来了；春、秋两个白天晚上一样长，为春秋两季与冬夏的分界线。古人就是用这种方法划分四季，确定历法。

由于三皇五帝都重视立杆测影，并以此定季节，颁历法，指导农业生产，加上注意普及气象物象知识，所以顾炎武说“三代以上，人人皆知天文”。

2. 从八卦的形态看人的生存本原

八卦有 8 种符号。这八种符号当初如果不一一注明它代表是什么意义，叫什么名称，恐怕谁也不认识。后来人们给它们取了名称，并一次又一次赋予它们不同的意义。把这些意义与名称汇集到一起，那就是：

卦名	卦形	自然
乾	☰	天
坤	☷	地
震	☳	雷
巽	☴	风木
坎	☵	水雨
离	☲	火日
艮	☶	山
兑	☱	泽

从这个常见的简表中我们可以看到八卦代表的自然现象是天、地、雷、风（木）、水（雨）、火（日）、山、泽。它被安排的自然方位是四方四隅，反映的季节是春夏秋冬四季和四季的交换季节。也就是人的生存条件（原质）和生存空间与时间。

在8种生存元素中，水火风（气）土是世界各文明古国的上古哲学家们所普遍关注，论述最多的问题。因为这些东西离上古的生活最近，没有一天，没有那一个人能离开。

印度公元前6世纪至前4世纪，与中国春秋战国时期的情形相似，他们那里是十六国称雄，发生了列国战争和百家争鸣。其中有一派主张顺世，即佛教所称的顺世外道。创始人叫毗诃跋提，代表人物是阿耆多。这一派认为世界是由4种物质要素构成的，即地、水、风、火。人也是由这四种物质构成的。他们否认轮回，认为人一死，一切就完了。所以要珍惜生命，使生存成为享乐。雅利安人信仰多种族神，他们崇拜天神伐楼那、太阳神密多罗，暴风雨神楼陀罗，风神伐由，雨神巴健耶，火神阿耆尼。晚期形成了婆罗门教，成为贵族统治的工具。雅利安人于公元前1500年左右进入南亚次大陆，创造了印度文明。公元前1500—前900年是吠陀时代的早期，公元前900—前600年是吠陀时代的晚期。吠陀经出现于公元前12—前9世纪。即使从这时候他们对神的崇拜看，他们是崇拜太阳、风、雨、火的，比中国晚很多年。

中国八卦的产生，从伏羲起，至少在距今7000年以前，比古希腊古印度早许多。从有考古实物八角来看，至少也在距今5300年之前，中国古人就提出了与希腊、印度形同的观点：风（气）水、火、土是人生世界的原质，即人的生命原质与生存原质。不仅如此，中国人提出的生存本原“五行”比西方与印度多了一“金”，即太阳。

八卦与之不同的是除了空气（风）水、火、土（地），还有山、泽（包括江河湖海）、天（日月星辰）。没有山，就没有采集与狩猎，没有江河湖泽就无法以渔为生，没有阳光，万物就不能生长，所以中国古人认为维持人的生命与生存的最基本的元素是水、火、空气（风）土地、阳光与山林水泽。比古希腊印度人提出的原质要多。

不仅中国古人提出的人的生存要素比希腊、印度人多，时间比他们早，而且还用图案表示出来，使人一看就明白。

中国古先民还特别指出他们的实用性，即辨别方向，四方四隅，辨四季，春夏秋冬。也就是说八卦这一标志，表明它是一种古老的历法形态，是用来指示季节的。而这一点，又与中国1万年来至今仍在民间一直使用的北斗指向空时的传统相一致。

除此之外，人们还特别将八卦原理用于其他许多方面，用于人伦，形成父（母）子女关系，君臣等亦纳入这一关系，用于人的身体，形成独特的中医理论。

八卦本是一种符号，由于人们的认识不同，赋予它的意义不同，因而认识的差异是比较大的。

3. 从八卦卦义演变为六十四卦卦义的过程看八卦的原始本义

六十四卦由两组八卦交互变化复叠而成。如乾卦的卦形为☰，坤卦的卦形为☷，变成六十四卦后，乾卦的形态变成了䷀，坤卦变成䷁，上面的八卦叫上卦，下面的八卦叫下卦，又称上面的卦为外卦，下面的卦为内卦。据说邵子学于李之才，悟出了伏羲八卦之位与伏羲方圆图之意。它们相交互之后便形成为种种不同形态的六十四卦。其本义为乾南，坤北，离东，坎西，兑东南，震东北，巽西南，艮西北方位，乾1，兑2，离3，震4，巽5，坎6，艮7，坤8的先天伏羲卦顺序。按此顺序排列出的伏羲方图。

此图即朱熹所绘邵子伏羲次序图。除邵之外还有京房等人的八卦阴阳自重法。这样一来，六十四卦的内涵比八卦扩大了许多。可以说它涵盖了社会生活的一切方面。

在八卦里震代表了2月，巽代表了3、4月，离代表5月，坤代表6、7月，兑代表8月，乾代表9、10月，坎代表11月，艮代表12月、1月。

到西汉时期京房提倡卦气说，孟喜等人以六十四卦配四时十二月二十四节气七十二候，从而形成以下节令新说：

坎冬　初六冬至（十一月中）

　　　九二小寒（十二月节）

　　　六三大寒（十二月中）

六四立春（一月节）
九五雨水（一月中）
上六惊蛰（二月节）
震春　初九春分（二月中）
六二清明（三月节）
六三谷雨（三月中）
九四立夏（十月节）
六五小满（四月中）
上六芒种（五月节）
离夏　初九夏至（五月中）
六二小暑（二月节）
九三大暑（六月中）
九四立秋（七月节）
六五初暑（七月中）
上九白露（八月节）
兑秋　初九秋分（八月中）
九二寒露（九月节）
六三霜降（九月中）
冬九四立冬（十月节）
九五小雪（十月中）
上六大雪（十一月节）①

以上说明，从八卦到六十四卦均具有授时历法的特征。

（二）田合禄：《周易》是上古历法的记录

田合禄、田峰著有《周易与日月崇拜》《中国古代历法解谜——周易真原》等重要著作，提出了许多极有见解，极具开创性的观点，揭开了上古历法的诸多谜团，为上古史研究作出了不可磨灭的贡献。其中他们提出《周易》是上古历法的记录，尤其令人印象深刻。他们在《中国古代历法解谜——周易真原》中说："《周易》原于天文历法，以两卦主一年十二月，所以《周易》很重时。"② 又说："笔者研究证实，太极图，河图，洛书，八卦均起于日、月、星运行规律，《易

① 徐芹庭著，《易经源流》，中国书店，第245—246页。
② 田合禄、田峰编著，《中国古代历法解谜——周易真原》，山西科学技术出版社，第1—2页。

经》是一部真正的天书——天学之书。八卦原本是古人创造发明的原始历法工具，源于天文，故能推知过去和预测未来而用于占筮。正因为如此，古代统治阶级和一些江湖术士，为了统治人民和招摇撞骗，给八卦披上了一层神秘主义的外衣，搞得玄乎其玄，掩盖了其本来面目。”① 他们经过长期潜心研究，剖析了《周易》六十四卦卦辞爻辞的本义，抹去了那些巫婆神汉们在《周易》八卦上的尘埃，使八卦《周易》重新显露了历史的光辉，这是我们不能不首先感激的。

1.《周易》本来的历法的形态

《周易》有六十四卦，尽都“两两相对，一阳一阴，共主一年”，阴阳两卦的十二爻配地支十二辰，“各主一月，六十四卦计主三十二年”，一万一千五百二十策为其日数。策、筮、算畴，原本就不是巫术的工具，而是用来记日的工具。一年360天，三十二年，11520天，即《周易·系辞》所说的，“乾之策，二百一十有六；坤之策，百四十有四；凡三百有六十，当期之日。二篇之策，万有一千五百二十”。在《周易乾凿度》里有“阳析九，阴析六，阴阳之析，各百九十二，以四时乘之，八而周之，三十二而大周，三百八十四爻，万一千五百二十析也”。析，即爻。在《乾凿度》里卦是岁的标记，爻是月的标记，析是日的谐音与标记。所以六十四卦不是什么神秘的东西，而是三十二年的历法标记。卦辞与爻辞是解释三十二对阴阳卦（六十四卦）即彝历俗称的公母年的解释语词。系辞等十翼又是挂辞爻辞的分析、研究与解说之词，既不是专门的哲学论述，也不是巫术的艺语。

正是基于这一认识，所以田合禄、田峰先生一再以专著的形式进行了大量详细具体地分析论证，并以专论的形式对一些重大问题反复申述，从而得出《周易》是古历书的结论，这是很自然的。

2.《周易》历法是上古两种八卦历法的继承

在上古历法中，与《周易》有直接传承关系的主要是八卦、连山易、归藏易。八卦是连山易、收藏易、周易的核心与灵魂。

《中国古代历法解谜——周易真原》一书中说：“八卦图——远古中国历法，被列为独立一节，作者十分鲜明地提出伏羲六十四卦圆图就是中国古老的十月太阳历，后天八卦方位图是中国古老的星象农历——火历。”② 其理由如下：

① 田合禄、田峰编著，《中国古代历法解谜——周易真原》，山西科学技术出版社，第1—2页。
② 同上书，第3页。

首先，先生认为八卦是上古历法。“伏羲六十四卦圆图是十月太阳历”，“后天八卦方位图是火历”。

十月太阳历，原于远古人的立杆测影，测影的方法通行用八尺表杆在夏至日为一年测影之始；也通行用圆盘测日影。圆盘周长 360 度，太阳日行 1 度，圆盘的转一度，一年转 360 度，即一个回归年。一个回归年的长度为 365.25 度。“当太阳由北回归线往南运动，圆盘转到 180 度时，太阳还没有运行到南回归线上”，长度还差 2.625 天，所以古人就把这等待的“2 天（2.625 天去小数，只取整数）作为冬至的过年日，叫做小年”。同样的道理，当太阳由南回归线往北运动时，圆盘转到 180 度时，也需要等待夏至尚缺 3.25 天，所以古人以 3 天作为夏至年的过年日。这样，一年的实际天数就是 360 天加过小年的 2 天和过大年的 3 天，共 365 天。余数实行四年一闰，所以作者说：“十月太阳历取一年 360 天和以夏至、冬至为大小年过年日的规定，是来源于古人用圆盘测日影的科学实践的。”①

关于“后天八卦方位图是火历”的来源，与上述不同，作者认为是源于星象的观察，主要是以大火星出现在不同方位的天象为依据来判断季节，即“以火纪时”。

大火昏见于南中天是夏至的天象；

大火晨见于南中天是冬至的天象；

大火星昏见于东方地平线上为春分的天象；

大火星昏见于西方地平线上为秋分的天象；

作者告诉我们：“火历一年为 360 天，分为春夏秋冬四季。每季 2 个月，每月 45 天，全年有 8 个月。”此即火历八月历。这个历法的月序是：

以大火昏见于东方地平线时为火历正月，时在春分；

大火昏见东方半空为火历二月，时在立夏；

大火昏见于南中天为火历三月，时在夏至；

大火昏见于西方半空时为火历四月，时在立秋；

大火昏伏于西方地平线为火历五月，时在秋分；

大火晨见东方半空为火历六月，时在立冬；

大火晨见于南中天为火历七月，时在冬至；

大火晨见于西方半空为火历八月，时在立春。

另有 5—6 天为过年日。火历年行祭大节，火神会，这种习俗为彝族历法所保留。在《尧典》中的四仲中星的记载也是史证。

---

① 田合禄、田峰编著，《周易真原》，山西科学技术出版社，第 7—8 页。

其次，作者称上古最初八卦表现的是一年六个季节。以龙为征，即乾卦六龙季。周易卦中的乾卦六龙表示是六季。

潜龙勿用，为每年的十一月、十二月。

见龙在田，为每年的一月、二月。

终日乾乾，为每年的三月、四月。

或跃在渊，为每年的五月、六月。

飞龙在天，为每年的七月、八月。

亢龙有悔，为每年的九月、十月。

这六季后来与二十四十气相配，每一龙季有四个节气。这一说法在系辞中也有明确的记述，并与《黄帝内经·素问》中的六气（六季）相合。

这种十二月太阳历，始于殷代，是神农时代八月历的变革，其最显著特点是以冬至为岁首，到另一年冬至为一岁；以雨水为年首，到另一年雨水为一年；岁为 365.25 天，年“用太阳周视年为 360 天”，岁 365.25 天为“大历”，年 360 天为“小历”。这就是它有岁和年两套不同的历法系统。岁的首月称正岁，年的首月，称为正月。岁历供皇家用，年历是供老百姓进行农业生产使用的。这一切现在一般人是不知道的，只知有“老皇历”“卦历”“年历”等名词。

据此，作者：“认为《周易》一书，是一部以六十四卦形式完整保存下来的一部十二月三统（注：天气，地点，人气一统）卦历，又称十二月太阳历。”①

3.《周易》是上古历法的综合与发展

几年前长沙马王堆 3 号汉墓出土了《帛书周易》，这应是《周易》最早的版本。它“继承了《乾坤易》同体卦皆在上的特点”，其“下体八卦次序乾坤、艮兑、坎离、震巽与《乾坤易》的卦序乾坤、艮兑、离坎、震巽，除坎离两卦位置倒置外，基本是一致的”。②

这就说明：

现行版本的周易源于《帛书周易》，而《帛书周易》源于三坟《乾坤易》。《乾坤易》的卦序以乾坤为首。

《乾坤易》来自《归藏易》是《归藏易》的发展。《气坟·归藏易》的卦名为天气归、地气藏、木生气、风气动、火气长、水气育、山气止、金气杀。其经卦为归、藏、生、动、长、育、止、杀。六十四卦是据此演绎排列的。《归藏易》八

① 田合禄、田峰编著,《中国古代历法解谜——周易真原》，山西科学技术出版社，第 32—42 页。

② 同上书，第 486 页。

卦所反映的是农作物生长的过程和规律，即农作物生长周期的规律。它的特点是以八卦主八气，以八卦代表气候，形成归、藏、生、动、长、育、止、杀八象，以归藏象征冬，生动象征春，长、育象征夏，止、杀象征秋，以冬季为年首。《乾坤易》的“乾形天”“坤形地”不仅源于《归藏易》的“天气归”“地气藏”。而且，在内涵上乾天坤地象征冬，震木巽风象征春，离火坎水象征夏，艮山兑金象征秋，亦源于《归藏易》。这说明周易—帛书周易—乾坤易—归藏易是一脉相承的。

周易吸收了古易诸多优点，注入了新的历法内涵。我们都知道在一个时代，同一王国里，不可能同时推行多种历法。周王朝推行周易，自然亦不能同时推行周易以外多种历法。所谓掌“三易”云云，只能说只有太卜、筮人懂得，了解，掌握“三易”的内容或祭祀仪式，而不是推行多种历法，他们只能推行一种历法——《周易》。正因为如此，周易才得以发扬光大，其他易逐渐消失也就是必然的了。

（三）近人对《周易》的三种不同认识

《周易》产生后，经儒家学派长期地研究、注解、论述、分析和传授、宣传，在我国不仅形成了孔孟之易、老庄之易、汉易、三国象数易、唐宋图书象数易、宋明理学易、明清集解易等重要流派，历朝历代重臣没有不学易不著易的，甚至连帝王也研究易，把易学列为科举考试科目。如梁武帝就著有《释法通乾坤义》等著作，能以《易经》注佛经。其后梁元帝著有《周易讲疏》十卷，《连山》三十卷，《筮经》十二卷。据说他能述“易《连山》”“引《归藏》”，宋代“北宋南宋君王，自太祖高宗以下，皆甚重易学”，宋真宗著有《周易诗三章》，宋高宗国都要亡了还不忘“易”。

不仅孔门儒家学派提倡《易》，道学家学派同样提倡道家“易”，从老子、庄子而下，黄老之学盛行，争传道德经，汉初帝王都相信“无为而治”，唐初帝认李耳为祖宗，封他为太上老君。历朝以来道家各派争相各言其志，各申其说，著家蜂起，如淮南王刘安、魏伯阳、陶弘景、葛洪等一干人就非同一般，影响十分深远；除儒道两家之外，中国历朝历代的哲学家也十分关注竭力宣传中国的传统易学，道教信徒更是拿《周易》作饭碗，使《易》学通俗化，大众化，将八卦变成了算命测字的武器，在使易学变成众所周知的大众文化的同时，也给一些人造成错觉，以为卜筮便是《八卦》《周易》的唯一用途，从而掩盖了八卦、《周易》内涵最本质的方面。

由于易学不断发展，其内涵也日益扩大，不仅有初始时八卦的内涵如生命元素、生存元素、宇宙构成元素、阴阳五行、授时历法、占筮等内容，又从中分离出中医学的古根，阴阳五行理论、数学、天文学、建筑学，从炼丹走向冶炼技术，现代又从八卦中分离出现代科学模型等，从各自不同的角度去认识八卦。总之，一个人就可能有一种看法，但在众多看法之中影响最大的是以下3种：

第一种，认为《易经》是一本巫术书。持这一观点最有代表性的人物如顾颉刚。他在1929年前后连写两篇有关易经的长篇论文，一篇叫《周易卦爻辞中的故事》，一篇叫《论易系辞传中的观象制器的故事》。他对《周易》的看法是："《易》本只是一部卜筮之书，经他们用了道家的哲理，圣王的制作和道德的故事一一点上去，它就成了一部最古的最玄妙的，和道德关系最密切的书了。于是它从《六经》之末，跳到了《六经》之顶。"（见《周易卦爻辞中的故事》一文）"但《易》的境域里仅仅有个伏羲还嫌不热闹，而伏羲不是儒家所十分崇拜的，应当再提几个有名的圣王进去才是。恰好那时传说中的古史系统是把伏羲放在神农、黄帝、尧、舜的上面的，于是便把神农、黄帝、尧、舜一齐请进，叫他们跟了伏羲的脚步走，而后圣圣传心，《易》的地位便尊严了。"（见《论易系辞传中的观象制器的故事》）

顾先生的基本观点是：《周易》是卜筮之书，没有任何玄妙之处；系辞等十翼不是孔子与弟子作的，是假的，是到汉时才有的；根据观象制器是不可能的；伏羲，神农，黄帝，尧，舜只是战国末期突然冒出来的传说，根本靠不住，易经靠了它才有了"尊严"。

他的意图十分清楚，就是将十翼与《周易》分离开来，使《周易》只剩下赤裸裸的巫术面目，从而拔掉这一部中华文化之根，否定中华文化的总汇与传承。事实已经证明他错了。《易经》是中国上古社会科学和自然科学的高度概括与总汇，现代各学科包括天文、地理、物理、化学、文学艺术、音乐、美术、政治、经济、管理都可以从中找到依据，算命测字风水先生自然也可以从中找到依据，社会学家庭伦理学同样也可以从中找到自己的依据，这没有什么奇怪的。以《周易》为依据进行卜筮，并不能改变《周易》的根本性质。卜筮开始时是算数，并非巫术，巫术是后来才有的。①

历代的疑古者包括欧阳修，实际上还是一种学术讨论。顾先生的疑古却与他们不同，他的意图并不是讨论十翼作者，而是否定《周易》和上古历史。

当然这是顾先生年轻时加入"五四"运动"打倒孔家店"时的非孔"杰

① 顾颉刚编著，《周易全书》，团结出版社，第3卷。

作”，并不代表他以后的为人与学术。李霜青先生在《东西文化本相通》一文中指出：“英语民族自工业革命以来，不断扩张领土，面对许多古文明国家，自惭形秽，加以污蔑斩伐。亡人之国者，必先亡其史。英语民族的帝国主义者，处心积虑去毁灭他人的历史，有些去英语国家留学的知识分子也不知觉的接受此一观念，由此而甘心数典亡祖，自侮其历史文化，而引为得意，如顾颉刚辈，要打倒孔家店，废除中国文化，说大禹是一条大爬虫，就是自侮文化，自毁历史的最好说明。疑古斩史的颉刚辈，见到西方科学发达，便自卑地骂自己的民族是不长进的民族。”① 如果顾先生真的像李先生所深刻揭示的，又不知悔改，就难以让人谅解了。顾先生一生在史实考证方面是有许多贡献的。他年轻气盛所犯的这一错误的一个重要原因，在于他对八卦的原始本质是上古历法这一点认识不清，对筮数的内涵缺乏认识。

第二种，认为《易》经是一部哲学著作。八卦本来是一部综合上古历法而形成的上古历法巨著，由于哲人们从哲学的角度对不同符号及其整体进行解释，发现并丰富了它的哲学内涵。从历史发展过程观察，《易》注中影响最大的，大都是哲学家。前汉时除孔子外，阴阳家五行家以自然哲学为武器对经典进行解释；两汉时继承这一传统，机械地解释经典，三国时青年王弼反对这一学风，站出来作《周易注》《老子注》，他只重全文的整体感，不拘泥于一事一物的文字表述，割舍繁琐的象数，以十翼解读经文，加上通俗易懂，使之成为人人爱读的书。打倒了《汉易》，成为划时代事件。因而他的《易》被称为“义理易”，以有别于两汉的“象数易”。唐代时被收入《五经正义》成为国家法定教科书。宋代易学大体上采用了王弼的注易方法。其中影响最大的是程颐《伊川易传》与朱熹的《周易本义》十二卷。程氏将占卜完全舍弃，有强烈而真挚的道义感，所以胡渭说他“排除自古以来混入《易》中的老子异端之说，解明易道，如日月在天”。朱子《本义》文字简洁，经、传分开，义理简略，他认为经文即问卜的占断。清王夫之著《周易内传》《周易外传》《周易大象解》，他认为汉象数与程义理不可偏废，不拘于泥占卜，不限定于思维，象数义理一致，占卜思维一理。

这就是古代哲学家各自从义理的角度注释《周易》，产生了十分深远的影响。那么他们所推崇的解易“十翼”，为什么使他们那么有兴趣呢？不是别的，而是“十翼”，尤其是《周易·系辞》以哲学的眼光解释“易”，提供了许多哲学的根本原理，使《易经》不仅具有高度的哲学内涵，而且在中国哲学史上也占据了重要一席。

---

① 徐芹庭著，《易经源流》上，中国书店，第85—86页。

例如：《周易·系辞》说“一阳一阴之谓道”意为宇宙一切现象的变化，都是阴阳变化造成的。天地，明暗，刚柔，男女，均是有阴有阳，相互交合，才构成了一个矛盾的统一体，这就是天（自然）的法则。

“生生之谓易。”世间一切事物都是运动变化的。生生不息，从不停止。天体地球也是不停地运转的。《易经》以天地为准则，天地生生不息，《易》经变化无穷。天的造化即为乾，地的效法即为坤。

“是故，易有太极，是生两仪，两仪生四象，四象生八卦。”太极指天地未分，阴阳混沌，宇宙万物处于创始的时期。太极分离后，产生了阴阳，形成了天地乾坤，即两仪，由两仪分离为四象即老阳老阴少阳少阴，由四象产生天地水火风雷山泽这八样东西，这就是八卦。

在这里，我们可以看到系辞概括了哲学的一些最根本的问题，即：一是宇宙的形成问题。古希腊古印度哲学家于公元前已百年提出世界构成的四种原质：水、火、风、地，中国在公元前四五千年伏羲时代就提出了八卦说：即天、地、风（气）、雷、水、火、山、泽，八种原质构成，并以八种形态加以图示。

二是提出八卦的起源是由太极（天地、阴阳）——四象（春夏秋冬的太阳变化）——八卦原质。所以才有“八卦定吉凶，吉凶生大业”的道理。

三是指明一切事物都是由阴阳构成的，阴阳即矛盾，一切事物存在矛盾，这是普通的法则，是真理。

四是指明一切事物都是运动的变化的。这种变化的法则“生生不息”是绝对的，永不停息。《易》正是在这一点上被称为变化之学。

五是八卦之中，天、地是主要的，人们要正确认识天地运动变化所呈现的现象与法则，以为人类造福。人类只有适应天地的变化，才能生存，成就事业。这就是所谓“天人合一”“天地人合一”。用现代的语言说就是人必须要认识自然，适应自然，才能生存与发展。

当今的哲学家们将上述观点概括为唯物主义宇宙构成论，矛盾的对立统一论，天人合一论，辩证方法论，中和论，生态论等等哲学范畴。不仅如此，他们还从思维科学发展的角度，将各种现象概括为象的思维，包括因象明理、卦象推导、立象尽意；整体思维，包括阴阳统一、天人合一、中和；逻辑思维，通过对立统一，抽象与具象，类比与推理，分析与综合，据象归类，因果联系等手段，以发现对象世界的总体特征与规律；此外，还有感性思维，包括提出以人为本、天地人三才，至善至美的道德理想，甚至人的直觉体验之类，如“精义入神”“尽心知性知天”“立人之道曰仁与义”，强调人的道德修养。这一思想进一步发展就成了“敬德保民”“崇德敬礼”“形神合一”等传统文化观念。

上述哲理使人豁然开朗，如日月经天，一下看清了《周易》的本质，从而也明白了《周易》经数千年而不衰的生命力之所在。

第三种，认为《易经》是科学著作。持这一观点的大多为国内外的知名科学家与学者。

胡道静、戚文先生编著的《周易》(上海人民出版社，2009 年)，第七讲收录何国秦先生的《周易》与近代科技一文，现将其中要点摘录于下：

“《周易》能将其八卦排成或然率（概率）½ 的指数公式展开式，《周易》数排列组合的（A+B）二项定理公式的指数 n 是正数的。”

《周易》提出“生生之谓易”，万物周而复始地简易变易着，当代科学重视软科学要求掌握其涨落变化的规律和有序性，将世界看成有生命的动态世界。

《周易》“一阴一阳之谓道”，近代科学有阴极阳极观念，近代化学有阴离子阳离子，生物学有雌有雄，美国生物学家乔其的生命“分裂增殖的分化状态”，生物学家哥德宝来证明的环腺苷酸与环岛苷酸的拮抗作用和《周易》指导下中医的阴阳学说相对应。杨振宁获诺贝尔奖后说：“我怀疑德国物理学家拿波特的奇偶性意见，这和我国 20 世纪 40 年代在云南省昆明市西南联合大学做大学生时念《易经》的心得有关，《易经》中既有阴阳相对的道理，也有阴阳消涨或阳盛阴衰，阴盛阳衰，剥极必复，否极泰来的道理。”诺贝尔奖得主李政道先生在国内讲学时也说：“《周易・系辞》曰：‘子曰：圣人立象以尽意’这就指明白事物之理，并不是数字所能分能穷的。”他认为我们从原子、核子、基本粒子、天体物理等各方面的实验和理论研究结果，知道绝对机械的看法是不对的。

德国数学家莱布尼茨（G. W. Leibniz）1679 年 3 月 15 日发表了一篇文章《关于只用两个记号 0 和 1 的二进制算术的阐解》，文中说：“这种演算的惊奇之处，是这种 0 和 1 进行的算术包括着一个叫做伏羲的古时的国王和哲人所作的线段的奥秘。据传伏羲活在 4000 多年前，而且中国人把他看做是他们的帝国和科学的创始者。人们把几个线段组成的图形归功于他。这些图形都可以归结为这种算术，但在此提出所谓的被认为是基本的八卦，并附以解释就够了。一旦我们注意到，首先一条整线段‘**—**’指单位或 1，其次，一条断裂的线段‘**--**’指 0 或零，那么这个解释就明显了。”

“伏羲”八卦乘方的数理，对开方也作出了类似贡献。张吉良先生在《中国古代算筹二进制数表和周易》一文中也明确地阐述了这一观点。现摘要如下：

“《周易》是我国古代的一部科学著作 ①。它保存了一项具有现代科学价值的数

① 张吉良编著，《周易哲学和古代社会思想》，齐鲁书社，附录一和第 395 页。

学发明，是附会于这一数学的筹符建立它的思想体系。八卦、六十四卦就是这一数学的数表，是人类数学史上二进制的发明，这是现代电子计算机语言的基础。这是我国古代算筹记数法的形式之一。其产生大约在十进制之后和 0 这个数字发明之前。这是《周易》产生以前已有的文化。”

莱布尼茨的二进制与中国伏羲二进制级数。莱布尼茨（G.W.Leibniz），德国数学家、哲学家，与法国传教士 Bouvet 鲍威特友善。鲍威特 1687 年到中国，1730 年死于中国。1698 年鲍威特第一个把阴爻（⚋）代表 0，阳爻（⚊）代表 1，将六十四卦排成相应数字……又寄给莱布尼茨伏羲图……这个发现，引起了莱布尼茨极大的兴趣。莱布尼茨于 1679 年即发明了二进制算术。1701 年 4 月他作为报答将鲍威特提出的卦爻数字排列问题，按他的新方法列出 0—32 的数表，送给鲍威特。鲍威特于同年 11 月 4 日又寄莱布尼茨《伏羲六十四卦次序图》和《伏羲六十四卦方位图》。接着莱布尼茨乃发表了《论中国伏羲二进制级数》一文。后来莱布尼茨在德国法兰克福特城创立了中国学院。莱布尼茨说，“易图是流传于宇宙间科学之最古的纪念物”，并称赞“伏羲是中国古代的君中王，世界知名的哲学家，并且是中华帝国和东洋科学的创造者”。

二进制筹符①。数（卦）的变易存在于基本筹符统一体中。二进制一位数的两个仪数是 0（⚋）和 1（⚊）。而二进制一位数又 1 生二位数，即是四个象数，即 00（⚏），11（⚌），01（⚎），10（⚍），进而产生二进制三位数的八个卦数，即：

000　（☷）　地

001　（☳）　山

010　（☵）　水

011　（☱）　风

100　（☶）　雷

101　（☲）　火

110　（☴）　泽

111　（☰）　天

光电子的散射、原子弹的威力半径、原子弹尘的扩散规律、化学元素的计算、现代管理学，等等都要用二进制。

诺贝尔奖获得者普里高津认为，系统科学的基本思想与中国古代科学的基本思想是一脉相通的……中国传统的学术思想是着重于研究整体性和自发性，研究协调和协和。现代新科学的发展，近 10 年物理和数学的研究，如托姆（Tome）

---

① 何国森著，《近代科技中的易理之光》，第 146 页。

的实变理论、重整化群、分支点理论，都更符合中国的哲学思想。

美国人F·卡普拉1975年将《周易》与现代物理学的基本概念进行比较研究出版了《物理学之道》一书，认为东方神秘主义的传统思想与现代物理学基本概念有惊人的相似性。

八卦二进制符号除可以进行电脑计算外，还代表宇宙自然现象和事物的变化规律，非简单的加减乘除等简单运算；适于用二进制运算规律进行开发、研究与应用。

雷元星先生2006年6月出版了一本书叫《文明的起点》(东方出版中心)。他在书中提《周易》是大中华文明的起点。认为《周易》是中国古代的基础化学，认为六十四卦就是指地球上六十四类原子，即现在所说的六十四类化学元素。"137年前俄国门捷列夫的周期律图表原子总共63种。"伏羲所分出的64种元素就是现在的化学元素，只是符号与命名不同罢了。现在的氢用H代表，古代的氢用6阳爻䷀代表，而且取名为乾。就其所指而言，都是同一物质，即一个电子围绕一个质子旋转而组成一种原子。作者将古今元素列表进行对照，并进行多方论证。我国化学家莫为嘉等先生为他的大作写了序言竭力称赞并进行了概括，指出雷先生的主要贡献于指明西方化学和易学研究的对象与范围都是物质的化学变化，领域一样；现代是以数学方法表述原子分子，数学是有图形，易经用图形表述原子分子，图形里有数字；化学以碳原子量12为基准，易以乾(氢)为基准；等等，真是令人震聋发聩，耳目一新。

此外，我们可以看到建筑学上的"相形取胜""天时地利""藏风聚气""法地则天""天人合一""辨正方位""阴阳方位""天圆地方""中轴对称"等观念、理想与造型，医学上的"五运六气""阴阳理论""五行生克"等都是对《周易》理论的具体适用。

据何国森先生描述说：《易》有太极，实际上就是曲线二等分一个圆的简单几何图，还可以四等分八等分。图形运动"便产生了来复性的无穷太极曲线"示电子波向四面散射。太极电子波的原理和罗兹利振相速度的计算"二四"之数相等合。"美国农神5号火箭射月方向就是循着正S形前进的。"

三、附录

（一）《夏小正》解读

1. 小引

《夏小正》是夏朝的农业历法，这种历法现今我国广大农村仍在实行。它是农业耕种的节令指导。

《夏小正》原载于西汉元帝时经学家戴德所编撰的《大戴礼记》，经清儒王聘珍注释收录《大戴礼记解诂》一书，又经孔广森作《大戴礼记补传》，黄模《夏小正分笺》《夏小正异笺》，何新《夏小正经传注释》等多次校注。各有差异。1975年，夏纬瑛先生费尽心力，将古本《夏小正》经文与历来的注释（传）剥离，并一一考证，说明取舍原因，在此基础上清理出了一部简明，质朴，古老的《夏小正》原著经文。

本文选择了夏先生的《夏小正经文校释》(农业出版社，1975年)。为阅读方便本人参考夏纬瑛的考证成果，作了通俗解读，以明大意。本文分为三部分，一是夏纬瑛《夏小正》经文校释，二是《夏小正》经文大意；三是解读，以供读者参阅。

2. 夏纬瑛《夏小正》经文校释

校正的经文

《夏小正》是一部有关我国历史的古老文献，它的经文存在于《夏小正传》中。但是,《夏小正传》中所列举的经文，有错字，错简和更为古老的注文，因此混淆不清，不容易得到正确的解释。今为经文作了校释，改正了错字、错简，并剔除了古老的注文；这样，就使《夏小正》的经文比较容易解释而接近于原形了。我们的写法是把经文每月的事项写在一起，而以月份领衔，分成十二个月。

正月

启蛰；雁北乡；雉震呴；鱼陟负冰；农纬厥耒；囿有见韭；时有俊风；寒日

涤冻涂；田鼠出；农率均田；獭祭鱼；鹰则为鸠；农及雪泽；初服于公田；采芸；鞠则见；初昏参，田中，斗柄悬在下；柳稊；梅、杏、杝桃则华；缇缟；鸡桴粥。

二月

往耰黍，禅；初俊羔，助厥母粥；绥多女士；丁亥，万用入学；祭鲔；荣堇，采蘩；由胡昆小虫，抵蚳；来降燕，乃睇；剥鱓；鸣仓庚；荣芸；时有见稊，始收。

三月

参则伏；摄桑委杨；螜则鸣；颁冰；采识；妾子始蚕；执养宫事；祈麦实；越有小旱；田鼠化为鴽；拂桐葩；鸣鸠。

四月

昴则见；初昏，南门正；鸣札；囿有见杏；鸣蜮；王萯秀；取荼；秀幽；越有大旱；执陟攻驹。

五月

参则见；浮游有殷；鴂则鸣；时有养日；乃瓜；良蜩鸣；启灌蓝蓼；鸠为鹰；唐蜩鸣；初昏大火中；种黍；菽糜；煮梅；蓄兰；颁马。

六月

初昏，斗柄正在上；煮桃；鹰始挚。

七月

秀雚苇；狸子肇肆；湟潦生苹；爽死；荓秀；汉案户；寒蝉鸣；初昏，织女正东乡；时有霖雨；灌荼；斗柄悬在下则旦。

八月

剥瓜；玄校；剥枣；栗零；群鸟翔；辰则伏；鹿人从；鴽为鼠；参中则旦。

九月

内火；递鸿雁；主夫出火；陟玄鸟蛰；熊、罴、貊、貉、鷈、鼬则穴；若蛰；荣鞠；树麦；王始裘；辰系于日；雀入于海为蛤。

十月

豺祭兽；初昏，南门见；黑鸟浴；时有养夜；玄雉入于淮，为蜃；织女正北乡；则旦。

十有一月

王狩；陈筋革；啬人不从。

十有二月

鸣弋；玄驹贲；纳卵蒜；虞人入梁；陨麋角。[①]

注：《夏小正》为夏政遗书。《史记》说："孔子正夏时，学者多传夏小正。"人们深信孔子周游杞时获夏正，经校正才保留了下来。《夏小正》实为上古历法农书。

3.《夏小正》经文大意

一月。启蛰，万物苏醒，冬天躲起来过冬的虫类出来活动了；大雁北来，野鸡呴（gòu）叫；躲在深水里的鱼儿，浮游到冰下，等待冰消融；农民们把挂在房檙或墙上的耒耜（犁）取下来，把拴犁耙的绳子解开来，装配修理，准备春耕；菜园子的韭菜也长起来了；时而暖风习习；被封冻的小路，路面也开始融化了；田鼠也开始活动了；负责指导农业生产的官员指挥农民在自己分得的田地里劳动；水獭也醒来了，开始下水捉鱼，它把捉来的鱼衔到岸边陈列起来，犹如以鱼祭祀一般；雄鹰飞去，鸠鸟飞来；油菜也长起来了；菊花仍可看见；黄昏时分仰望南中天，可见明亮的白虎参星；可以看到北斗星的斗柄向下方，东北方指着；杨柳树发青长出了嫩芽；梅、杏、野桃开始开花了；缇缟这类花草也早早地开花结实；家里养的老母鸡也开始下蛋孵小鸡了。

二月。开始耕种供祭祀用的黍地；善为饲养小羊羔，使其肥美，以供祭祀之

① 夏纬瑛编著，《夏小正经文校释》，农业出版社，1975年，第70—72页。

用；让青年男女相娶，自由匹配；丁亥这一天，要在简选的基础上举行盛大的仪式——万舞，然后入学，进行升学考试；捕鲔鱼作祭品；堇菜开了花；采摘白蒿，准备养蚕用；昆虫蠢动，会集蚁卵；燕子双双来家筑窝育子；剥鼍皮以为鼓；黄鹂发出了动听的叫声；油菜长起来，可以吃菜苔了；在野外可以见到白茅抽荑，也可以收取来作家用。

三月。白虎参星隐没，看不见了；砍伐串条很长的桑枝，采摘鹅黄嫩叶，准备养蚕；蝼蛄叫了，要提防点；每年从十二月就要收集天然冰，正月藏冰，二月进行冰祭，并献上羊羔美酒，祭后三月将冰分给大夫；一种带苦味，开白花的龙葵，俗名为蘵（蘵），可采来腌渍食用；蚕事开始了，妇女们忙着养蚕，从此开始了采桑养蚕，摘蚕，缫染，织绸，成衣等一系列功课；麦子要熟了，要祭神明，祈求神灵保佑麦子颗粒饱满，诚实，获得好收成；这个月通常雨水较少，当心小旱；季春来了，鹌鹑来田间活动，个儿大小、颜色和田鼠差不多，当心别弄错了；三月桐树开花，漫山遍野处是白花红蕊的花朵，热闹异常，十分美丽；惹得斑鸠欢叫不息，动人心脾。

四月。二十八宿中的西方白虎七宿的昴宿，在平明时分现于南中天，十分明亮；初昏时分可在南中天看见东方苍龙的角亢二星；麦熟了，麦蛰（小蝉）开始叫唤；在园子里可以看到杏了；青蛙叫个不停；香附草，开着小花，散发着香气，长得很茂盛，可采未来做药；荼，就是苦菜，又叫苦苣，可以收获了；这是狗尾巴草（萯，幽），也长得很茂盛；四月淮北平原这一带常有大旱，要当心；马配种了，要加绊，防止其乱跑受到攻击，影响小马驹出世。

五月。西方白虎参宿初昏时在南中天可见（或许应为轸则见）。黎明时东南隅天边可见，即所谓“参在日后”；浮游（金龟子）很多；夏至来临，伯劳（鴂、鵙）齐鸣；日长至（夏至）到了；要准备夏天穿的衣服；大而黑的蝉也叫了；人们开始栽种染色草蓝蓼；鸠翅坚硬，也能如鹰高飞；初昏时分，东方大火星宿二出现在南中天，这是一年之中种黍的最后时刻；此时，梅子黄熟了，可作酸酸甜甜的果脯果酱；沐浴用的芳香高雅的香草佩兰正是畜养的时候；收取雄麻晾晒做衣；将怀孕的牝马与其他马分开放养。

六月。初昏时分北斗星斗柄指着上方；桃子黄熟了，可用来煮桃脯；鹰翅硬了，开始高飞搏击。

七月。芦苇茂盛，开花了；幼狸成长，开始捕捉幼小动物；池塘水泽长出了浮萍；鹈鸟高飞，主司其事；扫帚草（荓）长得很茂盛；七月初昏可以看到银河呈南北向，南门洞开的奇丽景象，这叫“汉案户”。蝉有多种，大而黑者名马蝉，头有花冠的名螗蜩，六月叫；五色俱备者为蜋蜩，五月鸣；一种小而青色的蝉立秋后鸣叫，谓寒蝉，寒蝉鸣，天气凉了。初昏时分可见二十八宿的织女星出现在东方的天边；雨季到来，淮北平原“时有霖雨”；借淫雨灌苦荼（苣），以死杂草；黎明时分，可见北斗星斗柄指着北方。

八月。正是剥瓜吃的时候；人们穿着黑色和淡绿色的衣服；开始剥枣吃；栗子黄熟了，外壳裂开，连栗实都可看见；大火星隐没，看不见了；八月是鹿子的交配期，它们相互跟从追逐；鹌鹑如鼠，要躲藏起来了；黎明在南中天可见西方白虎参宿。

九月。大火心宿二，即“七月流火”“八月伏”九月“系日边”之火，虽西沉了，并未熄灭，俗称为“内火”；大雁开始南飞，难以滞留；燕子也南迁，不见了；熊罴貊貉鼶鼬等动物开始躲进洞里，准备过冬了；秋天菊花繁茂开花；种麦的时候到了；王者穿上了皮裘；大辰（火）星系于日边；雀不见了，蛤蜊却很肥美。

十月。豺猎食躲藏起来的小动物，以此行祭，可以狩猎了；初昏时，在南中天可见南门星；乌鸦高飞，忽上忽下，如沐浴秋风，自由自在极了；冬天到了，天气变得白天短夜里长了；地上开始结冰；黑色的野鸡看见了，人们见到最多的是蚌美肥鱼；天明时可见织女悬在正北方。

十一月。王者开始带领群臣狩猎；要求呈上狩猎所需的筋弓、革、甲不同数目的物品；主管农业收敛的官员因收敛未毕，不能从王狩。

十二月。俗话说“弋鸟高飞知风”，它鸣叫，报告冬风的来临，和寒流的袭击；黑马驹长得很肥壮；地方官员向最高统治报告人口数字与岁入；命渔师始渔，向上报告交纳渔梁税账目；割麋角，除旧布新，要准备过年了。

4.《夏小正》解读

（1）将星、斗、日计时凝为一体

《夏小正》以寅建正，全年十二个月，其中十个月有星象标列，即一月初昏参中；斗柄悬在下；三月参则伏；四月昴则见；初昏南门正；五月参则见。时有养日（夏至）。初昏大火中；六月初昏，斗柄正在上；七月汉案户初昏织女正东乡；斗柄悬在下，则旦；八月辰则伏，参中则旦；九月内火，主夫出火。辰系于日；十月，初昏，南门见，黑鸟浴，时有养夜。织女正北乡，则旦，十一月日冬至。二月、十二月没有星象说明。参、斗、昴、大火、织女是二十八宿中东方苍龙、西方白虎、北方玄武的最有代表性的星宿，并多次标明它们的出没时间，以表明它们是标志性星宿；同时我们也可以看到“初昏”“旦”“时有养日”“时有养夜”“日冬至”以日为依据确定“二分二至”和每日时分的标志。这表明融入《夏小正》中的既有以斗定时，以星（二十八宿）定时，又有以日定时，将三个定时系统凝为一体。从《夏小正》1—10 月详，11—12 月略的情况看，似有十月太阳历和十二月太阴历两种历法的交合。

（2）以物候纪时的太岁纪年法

在《夏小正》中我们看得最清楚的是：以动物的出没生长鸣叫搏杀等行为特征，和风雨雷电冰雹冻解等气象征候以标明季节的变化。这些特征与变化是上古人长期观察的经验总结，带有规律性，易记易懂，对指导人民进行生产，方便人民生活大有益处。有许多征候，虽然时过境迁，至今依然是人们行为的指导原则和依据。夏禹时已实行了太岁纪年。太岁纪年是一种以木星运转为依据的纪年法。以十二年为一周期，每一年行十分之一。这十二分之一，又分为十二星次。木星即岁星，依次从右至左，即从西到东运行。为计算方便其时人又虚拟了一种与木星（岁星）相反方向运行的假星，即太岁星，从左向右，即从东向西运行。这种纪年方法叫太岁纪年。太岁纪年的名称是根据其时的物候内涵确定的。十二星次的名称有星纪、玄枵、娵訾、降娄、大梁、实沈、鹑首、鹑火、鹑尾、寿星、大火、析木，大多是与夏族相关的宗族人名、地名、星名为依据，而与其向相反方向运行的太岁星次名称则是依据不同季节物候内涵确定的。如一月（寅月）东方苍龙角星出现为提斗携角形态，命名为摄提格；二月（卯月）冬季已尽阳气上升叫单（尽也）阏（止也）；三月（辰月）蛰虫舒展，出来活动了叫徐（舒）执（蛰）；四月（已月）万物葱绿茂盛落落缤纷叫大荒落；五月（午月）万物壮盛叫敦（盛）牂（壮）；六月（末月），阳气化万物是协调和合发展形态，叫协洽；七月（申月），万物一片繁茂叫涒滩 ；八月（酉）物芒枝劲，叫做噩（鄂，同咢）；九月（戌月）万物开始凋蔽，叫茂阉（蔽也）；十月（亥月）万物限入更深的凋蔽之中，叫大渊（深）献；十一月（子月，冬至）阳气始萌，阴气未散，气候交错混沌，叫困敦；十二月（丑月），阳气上升，迅速变化，叫赤奋若。从摄提格到赤奋若都是对《夏小正》每个月大量物候特征的概括。由于文字表述还不够概括，进而以十二地支取代，为追求取更简便更抽象的表述，再改成一月二月三月等。所以一月二月三月等名称并不是太岁纪年的原始名称。

夏小正十二纪中的社会生活都是环绕农业这一中心运行的，除了天文气象外，我们可以看到以下社会生活情况：

第一，土地分为几种：一是“农率均田”（按亩交税的田），二是“初服于公田”（为官员无偿种植的田），三是私人菜园子，“囿有见韭”“囿有见杏”；规模“农及雪泽”；农具：耒、犁、耰、耙。耕作细致，已开始用耰。

第二，农作物：主粮：黍、黍子，黄米；麦，“祈麦实”“树麦”；菽，豆子；穈子，小米；蔬菜类："采芸"，油菜；荣堇，藕，采蘩，白蒿，王瓜；荼，苦菜；兰蓼；"荇秀"，荇菜，似空心菜一类水生植物；水果：梅杏，野桃，"见杏""煮梅""煮桃""剥枣""乃瓜"。

第三，副业：①种桐："拂桐葩"；②种荼："取荼""芄兰""灌荼"（荼，tú，苦菜，像茶叶类植物）；③种兰：染料，兰草如蓼兰、秀兰、幽兰、蓄兰；④饲养家禽家畜：如养鸡、羊、鹿、麇、马；⑤养蚕织绸："缇缟"，生绢；⑥打鱼："祭鲔""鱼上冰""獭兽祭鱼"。

第四，祭祀活动：①往耰黍（耰 yōu，播种后用于覆盖种子的农具，长方形，多齿耙），禅：通墠，除地、平整土地的意思；②祈麦实：庄稼长起来后要举行祭礼，求老天保佑，让麦粒诚实。

（二）《十二纪》解读

1. 孟春纪

孟春之月，日在营室，昏参中，旦尾中。其日甲乙，其帝太皞（hào，东方天帝），其神句（gōu）芒，其虫鳞，其音角，律中太蔟，其数八，其味酸，其臭膻，其祀户，祭先脾。东风解冻，蛰虫始振，鱼上冰，獭祭鱼，候雁北。天子居青阳左个，乘鸾辂（luán lù，鸾铃大车），驾苍龙，载青旂（qí，旗帜），衣青衣，服青玉，食麦与羊，其器疏以达。

是月也，以立春。先立春三日，太史谒之天子曰："某日立春，盛德在木。"天子乃斋。立春之日，天子亲率三公、九卿、诸侯、大夫，以迎春于东郊；还，乃赏公卿、诸侯、大夫于朝。命相布德和令，行庆施惠，下及兆民。庆赐遂行，无有不当。乃命太史，守典奉法，司天日月星辰之行，宿离不忒，无失经纪。以初为常。

是月也，天子乃以元日祈谷于上帝。乃择元辰，天子亲载耒耜（lěi sì，木犁），措之参于保介之御间，率三公、九卿、诸侯、大夫、躬耕帝籍田。天子三推，三公五推，卿、诸侯、大夫九推。反，执爵于太寝，三公、九卿、诸侯、大夫皆御，命曰"劳酒"。

是月也，天气下降，地气上腾，天地和同，草木繁动。王布农事，命田舍东郊，皆修封疆，审端径术。善相丘陵阪险原隰（xí 湿地），土地所宜，五谷所殖，以教道民，以躬亲之。田事既饬（chì，整治），先定准直，农乃不惑。

是月也，命乐正入学习舞。乃修祭典，命祀山林川泽，牺牲无用牝，禁止伐木；无覆巢，无杀孩虫、胎夭、飞鸟，无麛无卵；无聚大众，无置城郭，掩骼霾骴（mái cī，掩埋腐肉）。

是月也，不可以称兵，称兵必有天殃。兵戎不起，不可以从我始。无变天之道，无绝地之理，无乱人之纪。

孟春行夏令，则风雨不时，草木早槁，国乃有恐；行秋令，则民大疫，疾风暴雨数至，藜莠蓬蒿并兴；行冬令，则水潦为败，霜雪大挚，首种不入。

2. 仲春纪

仲春之月，日在奎，昏弧中，旦建星中。其日甲乙，其帝太皞，其神句芒，其虫鳞，其音角，律中夹钟，其数八，其味酸，其臭膻，其祀户，祭天脾。始雨水，桃李华，苍庚鸣，鹰化为鸠。天子居青阳太庙，乘鸾辂，驾苍龙，载青旂，衣青衣，服青玉，食麦与羊，其器疏以达。

是月也，安萌牙，养幼少，存诸孤；择元日，命人社；命有司，省囹圄，去桎梏，无肆掠，止狱讼。

是月也，玄鸟至，至之日，以太牢祀于高禖。天子亲往，后妃率九嫔御，乃礼天子所御，带以弓韣（dú，袋），授以弓矢，于高禖之前。

是月也，日夜分，雷乃发声，始电。蛰虫咸动，开户始出，先雷三日，奋铎以令于兆民曰："雷且发声，有不戒其容止者，生子不备，必有凶灾。"日夜分，则同度量，钧衡石，角斗桶，正权概。

是月也，耕者少舍，乃修阖扇。寝庙必备。无作大事，以妨农功。

是月也，无竭川泽，无漉陂池，无焚山林。天子乃献羔开冰，先荐寝庙。上丁，命乐正入舞舍采，天子乃率三公、九卿、诸侯，亲往视之。中丁，又命乐正入学习乐。

是月也，祀不用牺牲，用圭璧，更皮币。仲春行秋令，则其国大水，寒气总至，寇戎来征；行冬令，则阳气不胜，麦乃不熟，民多相掠；行夏令，则国乃大旱，暖气早来，虫螟为害。

3. 季春纪

季春之月，日在胃，昏七星中，旦牵牛中，其日甲乙，其帝太皞，其神句芒，其虫鳞，其音角，律中姑洗，其数八，其味酸，其臭膻，其祀户，祭先脾。桐始华，田鼠化为鴽，虹始见，萍始生。天子居青阳右个，乘鸾辂，驾苍龙，载青旂，衣青衣，服青玉，食麦与羊，其器疏以达。

是月也，天子乃荐鞠衣于先帝，命舟牧覆舟，五覆五反，乃告舟具备于天子焉。天子焉始乘舟。荐鲔于寝庙，乃为麦祈实。

是月也，生气方盛，阳气发泄，生者毕出，萌者尽达，不可以内。天子布德行惠，命有司发仓窌（jiào，窖），赐贫穷，振乏绝，开府库，出币帛，周天下，勉诸侯，聘名士，礼贤者。

是月也，命司空曰："时雨将降，下水上腾，循行国邑，周视原野，修利堤防，导达沟读，开通道路，无有障塞；田猎罼（bì，网）弋，罝罘（jū fú，兽网）罗网，喂兽之药，无出九门。"

是月也，命野虞无伐桑拓。鸣鸠拂其羽，戴任降于桑，具栚（zhèn，蚕具）曲篴（jǔ，蚕具）筐。后妃斋戒，亲东乡躬桑。禁妇女无观，省妇使，劝蚕事。蚕事既登，分茧称丝效功，以共郊庙之服，无有敢堕。

是月也，命工师令百工审五库之量，金铁、皮革筋、角齿、羽箭干、脂胶丹漆，无或不良。百工咸理，监工日号，无悖于时，无或作为淫巧，以荡上心。

是月之末，择吉日，大合乐，天子乃率三公、九卿、诸侯、大夫，亲往视之。

是月也，乃合累牛、腾马、游牝于牧。牺牲驹犊，举书其数。国人傩，九门磔（zhé，割）禳，以毕春气。

行之是令，而甘雨至三旬。季春行冬令，则寒气时发，草木皆肃，国有大恐；行夏令，则民多疾疫，时雨不降，山陵不收；行秋令，则天多沈阴，淫雨早降，兵革并起。

4. 孟夏纪

孟夏之月，日在毕，昏翼中，旦婺女中。其日丙丁，其帝炎帝，其神祝融，其虫羽，其音徵，律中仲吕，其数七，其性礼，其事视，其味苦，其臭焦，其祀灶，祭先（以）肺。蝼蝈鸣，丘蚓出，王菩（王瓜）生，苦菜秀。天子居明堂左个，乘朱辂，驾赤骝，载赤旂，衣赤衣，服赤玉，食菽与鸡，其器高以觕。

是月也，以立夏。先立夏三日，太史谒之天子曰："某日立夏，盛德在火。"天子乃斋。立夏之日，天子亲率三公九卿大夫，以迎夏于南郊。还，乃行赏，封侯、庆赐，无不欣说。乃命乐师习合礼乐。命太尉赞杰俊，遂贤良，举长大；行爵出禄，必当其位。

是月也，继长增高，无有坏隳，无起土功，无发大众，无伐大树。

是月也，天子始絺（chī，葛布衣）。命野虞出行田原，老农劝民，无或失时；命司徒循行县鄙，命农勉作，无伏于都。

是月也，驱兽无害五谷，无大田猎，农乃升麦。天子乃以彘尝麦，先荐寝庙。

是月也，聚蓄百药，靡草死，麦秋至。断薄刑，决小罪，出轻系。蚕事既毕后妃献茧，乃收茧税，以桑为均，贵贱少长如一，以给郊庙之祭服。

是月也，天子饮酎（zhòu，酒），用礼乐。

行之是令，而甘雨至三旬。孟夏行秋令，则苦雨数来，五谷不滋，四鄙入保；行冬令，则草木早枯，后乃大水，败其城郭；行春令，则虫蝗为败，暴风来格，秀草不实。

5. 仲夏纪

仲夏之月，日在东井，昏亢中，旦危中。其日丙丁，其帝炎帝，其神祝融，其虫羽，其音徵，律中蕤宾，其数七，其味苦，其臭焦，其祀灶，祭先肺。小暑至，螳螂生，䴗（jú，鸟）始鸣，反舌无声。天子居明堂太庙，乘朱辂、驾赤骝，载赤旂，衣朱衣，服赤玉，食菽与鸡，其器高以觕，养壮狡。

是月也，命乐师修鞀鞞鼓，均琴瑟管箫，执干戚戈羽，调竽笙埙篪，饬钟磬柷敔（zhù，控；yǔ，揭）。命有司为民祈祀山川百源，大雩帝，用盛乐。乃命百县雩祭祀百辟卿士有益于民者，以祈谷实。农乃登黍。

是月也，天子以雏尝黍，羞以含桃，先荐寝庙。令民无刈蓝以染，无烧炭，无暴布，门闾无闭，关市无索；挺重囚，益其食，游牝别其群，则絷腾驹，班马正。

是月也，日长至，阴阳争，死生分。君子斋戒，处必揜（yǎn，深），身欲静无躁，止声色，无或进，薄滋味，无致和，退嗜欲，定心气，百官静，事无刑，以定晏阴之所成。鹿角解，蝉始鸣，半夏生，木堇荣。

是月也，无用火南方，可以居高明，可以远眺望，可以登山陵，可以处台榭。

仲夏行冬令，则雹霰伤谷，道路不通，暴兵来至；行春令，则五谷晚熟，百螣时起，其国乃饥；行秋令，则草木零落，果实早成，民殃于疫。

6. 季夏纪

季夏之月，日在柳，昏心中，旦奎中。其日丙丁，其帝炎帝，其神祝融，其虫羽，其音徵，律中林钟。其数七，其味苦，其臭焦，其祀灶，祭先肺。凉风始至，蟋蟀居宇，鹰乃学习，腐草化为萤。天子居明堂右个，乘朱辂、驾赤骝，载赤旂，衣朱衣，服赤玉，食菽与鸡，其器高以觕。

是月也，令渔师伐蛟取鼍（tuó，鳄），升龟取鼋（yuán，鳖）。乃命虞人材苇。

是月也，令四监大夫合百县之秩刍（chú，草），以养牺牲。令民无不咸出其力，以供皇天上帝、名山大川、四方之神、以祀宗庙社稷之灵，为民祈福。

是月也，命妇官染采，黼黻（fǔ fú，花纹）文章，必以法故，无或差忒，黄黑苍赤，莫不质良，勿敢伪诈，以给郊庙祭祀之服，以为旗章，以别贵贱等级之度。

是月也，树木方盛，乃命虞人入山行木，无或斩伐；不可以兴土功，不可以合诸侯，不可以起兵动众，无举大事，以摇荡于气。无发令而干时，以妨神农之事。水潦盛昌，命神农将巡功，举大事则有天殃。

是月也，土润溽（rù，闷热）暑，大雨时行，烧薙行水，利以杀草，如以热汤，可以粪田畴，可以美土疆。

行之是令，是月甘雨三至，三旬二日。季夏行春令，则谷实解落，国多风咳，人乃迁徙；行秋令，则丘隰（xí，除草）水潦，禾稼不熟，乃多女灾（月不育），行冬令，则寒气不时，鹰隼早鸷，四鄙入保。

中央土，其日戊己，其帝黄帝，其神后土，其虫倮，其音宫，律中黄钟之宫，其数五，其味甘，其臭香，其祀中霤，祭先心，天子居太庙太室，乘大辂，驾黄骝，载黄旂，衣黄衣，服黄玉，食稷与牛，其器圜以揜。

7. 孟秋纪

孟秋之月，日在翼，昏斗中，旦毕中。其日庚辛，其帝少昊，其神蓐收，其虫毛，其音商，律中夷则，其数九，其味辛，其臭腥，其祀门，祭先肝。凉风至，白露降，寒蝉鸣，鹰乃祭鸟，始用行戮。天子居总章左个，乘戎路，驾白骆，载白旂，衣白衣，服白玉，食麻与犬，其器廉以深。

是月也，以立秋。先立秋三日，大史谒之天子曰："某日立秋。盛德在金。"天子乃斋。立秋之日，天子亲率三公九卿诸侯大夫，以迎秋于西郊。还，乃赏军率武人于朝。天子乃命将帅，选士厉兵，简练杰俊，专任有功，以征不义，诘诛暴慢，以明好恶，巡彼远方。

是月也，命有司修法制，缮囹圄，具桎梏，禁止奸，慎罪邪，务搏执；命理瞻伤察创、视折审断，决狱讼，必正平，戮有罪，严断刑。天帝始肃，不可以赢。

是月也，农乃升谷，天子尝新，先荐寝庙。命百官始收敛，完堤防，谨壅塞，以备水潦；修宫室，坿墙垣，补城郭。

是月也，无以封诸侯、立大官，无割土地、行重币、出大使。

行之是令，而凉风至三旬。孟秋行冬令，则阴气大胜，介虫败谷，戎兵乃来；行春令，则其国乃旱，阳气复还，五谷不实；行夏令，则冬多火灾，寒热不节，民多疟疾。

8. 仲秋纪

仲秋之月，日在角，昏牵牛中，旦觜巂（zī xī，星宿，白虎首）中。其日庚辛，其帝少皞，其神蓐收，其虫毛，其音商，律中南吕。其数九，其味辛，其臭腥，其祀门，祭先肝。盲风至，候雁来，玄鸟归，群鸟养羞。天子居总章太庙，乘戎路，驾白骆，载白旂，衣白衣，服白玉，食麻与犬，其器廉以深。

是月也，养衰老，授几杖，行麋粥饮食。乃命司服具饬衣裳，文绣有恒，制有小大，度有短长，衣服有量，必循其故，冠带有常。乃命有司，申严百刑，斩杀必当，无或枉桡，枉桡不当，反受其殃。

是月也，乃命祝宰巡行牺牲，视全具，案刍豢，瞻肥瘠，察物色，必比类，量小大，视长短，皆中度。五者备当，上帝其享。天子乃傩（nuó，驱逐疫鬼的仪式），御佐疾，以通秋气。以犬尝麻，先祭寝庙。

是月也，可以筑城郭，建都邑，穿窦窌，修囷仓。乃命有司趣民收敛，务蓄菜，多积聚。乃劝种麦，无或失时，行罪无疑。

是月也，日夜分，雷乃始收声，蛰虫俯户。杀气浸盛，阳气日衰，水始涸。日夜分，则一度量，平权衡，正钧石，齐斗甬。

是月也，易关市，来商旅，人货贿，以便民事。四方来杂，远乡皆至，则财物不匮，上无乏用，百事乃遂。凡举事无逆天数，必顺其时，乃因其类。

行之是令，白露降三旬；仲秋行春令，则秋雨不降，草木生荣，国乃有大恐；行夏令，则其国旱，蛰虫不藏，五谷复生；行冬令，则风灾数起，收雷先行，草木早死。

9. 季秋纪

季秋之月，日在房，昏虚中，旦柳中。其日庚辛，其帝少皞，其神蓐收，其虫毛，其音商，律中无射。其数九，其味辛，其臭腥，其祀门，祭先肝。候雁来，宾爵入大水为蛤。菊有黄华，豺则祭兽戮禽。天子居总章右个，乖戎路，驾白骆，载白旂，衣白衣，服白玉，食麻与犬，其器廉以深。

是月也，申严号令，命百官贵贱无不务入，以会天地之藏，无有宣出。命冢宰，农事备收，举五种（谷）之要。藏帝籍之收于神仓，祗敬必饬。

是月也，霜始降，则百工休，乃命有司曰："寒气总至，民力不堪，其皆入室。"上丁，入学习吹。

是月也，大飨帝，尝牺牲，告备于天子。合诸侯，指百县，为来岁受朔日

（初一），与诸侯所税于民，轻重之法，贡职之数，以远近土地所宜为度，以给郊庙之事，无有所私。

是月也，天子乃教于田猎，以习五戎獀（sōu，选择）马。命仆及七驺（zōu，御马人）咸驾，载旍旐（jīng zhào，有龟蛇图之旗）舆，受车以级，整设于屏外；司徒搢（jìn，插）扑（鞭子），北向以誓之。天子乃厉服厉饬，执弓操矢以射。命主祠祭禽于四方。

是月也，草木黄落，乃伐薪为炭，蛰虫咸俯在穴，皆墐其户。乃趣狱刑，无留有罪。收禄秩之不当者，共养之不宜者。是月也，天子乃以犬尝稻，先荐寝庙。

季秋行夏令，则其国大水，冬藏殃败，民多鼽窒；行冬令，则国多盗贼，边境不宁，土地分裂；行春令，则暖风来至，民气解堕，师旅必兴。

10. 孟冬纪

孟冬之月，日在尾，昏危中，旦七星中。其日壬癸，其帝颛顼，其神玄冥，其虫介，其音羽，律中应钟。其数六，其味咸，其臭朽，其祀行，祭先肾。水始冰，地始冻，雉入大水为蜃。虹藏不见。天子居玄堂左个，乘玄辂，驾铁骊，载玄旂，衣黑衣，服玄玉，食黍与彘（zhì，猪肉），其器宏以弇（yǎn，掩闭）。

是月也，以立冬。先立冬三日，太史谒之天子曰："某日立冬，盛德在水。"天子乃斋。立冬之日，天子亲率三公九卿大夫，以迎冬于北郊。还，乃赏死事，恤孤寡。

是月也，命太卜祷祠龟策，占兆审卦吉凶。于是察阿上乱法者则罪之，无有掩蔽。

是月也，天子始裘，命有司曰："天气上腾，地气下降，天地不通，闭而成冬。"命百官谨盖藏。命司徒循行积聚，无有不敛；坿（fù，加高）城郭，戒门闾，修楗闭，慎关，籥（yuè，钥），固封玺，备边境，完要塞，谨关梁，塞蹊径，饬丧纪，辨衣裳，审棺椁之厚薄，营丘垄之小大、高卑、薄厚之度，贵贱之等级。

是月也，工师效功，陈祭器，按度程，无或作为淫巧，以荡上心，必功致为上。物勒工名，以考其诚；工有不当，必行其罪，以穷其情。

是月也，大饮蒸，天子乃祈来年于天宗。大割，祠于公社及门闾，飨先祖五祀，劳农夫以休息之。天子乃命将率讲武，肆射御、角力。

是月也，乃命水虞渔师收水泉池泽之赋，无或敢侵削众庶兆民，以为天子取怨于下，其有若此者，行罪无赦。

孟冬行春令，则冻闭不密，地气发泄，民多流亡。行夏令，则国多暴风，方冬不寒，蛰虫复出。行秋令，则雪霜不时，小兵时起，土地侵削。

11. 仲冬纪

仲冬之月，日在斗，昏东壁中，旦轸中。其日壬癸，其帝颛顼，其神玄冥，其虫介，其音羽，律中黄钟。其数六，其味咸，其臭朽，其祀行，祭先肾。冰益壮，地始坼，鹖鴠不鸣，虎始交。天子居玄堂太庙，乘玄辂，驾铁骊，载玄旂，衣黑衣，服玄玉，食黍与彘，其器宏以弇。命有司曰："土事无作，无发盖藏，无起大众，以固而闭。"发盖藏，起大众，地气且泄，是谓发天地之房。诸蛰则死，民多疾疫，又随以丧。命之曰"畅月"（11 月）。

是月也，命阉尹申宫令，审门闾，谨房室，必重闭。省妇事，毋得淫，虽有贵戚近习，无有不禁。乃命大酋，秫（shú，高粱）稻必齐，麹糵（qū niè，酒曲）必时，湛饎（zhàn xī，浸煮）必洁，水泉必香，陶器必良，火齐必得，兼用六物，大酋监之，无有差忒。天子乃命有司祈祀四海、大川、名原、渊泽、井泉。

是月也，农有不收藏积聚者，牛马畜兽有放佚者，取之不诘。山林薮泽，有能取疏食田猎禽兽者，野虞教导之。其有侵夺者，罪之不赦。

是月也，日短至，阴阳争，诸生荡。君子斋戒，处必弇，身欲宁，去声色，禁嗜欲，安形性，事欲静，以待阴阳之所定。芸始生，荔挺出，蚯蚓结，麋角解，水泉动。日短至，则伐林木，取竹箭。

是月也，可以罢官之无事者，去器之无用者，涂阙庭门闾，筑囹圄，此所以助天地之闭藏也。

仲冬行夏令，则其国乃旱，气雾冥冥，雷乃发声。行秋令，则天时雨汁，瓜瓠不成，国有大兵。行春令，则虫螟为败，水泉减竭，民多疾疠。

12. 季冬纪

季冬之月，日在婺女，昏娄中，旦氐中。其日壬癸，其帝颛顼，其神玄冥，其虫介，其音羽，律中大吕，其数六，其味咸，其臭朽，其祀行，祭先肾。雁北乡，鹊始巢，雉雊鸡乳，天子居玄堂右个，乘玄骆，驾铁骊，载玄旂，衣黑衣，服玄玉，食黍与彘，其器宏以弇。命有司大傩，旁磔，出土牛，以送寒气。征鸟厉疾，乃毕行山川之祀，及帝之大臣、天地之神祇。

是月也，命渔师始渔，天子亲往，乃尝鱼，先荐寝庙。冰方盛，水泽复，命取冰。冰已入，令告民出五种。命司农计耦耕事，修耒耜，具田器。命乐师大合吹而罢。乃命四监收秩薪柴，以供寝庙及百祀之薪燎。

是月也，日穷于次，月穷于纪，星回于天。数将几终，岁将更始。专于农民，无有所使。天子乃与卿大夫饬国典，论时令，以待来岁之宜。乃命太史次诸侯之列，赋之牺牲，以供皇天上帝社稷之享。乃命同姓之国，供寝庙之刍豢；令宰历卿大夫至于庶民土田之数，而赋之牺牲，以供山林名川之祀。凡在天下九州之民者，无不咸献其力，以供皇天上帝社稷寝庙山林名川之祀。

行之是令，此谓一终，三旬二日。季冬行秋令，则白露蚤降，介虫为妖，四邻入保；行春令，则胎夭多伤，国多痼疾，命之曰逆；行夏令，则水潦败国，时雪不降，冰冻消释。

说明：

（1）孟、仲、季。古序数如：大、中、小，老大、老二、老三，开头、当中、末尾之类。

（2）二十八宿，中国古星座。东方苍龙七宿：角、亢、氐、房、心、箕、尾；西方白虎七宿：觜、参、毕、昴、胃、娄、奎；南方朱雀七宿：井、鬼、柳、张、翼、轸、星；北方玄武七宿：斗、牛、女、虚、危、室、壁。共283星座，1464颗星。

本月令中“日在营室”之类均指太阳经二十八宿时的位置；昏、旦“中”云云均指黄昏和早晨在南中天的位置出现的星宿。

（3）其日甲乙、丙丁、戊己、庚辛、壬癸等为十干记祭祀天神的日子。

（4）木、金、土、火、水为五行标明五天帝德行帝号。五音、五味、五脏、五虫、五祀、五色均为五行排列。

明堂——古帝王居住和发布政令的地方。夏时称为世室，夏前称为玄宫，周时称明堂。其布局，中方外圆，中央称太庙，东边称青阳，南方称明堂，西边称总章，北边称玄堂。四边各有左右侧室，称左个，右个。《管子·幼官》是最早描述明堂布局的著作，论之甚祥。

《十二纪》(月令）纪时的突出特点：

第一，综合历法形态。该历法出于战国时期。有人说源于周时月令，有人说源于邹衍之徒杜撰，无证据。目前所见《吕氏春秋·十二纪》为最早版本。该历法有无实行过，未见记载，或许是一种针对帝王的行为规范的理想范本。它呈现的是一种根本大法形态。其内容既包括了日历、星历、物候历、气象历，也包括了帝王居明堂、发政令、重视农业，提倡不违农时，顺应天道，反对与禁止一切无助农业生产的行为。

第二，文本以农业为中心，以农为本发布政令。如孟春之月，天子要亲载耒耜，躬耕帝籍田，要求整饬田事，不可称兵，称兵必有天殃；仲春之月，要求无作大事，以妨农功，不准竭川泽，焚山林，要安萌芽，养幼小，存诸孤；季春之月，要求修理舟楫，开府库，出币帛，赐贫穷，周天下，躬蚕桑，开通道理，禁止田猎野兽，罗网鸟雀，准备播种。诸如此类，十二个月都很明确。这对发展生产也有利，不能说是唯心主义的。

第三，明确地以文字形式第一次正式公布了中国的天神系统。其实这是一件大事。夏商周以来，神系紊乱，各以自己的祖宗为天神，如以尧、以禹、以喾、以汤武为天皇、天帝、太乙。在十二纪里则选择了上古时期各历史阶段最有代表性创造精神的始祖作为天帝，他们是太皞、少皞、黄帝、炎帝、颛顼，并配以佐臣句龙、蓐收、后土、祝融、玄冥，作为天神。这样，作为人间头等大事的祭祀对象就很明确了。而这些天帝天神的基本任务是管理日、月、星的运行，保证风调雨顺，有利于农业生产。这在世界天神中也是十分独特的创造。不仅如此，由于中国的天神是由人王被供奉的，它们便构成中华历史的寻踪线索。岂可以“唯心主义”嗤之。

第四，《十二纪》是对传统历法的继承。它的物候与《夏小正》一致，与民俗所传二十四节气候一致。这并不是个人创造或剽窃，而是民间经验的长期积累。其中，很多东西，它与《管子·幼官》相一致。夏纬瑛先生在《夏小正经文校释》中说“月令中大部分是阴阳五行的唯心说法”，窃以为不妥。阴阳五行本身并非唯心。以阴阳五行作迷信宣传才是唯心。夏先生又说“其物候部分多是袭用《夏小正》，而又有新篡改和歪曲”，也不妥。物候并非《夏小正》所独有，也不是《夏小正》的创造，谈不上袭用，篡改、歪曲。物候虽与《夏小正》一致，但更多内容却是与《管子·幼官》等文一致。幼官图即玄宫图。图失。后人再抄袭管子的《幼官》，基本内容是管子的。“幼官”以五行思想为指导，按中心本图、东方本图、西北本图、北方本图加上各方副图构成。每一节先述时令，方物、君主的衣食住行等行为规范，和岳、刑、旗规定，重点谈治国治病之道。《十二纪》中的五味、五音、五臭和数八、数七、数九，与《幼官》八具时节，七举时节，九和时节，六行时节相一致。在《管子》中除《幼官》外，还有《四时》《五行》《轻重已》等篇章都是谈阴阳与五行结合，配四时，并与时令、方物、治国、用兵相联系，从而构成了“阴阳至远”“五行相生相克”的理论系统。《十二纪》诸多内容于此有关。因此我以为《十二纪》的产生或许和稷下学宫有关。

四、结语：神话源于上古历法的神秘性

上古历法是指导上古人民进行农业生产和日常生活的根本大法，上古历代帝王都很重视。不同时代的帝王，不论是上古时期的伏羲、炎帝、黄帝、颛顼、少皋、帝喾、尧舜，还是夏禹、成汤、文武，都有自己的历法。他们都把颁布历法，敬授民时作为立国之本。所以在漫长的历史进程中，形成了不同时代不同形态的历法。这些历法形态以《周易》集其大成。

无论是物象历法、气象历法、星象历法，还是文字历法，都是上古科学家们长期的艰苦的细致入微的观察物象、气象、星象变化的成果。所以《周易·系辞》才说，“生生之谓易……阴阳不测之谓神”，“神以知来，知以藏往”，“阖户

谓之神……往来不穷谓之通……民咸用之谓之神”，“穷神知化，德之盛也”。“子曰：知几其神乎？”几，指细微。神指的是变化，阴阳变化，“往来不穷”的变化，这种神妙莫测的“穷神知化”圣人难知，一般老百姓更难知道。这种科学探索中的神奇，显现在难以理解的一般人面前，就变成了神秘的东西。科学之谜，未揭开时是神秘的，一旦真相大白，就失其神秘性了。古人把“河图”“洛书”“八卦”看成神物，灵物，敬之若神，奉为神明，和这一点有很大的关系。

在实际生活中，我们常常可以看到只要将某种灵物，比如一棵普通的大树，或人，或动物，作某种神秘的传说，再赋予以灵魂和祭祀膜拜，很快它就会成为信仰者心中的神灵了。更不用说上古时代对“知天难”的普通人了。对于他们来说，大火星、白虎星、朱鹊星、北斗星是神，风有风神，雷有雷神，雨有雨神，电有电神，虹霓有虹霓神，那些测量风云变幻的东西，包括扶桑木、土圭、表、八索，没有一样不是神。其原因就在于这些事物的背后是一般人未知的世界与秘密。由此可知，未知事物的神秘性才造就了神。离开了神秘性，留下纯粹的科学性，就不会有神和神话产生了。

下　　编

圣而为神

第五章
中国创立神话的基本特征

本章对原始神话中天神的特征加以概括。

一、中国天神由人祖供奉而成

二、中国天神植根于远古农业初生时代

三、中国天神已脱离了中国原始神灵的特殊神状

一、中国天神由人祖供奉而成

中国原始神话指反映中国原始时代，主要是新石器时代，即三皇五帝时代的社会、思想、信仰、生活的神话。它有别于中国后世的世俗神话和宗教神话的最显著的特点在于人格神性化，以原始信仰（崇拜）为内涵。如果我们把原始神话与传说的思想内涵聚焦到一点，那就是歌颂中华民族亘古不变的创造精神，歌颂祖先们以创造立身、立世、立国、立业的不息的奋斗精神，歌颂先贤求谋天下之大公、众人之大利的无私无畏的品格。在表现方法上，以概括直叙的方式表现日月星辰运行，具有深厚的山头纪历、太阳历、太阴历、北斗历、火历等历法背景，以适应原始农业的发展需要。

这些特征可以通过中国原始神话与世界四大宗教神话的比较显现出来。通过比较，我们可以看到它与这些神话的明显不同。

中西方天神的神性不同。西方的天神是祖传世袭的，中国的天神是由人祖被供奉成的。希腊的天神将神赋予人性，中国的天神将人赋予神性。希腊天神借人性来管理人间事务，中国天神借神性管理太阳月亮星星的运行及风雨雷电等大自然。它们的神性构成有很大的不同。

宙斯，罗马拉丁语称朱庇特。他是古老的天空之神，宇宙的最高主宰者，也是“雷霆之神”“闪电之神”“云彩之神”“乌云之神”。他是众神之王，管辖世界，监守人间的风俗与秩序。人间国王和权力由他主宰。因此他又是公平和忠诚的护佑神。他是天空统治者的后裔，他的父亲、祖父都是宇宙之神，他们靠公权谋取天神地位。他统治希腊社会依靠的是他的家族。他的家族中有许多天神，其中最主要的是以下几种神。

赫拉，古罗马称朱诺，宙斯的妻子、妹妹。最高的天堂女神，她是婚姻风俗的保护者，妇女的佑护神。

雅典娜，罗马称密涅瓦，城市女神、智慧女神，又是和平与艺术的保护神，她发明了船、喇叭、笛子。她是宙斯的女儿。

阿波罗，阿尔忒弥斯，是宙斯与勒托的孪生儿女。阿波罗是太阳神也是艺术大师、缪斯之祖，被奉为歌唱神、诗艺神、轮舞神、农艺耕作和饲养牲畜的佑护神、狩猎神。

此外，还有宙斯和赫拉的儿子战神阿瑞斯（即罗马的玛斯）；宙斯和赫拉的儿子赫准斯托斯；阿佛洛狄特（维纳斯），宙斯与狄俄涅的女儿，她是爱情女神与美丽女神，也是春天女神、花园女神、花卉女神，象征爱情与美丽；赫耳墨斯（墨丘利），宙斯和亚加狄亚的儿子，是道路神、交通神，商人的保护神；宙斯的弟弟波塞冬（尼普顿）是水神；得墨特耳（刻瑞斯），宙斯的妻子，农艺果实女神；狄俄尼索斯（巴克科斯），葡萄酒神；潘，小动物的保护神；哈德斯（沃耳库斯），宙斯的弟弟，冥府神；赫卡忒，灵魂生命女神；厄里倪厄斯，复仇女神。

从上述诸神我们可以看到：

宙斯出身于天神世家。祖母是地神该娅，她生出了天空，即天神乌刺诺斯，共生了 12 个提坦巨神，称为统治宇宙斯的天神。该娅的小儿子克洛斯推翻了乌刺诺斯的统治成为天空的第二个统治者，并与妹妹瑞亚结合生了普罗米修斯、厄庇米修斯、宙斯、赫拉、波塞冬、哈德斯、得墨忒斯、灶神赫斯提亚。宙斯与兄妹合力篡权推翻了父亲的统治，称为天空的第三代统治者。他们的世袭天神地位是用暴力夺得的。

宙斯由天神变成人间的统治者，是通过他人性中无限的情欲和无数的子女为王来实现的。宙斯统治人间的全部活动基本上都是通过他的一家人即妻子儿女或兄弟姐妹来实现的。因此，我们看到的是宙斯一家人在一个时代的活动。从而也看到古希腊人仿佛生活在一个神的世界里。

对比一下中国的天神系统，我们看到的是完全不同的情景。

首先，在中国，天空的主宰者不是一个神，而是 5 个。即东方的太皞伏羲、南方的炎帝、西方的少昊、北方的颛顼、中央的天帝黄帝。他们的职责都是管理太阳、月亮和星空二十八宿的运行。因此，他们都是不同方位的太阳神，其中地位最高的是中央天帝。

其次，他们与宙斯家族不同，不是天空世袭的统治者，而是人间不同历史时代的开创者，是不同时代的代表人物。他们在人间不同时代的共同任务是发展农业生产，解决农业生产中最迫切的农业历法问题。因此，观天测候颁布历法成了他们的主要职责。在他们那里不存在现代社会各种行业的细微分工与管理模式。

其次，西方的天神一生下来就是天神。中国的天神必须经过始祖后人敬奉才能变成天神。人祖变成的天神，与天生的天神之间，在构成素质上有重大差异。中国天神的神性凝聚着中国上古人的图腾崇拜观念、祖宗崇拜观念、英雄崇拜观念、日月崇拜观念。其中最核心的是祖宗崇拜。因为在他们看来，氏族祖宗是氏族的创立者，氏族的一切成就首先要归功于他。因为他是氏族图腾神灵的化身；由于祖宗是开天辟地的英雄人物，故而他们又是上古英雄的代表者。祖先的最伟大的创造是观测日月运行规律，制定农业历法，适时指导农业生产，他们是驾驶日月运行的人物。祖先虽然死了，离他们远去数千年，但在他们心目中，祖先的灵魂依然存在着。正像恩格斯所说："在远古时代，人们完全不知道自己身体的构造，并且受梦中景象的影响，于是就产生了一种观念，他们的思维和感觉不是他们身体的活动，而是一种独特的，寓于这个身体之中（而人死亡时就离身体）的灵魂的活动。……既然灵魂在人死时离开肉体而继续活着，那么就没有任何理由设想它本身还会死亡，这样就产生了灵魂不死的观念。"① 这种灵魂经过尊奉、祭祀而成为神，并赋予神力而成为管理日、月、星、风、雨、雷、电的天神天帝。不仅如此，神灵附着在哪里，沾上了灵气的事物，便成了灵物，一切山川草木，只要是神灵寄居附着过的，无一不成灵物，这就是造成了万物有灵论。上古人对这一点是深信不疑的。这可从陕西姜寨、河南裴李岗、湖北孝感叶家庙等

① 恩格斯著，《路德维希·费尔巴哈与德国古典哲学的终结》，《马克思恩格斯选集》第 4 卷，湖北人民出版社，2009 年，第 298 页。

遗址发掘出的诸多让灵魂进出的洞孔瓮棺葬习俗得到证明。

正因为如此，中国原始神话有着与众不同的历史真实性。这种真实性来自不同历史阶段有巨大发明创造的始祖。在中国有些历史人物贡献虽大，也成了天神，但却不能成为天帝。如蚩尤、羲和、尧、舜等。这主要是我国上古人四方五位观念的限制，天上只能容 5 个天帝，不同历史阶段只能有一个天帝。有些历史人物，如帝喾，虽然他的儿子妻子都是神，他也被他的后裔祀为天帝，他也是中国的第一个天帝，但在五方天帝中却没有他。古希腊罗马神话中的天神，取材于一个历史横切面中的一个家庭（家族）。通过这个大家庭反映一个时代。中国的天神，虽然他们分布在天空的不同方位，但他们却来自不同历史时代，是不同历史时代的代表者，是纵切面的天神系统。

从艺术形式上看，古希腊神话情节完整，构思巧妙，语言现代，艺术加工多，感染力强，很像现代人的小说一样吸引人。

中国原始神话大多隐匿于古典群书之中，由于是被引摘的，显得十分古朴、概括，给人的印象比较粗糙、质朴、破碎、原始，缺乏情节的完整性与曲折性，和艺术的魅力。而这恰恰是它的独特的优点。

古希腊神话就像现代瓷器店里的景德镇青花瓷，一个瓷碗瓷盆就值几万元上千元。中国原始神话就像考古学家从古墓里发掘出的新石器时代的陶器，虽粗糙，破碎，但每一件产品都是无价的历史文物。每一个碎片，都倒映着一段远古时代的真实历史，都是一个有力的历史证明。

二、中国天神植根于远古农业初生时代

中国原始神话中的天神植根于中国的原始农业时代（公元前六七千年），受原始信仰约束，完全不同于后世的宗教神话；宗教神话植根于农业高度发展阶段，阶级矛盾尖锐受制于宗教哲学与宗教规条的严厉约束。因此，宗教神话较多以创世和教义宣传为宗旨进行神性的实证性或灵验性解说。这一点只要我们将四大宗教创立时的时代与哲学背景加以说明，即可明白。

耶稣基督教源于犹太教的“救世主”“一神教”。犹太教的《圣经》被称为《旧约》。基督教的创立者耶稣基督，出生于伯利恒，是巴勒斯坦人。30多岁在约旦接受洗礼传教，被罗马人钉在十字架上，三日后复活为神。公元1世纪初叶，信徒们综合《旧约》《新约》和《福音书》等多种典籍立教。

这个教成立的主要背景是公元前586年新巴比伦尼布甲尼撒占领巴勒斯坦，将犹太人掠到巴比伦，成为“巴比伦之囚”；前538年波斯帝国攻陷巴比伦，又占领巴勒斯坦，压榨巴勒斯坦人；前63年罗马将领庞培入侵西亚，再一次占领巴勒斯坦，使之成为属地；不断的侵略，迫使巴勒斯坦人民起义反抗，但一次又一次的起义都被镇压了。为镇压巴勒斯坦人与犹太人的反抗，罗马军人把大量的巴勒斯坦人都抓去钉在十字架上。耶稣正是在这种情况下被钉死的。基督教的基本教义一是宣传信仰上帝是宇宙间的唯一真神。上帝永远惠顾其选民。二是宣扬信仰基督的牺牲而得救。同时废除犹太教各种繁杂的祭祀仪式。应当说这是多次起义遭镇压后的一种失望情绪而获得大批同情者。但上帝“惠顾选民”却只合于资本主义制度下的选举民主，因而连原来的统治者也成了信徒。

耶稣基督是现实的人，因其无畏而被尊为神，“救世主”“上帝之子”。但那个完全凌驾于自然和宇宙之上的天帝（上帝），沿袭萨摩亚人的说法称上帝为“父”“天”“造物者”“赐予者”“至高者”“主”“宇宙”。它的德性是永生、全知、仁慈、道德、全能、创造。这完全是依据现实中人们的心理需求而虚构的天地的主宰者，是理论性、理想性的追求，是非现实的，与宣传其德性的耶稣完全不同。耶稣基督是真实的人，是纪元初创教后才由人变成神的。

再以伊斯兰教的创立为例。这个教的创始人是穆罕默德。穆罕默德公元570

年生于麦加的哈希姆家族，6 岁时父母就死了，由祖父伯父抚养长大。他从小当过牧人，跟伯父经过商，到过巴勒斯坦、叙利亚，研究过犹太教、基督教，会测天观候、防病治病。40 岁时受安拉的召唤，作为安拉的使者传播伊斯兰教。他认为世上只有一个神，那就是安拉，人的一切都是安拉给的，只有服从他，才能进入天堂，称自己是安拉的使者、信徒，责任是传达安拉的旨意。信仰顺从安拉的人就成为穆斯林。

穆罕默德的行为准则是："为人行善，买卖公平，救济贫困，照顾孤寡，对偷盗、欺诈行为严厉惩处。"因而很得老百姓的喜欢。但却遭到信仰多神教的古莱希氏族的奴隶主贵族的反对，并派军队来追杀他，把他打伤了，将他驱逐到麦地那。公元 622 年，穆罕默德成了当地的法官、立法者、军事统帅之后，率领一万大军占领了麦加城，捣毁了多神教的雕像，此后才确立了伊斯兰教。① 因此，伊斯兰教的创立者穆罕默德也是现实中的人，信仰者尊他为封印使者。

印度是一个十分古老的文明古国。它最早的居民是达罗毗荼人。公元前 3000 年就在达罗毗荼一带居住。到公元前 2000 年时，雅利安人进入印度次大陆。在公元前 2300—前 1700 年哈拉巴时期就创立了印章文字。到公元前 6—前 4 世纪随着雅利安人的南下恒河中下游，由于铁器的广泛使用，社会经济迅速发展，贫困悬殊，阶级矛盾加剧，发生了 16 个大国争霸的局面。在思想意识形态领域亦发生了百家争鸣。就在这时迦毗罗卫城（尼泊尔境内）首领净饭王之子释迦牟尼（前 566—前 486 年），29 岁出家修道，35 岁得道并创立了佛教，先后传教 40 年。80 岁去世。死后被尊称为佛陀、觉者、释迦牟尼。

佛教的传教方法与基督教不同，它不从创世入手，而是从人生问题分析入手。其基本教义为四谛，即四个真理：苦谛、集谛、灭谛和道谛。佛教认为人的一生有八苦：生苦、老苦、病苦、死苦、怨憎苦、爱别离苦、求不得苦、五盛阴苦。苦的根源是人的欲望无止，世事无常，欲望落空而形成痛苦，这就是集谛。所以佛教的最高理想是和终极目的是消灭欲望，才能使人脱离痛苦。而要达到这一目的就必须学习佛教教义与理论，要亲身修道，参禅打坐，去掉邪念，遵守戒律；不杀生，不偷盗，不邪淫，不妄语，不饮酒。

佛教中分成两大派别，即小乘佛教和大乘佛教。小乘佛教坚持原始教义，不借助神的力量，不拜偶像，主张自救，自我修炼解脱；大乘佛教相反，借助神的力量，主张崇拜偶像，相信菩萨，有菩萨帮助得以解脱，要求普度众生。②

---

① 王家瑛著，《伊斯兰宗教哲学史》上，民族出版社。

② 齐世荣主编，《世界史》；杨共乐、彭小瑜主编，《世界史（古代卷）》。

道教是中国的本土宗教。道教创立于东汉末年。其时由于朝廷腐败，外戚专权，国弱民穷，阶级矛盾尖锐，引发了农民大起义。起义的首领之一的张角是河北太平道教主，他于公元 184 年组织 10 万道徒起义，遭到了镇压。张道陵之孙张鲁在四川汉中立五斗米道，割据一方，未遭镇压。张道陵（公元 34—156 年）江苏沛国人，著有《老子想尔注》，宣扬除妖济世，禳灾祈福。他的第三代张鲁，因归顺曹操使道教得以合法流传，并转址江西龙虎山，设道场，正式创立道教，他们以黄老学术为旗帜，尊张道陵为天师。

道教在我国延续了 2000 多年，该教派中出现了许多杰出的人物，如葛洪、寇谦之、陆修静、陶弘景、陈抟、王重阳、张三丰等，他们先后吸收了儒家学术、释家学术的精华，深研道家学术，明确提出追求人生长生不老，得道成仙，崇尚自然，推崇“天人合一”，修生养性，气功强身，热衷于炼丹补气之术，还以行医问道为业，出现了许多著名的身兼名医道士的道家人物，如著书丰富的葛洪、陶弘景、孙思邈等人。

道教为我国创立了独特的道教文化，留下了众多的具有浓厚道教色彩的名山胜景和丰富的神仙传说。如“十大洞天”“七十二福地”之类。种种道观、洞府、石窟，至今依旧为海内外游人陶醉，惊艳叫绝。[①]

① 陈晓勤、郑土有著，《中国仙话》，前言，上海文艺出版社。南怀瑾著，《中国道教发展史略》，复旦大学出版社。

考察上述四大宗教产生的背景，我们可以发现它们的共同特点是它们的创立者都是现实生活中的杰出人物。在阶级矛盾民族矛盾尖锐的时刻，由于同情被压迫者而创立了宗教；他们所创立的宗教都有自己的宗教哲学与严格的教义教规；为宣传这些教义教规，往往利用一些生动具体的小故事进行，便于老百姓接受。因此，不同宗教的神话故事，很自然地浸润了不同宗教的哲学思想。

而原始神话虽然有种种信仰，如有巫师主持某些祭祀仪式，祭天、祭地、祭祖之类，甚至祭具祭仪都有十分严格的规定，奉献给神的都是当时最珍贵的东西。有的人把这种信仰和祭祀活动，称为原始宗教。实际上，虽然有宗教式礼仪，却并不是与四大宗教等量齐观的宗教。因为到目前为止，我们并未发现四五千年以前的宗教团体、教主、教徒、教义、教规，更无宗教哲学和传教系统。他们仅仅根据自己的图腾神信仰祭祀自己的祖先而已。主祭对象是祖宗、日月、地母，因而他们的神话讲述的内容不是宗教哲学而是歌颂氏族祖先们的功绩，诸如迁徙、战胜洪水、教稼稼穑、保卫民族生存，或如何观测日出日入风云变幻、与大自然斗争、如何战胜洪水、学习谷物种植，以及摸仿人的行为创造宇宙等等。这一切与宣扬宗教哲学的宗教神话是全然不同的。

三、中国天神已脱离了中国原始神灵的特殊神状

中西神话的艺术形态不同。中国原始神话，在艺术形式上绝不同于国内外后期的世俗神话与宗教神话。

中国原始神话在表现方法上，最直接最耀眼的一点是神状的描述。在原始神中，我们看得最清楚的是中国神话可分为山神系统、氏族神话系统、天神系统、地神系统，这四大神系的神话都在不同程度上留下了早期图腾神的烙印。从这些烙印的深浅我们可以看到它们是不同历史时期的产物。《山海经》五藏山经，被学界认定为禹益之作，共26篇，其中的山神是迄今人们看到的最古老的神。那里的神的样子，是现代人无法理解的，人不像人，动物不像动物，多数是人与动物的结合。其实，这是极为珍贵的稀世珍宝。它是中国原始时代人们想象中的神灵，是原始人类思维的见证物。在五藏山经中我们见到了以下几类山神：

（1）龙身（蛇身）人面或人身龙首神；

（2）鸟身龙首与龙身鸟首神；

（3）人面兽身、人面马身、牛身、羊身、豕身、鸟身、虎身、豹尾神；

（4）人面三首、方面彘。

不了解的人一看，觉得它们与现代帝王装扮的神不同，怪模怪样，很可笑。但设身处地想一想，它们并不可笑。由于早期的人类处于渔猎阶段，他们最熟最亲切的事物，就是与他们朝夕相处，衣食攸关，赖以生存的动物。因此以这些动物的名字作为自己氏族的名字就是很自然的了。这一点在全世界都大同小异。

美国学者路易斯·亨利·摩尔根在1877年发表的巨作《古代社会》中说印第安易洛魁人的胞族包括了图斯卡罗纳部落、契卡萨部落、摩黑冈部落、特林吉特部落，每一个部落的胞族的名称是以动物命名的。例如：

图斯卡罗纳部落，第一胞族的氏族名为熊氏、海鲤氏、大龟氏、鲛氏，第二胞族的名称为苍狼氏、黄狼氏、小龟氏、鹬氏；契卡薩人，第一胞族的氏族为野猪氏、鸟氏、鱼氏、鹿氏，第二胞族氏族名为浣熊氏、西班牙氏、皇家氏、胡什

科尼氏、松鼠氏、鳄氏、狼氏、山鸟氏。①

以这些动物名称命名，表明这些名称有古老的历史，同时也受到当时西班牙等侵略的影响，留下了现代的痕迹。也表明该习俗延续到19世纪还存在。中国《山海经》中的山神也是以动物命名，这种命名不是文字表述，而是以图形出现，以图形展现神像。它们是生活在山上，住在洞里的神，反映的是原始时代，以狩猎和采集维生时代的人们的信仰与生活。这些神形告诉我们原始时代先民们的生活状况，因而显得格外珍贵。

更为值得注意的是这种以图腾为氏族标志的习俗，到氏族邦国时代依然存在。如夸父国的举父（似猕猴、黄黑色、多髯鬣、能举石砸人）；钟山国的山神烛龙，他的儿子叫鼓，是人面龙身，和烛龙一样；西王母国的西王母样子像人，头发乱蓬蓬的，头带玉胜，豹尾虎凿；少昊国的少昊是日落西山之神，为百鸟之王，其神为鸟身文首；羲和之国的神灵羲和，传说是东方天帝的妻子，是十个太阳的母亲，在汤谷那地方有一棵扶桑神树，树高千丈，一个太阳在上面的枝条上，九个在枝条下。这羲和国神也是龙首人身，传说郓城雷泽那地方，有兽神，人头龙身，肚子一鼓，便雷声隆隆；鬼国的人长着一只眼睛，这只眼生在脑门的中央，据说他们是少昊的后代；犬戎国又叫狗国，其神为人面兽身；玄民国是北方的水中之国，国民食黍，能使四鸟（役四兽）；其他，还有很多很多。这些神的神形，也是有图腾神形的，但这些神形具有鲜明的氏族特点与标志。我国大量的原始神话都出自这些以图腾为标志的邦国。图腾成了氏族难以磨灭的胎记。

在春秋战国进入天神系统和地神系统以后，这些天神地神便脱离了氏族邦国的图腾神状变成了现代人的人形，图腾只作为背景上的象征，并富有新的天文地域标志的内涵，如东青龙、西白虎、南朱雀、北玄武等综合图标志。当然这样的神并不是春秋战国时代的某一天某一个人或一批人突然造出来，又突然消失了的。迄今为止，龙凤依旧作为我们民族的标志存在。在世界也同样，如俄罗斯信仰双头鹰、意大利信仰母狼、埃及信仰雄狮，等等。

从神话故事的叙述方法上说，中国上古原始神话比较概括含蓄。叙事方法多为直叙故事，气势恢宏磅礴但情节少。原始神话故事中占中心地位的是表现对日、月、星崇拜的神话。如精卫填海、愚公移山、夸父追日、羲和御日、三足乌负日、嫦娥奔月、王良造父驭天车，等等。它让我们看到的只是一个中心事件的记载，为今后的神话创作留下了很大的空间。

① ［美］路易斯·亨利·摩尔根著，杨东莼、马雍、马巨译，《古代社会》，中央编译出版社，第64—71页。

从距今七八千年以来，观察一年四季一天到晚天气的变化，即阴阳变化的规律，是历代帝王和老百姓最关心的事。《山海经》里记载的古人以山头定位观测太阳不下于十处，诸如有山名曰大言，日月所出；有山名曰合虚，日月所出；有山名曰明星，日月所出；有山名曰鞠陵于天，日月所出；有山名猗天苏门，日月所出；有山名曰壑明俊杰，日月所出；有山名曰丰沮玉门，日月所入；有龙山，日月所入；有山名曰日月山，天枢也，吴姬大门，日月所入；有山名曰鏖鏊钜，日月所入；有山名曰常阳之山，日月所入；有山名曰大荒之山，日月所入，大荒之中有方山者，名曰柜格之松，日月所入；如此等等。说明上古时处于深山里的人们都是以自己所处地方观日出日入记时记日的。这就是传说的山头纪日历法。它表明古人弄不清楚，太阳究竟是从什么地方出来，从什么地方落下去的。所以日出日入这一问题一直是古人观测探究的问题。中国的许多神话正是围绕这一问题的中心点展开的。

《山海经·大荒北经》载："大荒之中，有山名曰成都载天。有人珥两黄蛇，把两蛇，名曰夸父。后土生信，信生夸父。夸父不量力，欲逐日景，逮之于禺谷。将饮河而不足也，将走大泽，未至，死于此。"

《山海经·海外北经》也载："夸父与日逐走，入日。渴欲得饮，饮于河渭。河渭不足，北饮大泽，未至，道渴而死。弃其杖，化为邓林。"可见夸父是一个以观日出日入为业并为此献身的氏族祖先神。

上古时以测日出日入为业的氏族，除夸父外，还有几大家：羲和、少昊、重黎，他们处于不同的历史阶段，帝王们往往以他们的氏族名官，设立官职，专门从事观测日出日入。因此，我们可以看到夸父逐日并不是一件"自不量力"的可笑事件，而是一种最古老的以目测日入日出的古老的山头记历方法。经过数千年的观测才有一个比较一致的说法，即屈原《天问》所说"出于汤谷，次于蒙汜"。天神载日的故事就从这里生出来的。说是羲和驾着一辆装着太阳在天上飞行的马车，那马车有的说四匹马，有的说是六条龙，有的说是九条龙，羲和手里拿着神树若木花为鞭子，一举鞭车子就开动起来，金光闪闪，光耀大地。她天明从汤谷起飞，傍晚到蒙汜止息。这就是众多起于汤谷，止于蒙汜的故事。后来逐渐弄明白从汤谷起到蒙汜止这一天里，太阳所经过的地方是很多的。《淮南子》描述了这一太阳运行路线图。

"日出于旸谷，浴于咸池，拂于扶桑，是谓晨明。登于扶桑，爰始将行，是为朏明。至于曲阿，是谓旦明。至于曾泉，是谓蚤食。至于桑野，是谓晏食。至于衡阳，是谓隅中。至于昆吾，是谓正中。至于鸟次，是谓小还。至于悲谷，是谓哺时，至于女纪，是谓大还。至于渊虞，是谓高春。至于连石，是谓下春。至于悲泉，爰止其女，爰息其马，是谓县车。至于虞渊，是谓黄昏。至于蒙谷，是谓定昏。日入于虞渊之汜，曙于蒙谷之浦，行九州七舍，有五亿万七千三百九里，禹以为朝，昼、昏、夜。”①

这个路线图表述的是从晨明至定昏一天之中，太阳经过的地方，并以此划分出一天的时辰是：晨明—朏明—旦明—蚤食—晏食—隅中—正中—小还—晡时—大还—高舂—下舂—县车—黄昏—定昏，共16个时辰。人们对太阳止息的地方，还有许多不同的看法，人们对太阳出于汤谷没有太多分歧。但对太阳止于禺谷，止于崦嵫等有不同的看法。从这一点设想，夸父想弄个明白，于是逐日影并为此而献身，就是特别值得尊敬的了。正是基于这一点，作为报答，他手杖也化成一片葱绿的树林。夸父不可笑，可笑的是直到现在人们还不理解他，总以为自己比夸父聪明。

这就是中国古代原始神话中一则有关日入的神话。它以直叙的方式叙述了一个原始的探测日入的故事。对比一下古希腊的金马车的故事和它的特点，我们可以看得更明白。太阳神阿波罗和仙女克吕默涅，生了个儿子叫法厄同。由于太阳神一天到晚总是驾着光芒四射的四匹马的金马车在天上巡逻，给人间带来阳光，没时间回家，所以法厄同一生下来就没见过父亲，在学校里受同学的嘲笑，说他是没父亲的孩子，因此，他下决心上天去找父亲阿波罗。到了天上他找到了阿波罗。在孩子的一再要求下，阿波罗同意让孩子开金马车。法厄同开着金马车在天空中无目的地乱跑，越跑越快，并以长鞭抽打骏马，结果使马失前蹄离开跑道狂奔，金马车穿过云层，着起了大火，向地上撞去，碰到了高山，使高山崩毁，天地开裂，使城市、村庄、森林、田野变成了一片火海。这件事震动了天庭，谁也无法制止，只能由宙斯出面用他的雷锤向金马车打去。雷锤不幸击中了法厄同，法厄同死了，金马车停止了飞奔。后来法厄同的灵魂被宙斯批准带到天上，形成了后来的御夫星座。显然，这是人为星座命名编造的故事。

两相对比，我们可以看到，这个故事的情节远比夸父逐日，羲和御车曲折；但它基本上都是虚构的故事，而夸父逐日和羲和御车则是上古测日入日出事实的升华，是原始历法的反映。两者在意义上是不同的。

日出日入的故事，在我国传说是比较多的。其中最著名的是《山海经·大荒东经》所说“汤谷上有扶木，一日方至，一日方出，皆载于乌”。三足乌背着太阳从东方升起，升到中天，直到日落。在古代的记载中，也有两乌抬着太阳飞，四乌绕着太阳飞的。在民间流传最多的是汤谷有棵万丈高的扶桑树，树上有个金

① ［汉］刘安著，赵宗乙译注，《淮南子·天文训》，黑龙江人民出版社，第139页。

鸡，它一叫，太阳就从海里升起来，天下的雄鸡也跟着叫了，随着这鸡叫声，天就大明了。类似传说很多。日出的故事的结构大多是直叙，很概括，以立杆测影观察日出的情景为依据，不是完全虚构的。

在日月的故事中以嫦娥奔月故事最为脍炙人口。《嫦娥奔月》故事，(晋)干宝《搜神记》里说："羿请无死之药于西王母，嫦娥窃之以奔月。将往，枚筮之于有黄。有黄占之曰：'吉，翩翩归妹，独将西行。逢天晦芒，毋恐毋惊，后且大昌。'嫦娥遂托身于月，是为蟾蜍。"故事出现较晚，但反映的事件的原始内核是很早的。

在传统的说法中，嫦娥，原名姮娥，即常仪、常羲，是帝喾的第四位妻子。出身于天文世家娵訾氏，长于观察日月运行。《山海经·大荒西经》有："女子方浴月。帝俊妻，生月十有二，此始浴之。"(袁珂校注《山海经》)帝俊即帝喾，中国的第一个天帝，商周人的祖先，是殷商之际的太阳神，姮娥是月母神。由于太阳运行一个回归年有十二个朔望月，所以有常仪生十二月的传说。中国自古有常仪占月之说，田合禄先生说："我认为是观察朔望月的生与死，即观察新月、上弦月、圆月、下弦月、晦月的变化，并建立'一月四分'的观念。"① 河图洛书历法即依此制定的。这个神话故事的结构与希腊神话中的月亮神阿尔忒弥斯有重大的不同。阿尔忒弥斯是宙斯与仙女勒托所生，与阿波罗是孪生兄妹。她的射箭技艺很高明，又兼狩猎女神。由于她爱上了猎人奥赖温，遭哥哥阿波罗的反对，阿波罗设计用打赌比箭的办法让阿尔忒弥斯把远在海上的奥赖温射死，阿尔忒弥斯后来发现是自己的情人，伤心已极，告到宙斯那里。宙斯同情她，将奥赖温灵魂升到天上占据最亮的地方，也就是由名的猎户星座。

在这里，我们同样看到，我国的《嫦娥奔月》质朴，少曲折，有深厚的历法背景，阿尔忒弥斯的故事是一个现代爱情故事，虚构成分浓重，曲折离奇，目的是让人们记住星座的名称。

太阳月亮的故事如此，星星的神话故事也同样有这一特点。我国的星神神话最著名最完整的莫如王良造父的故事。这两个人都是杰出的御车能手，因而被奉为神，并列入为中央天帝驾御北斗的星神。在人间时，造父是周穆王的驭者，周穆王西去西王母国乐而忘返，东方徐国偃王趁机作乱。穆王得知后造父驾着千里马，载着他日行千里，及时赶到徐国，平了叛乱，穆王因其有功以赵城作为奖励，赵国由此而兴。王良是春秋时代赵襄子的御者。当时晋衰，朝政由知伯和韩赵魏四公把持，知伯向韩魏索要土地，韩魏不得不给，但赵襄子不理，故知伯欲

① 田合禄、田峰编著，《周易与日月崇拜》，光明日报出版社，第 29 页。

联韩魏伐赵襄子。襄子乘着王良驾着马车逃过知伯追捕，并抢先说服韩魏合力，一举击败了知伯。后人因其驭术好，被奉为星神。他在天上是为中央天帝御北斗天车的。这北斗天车的运行，随斗柄的变动而知天时。斗柄指东即春天，指南即夏天，即西即秋天，指北斗冬天。

这个星神的故事也是一个非常朴实的人间故事演变的，说明王良，造父开车技术好，好到什么程度，没说，只是以日行千里的速度来说明其驾车的技巧。但这一问题到了道家手里，则不同了。经过道家思想的包裹和文字的修饰，它完全变成了另外一种面目《淮南子·览冥训》[①]写道：王良、造父驾车，上车抓住缰绳，那马就立刻整齐地保持全身的和谐，举步协调均匀，快慢劳逸一致，心气顺映平和，身体敏捷不觉车重，安于劳苦乐于前进，飞奔起来转眼即逝，或左或右如有鞭子指挥，转圆拐弯如月绕着圆环。世人都认为他们的驾驭技术精巧，然而却没有见到那更高明的技艺。

像那钳且、大丙的太乙之御，除去缰绳马嚼，扔掉皮鞭竹杖，车不用拉就自己行进，马不用赶就自己奔跑。随着日月运转，伴着星光在天空中运行，如同电光闪过，好似鬼神飞腾，进退屈伸，不见行迹，不用招手指点，不用大声喝叱，超过归雁在碣石山的飞速，赛过了鹍鸡在姑余山的疾行，驰如飞鸟，奔似弦断，如同踩着飞矢踏着长风，又像追着狂飙撵着疾风，早晨伴着旭日从扶桑出发，晚上伴着夕阳进入落堂。它们这是凭“不用”而能成就其“用”的，并非靠思虑的精审和手法的灵巧；意念形成后藏于胸中，用精神来晓喻六马，这就是用不御的方法驾驭车的情形。[②]

这段描写驾驭技巧的文字，并不比希腊故事逊色，也不是现代小说家所能写得出来的。作者极尽其赞美王良的驾驭技术之能事，说明“道”的力量，宣扬的是道家的思想，将技巧升华为精神，以精神御六马才是最高境界。真有点像现代儿童乐园的电动马车了。

从上述几个方面，我们可以看到中国的原始神话既不同于原始的创世神话，现代的世俗神话，也不同于以宣传宗教哲学为目的的宗教神话，它执着于对日、月、星运行（规律）不解之谜的猜测和演绎，植根于原始农业，以原始信仰为灵魂，用概括朴实的叙述为表现形式，有着极其深厚的原始历法背景。了解了这一点，就会明白中国原始神话的意趣。

① ［汉］刘安著，赵宗乙译注，《淮南子·览冥训》，黑龙江人民出版社，第303页。
② 同上书，第305页。

第六章
中国原始神话中的主角
——三皇五帝

本章简述三皇五帝为发展农业生产、改善人民生活，而观天测候、考定星历、敬授人时的事迹。

一、“三皇五帝”有三种不同的概念

二、有关三皇五帝观天测候的史实记载

三、三皇五帝是怎样从人走上神坛的

一、“三皇五帝”有三种不同的概念

（一）作为人的三皇五帝

“三皇五帝”是一个约定俗成的概念，它既包括作为氏族、民族始祖个人，也包括用三皇五帝名字命名的氏族，氏族集团存在的时代，同时还涵盖了由于他们个人功德圆满，被其后人崇敬，祀奉为神灵。不了解这一点，或忽视这一点，将它们混为一谈，在碰到具体问题时，就难以解释，从而形成或以神否定人或以人否定神，或以神否定历史的错误。我国过去许多文字训古家的错误，正是由此造成的。这也是他们走向民族虚无主义的一条通道。因此，在谈三皇五帝测天观候时，有必要先对“三皇五帝”概念分别作以解释。

《史记》帝系：少典—轩辕 + 嫘祖　昌意—颛顼（高阳）　玄嚣（青阳）—蟜极—高辛（帝喾）—放勋（尧）—穷蝉—敬康—句望—桥牛—瞽叟—舜（重华）。

由上述可知《史记》世系与《大戴礼记·帝系》世系同。

编辑《大戴礼记·帝系》的戴德是西汉元帝（公元前 48—前 33 年在位）时人，生卒年月不详。汉宣帝甘露三年（公元前 51 年），礼学家后仓弟子戴圣参加了石渠阁会议。可知，戴德大体上是宣帝、元帝时人。曾为信都王太傅，是礼学家后仓的弟子，其生活时代比司马迁略晚。《大戴礼记》资料汇辑编定于东汉，资料均产生于公元之前。《五帝德》《帝系》为古文经一派，说明司马迁与戴德使用的是同一广泛流传的文字。

从文字表述分析，有几个关键词值得注意：

其一，是产生的“产”字。在《帝系》中的表述是“少典产轩辕，是为黄帝”，意思是少典氏族（非指母亲或父亲个人），产生了或出现了一个杰出人物轩辕，即始祖黄帝。“黄帝产玄嚣，玄嚣产蟜极，蟜极产高辛，是为帝喾”的“产”字也同样是指“产生”了，“出现”了玄嚣、蟜极、高辛等氏族中的杰出人物；“黄帝产昌意，昌意产高阳，是为帝颛顼”也可以同样理解。不是指出生某氏族或一人。

其二，是“生”字。《史记》记载“黄帝居轩辕之丘，而娶于西陵之女，是为嫘祖。嫘祖为黄帝正妃，生二子，其后皆有天下，其一曰玄嚣，是为青阳，青阳降居江水；其二曰昌意，降居若水，昌意娶蜀山氏女，曰昌仆，生高阳。高阳有圣德焉”，又说“帝颛顼生子曰穷蝉”。由于“生”字指妇女生孩子，因而变成“玄嚣之孙，高辛立，是为帝喾”，“帝喾高辛者，黄帝之曾孙也”。这些上古帝王之间一般都是相隔数百年的历史朝代。司马迁将他们通过一个“生”字变成了世袭的血统家族。戴德的帝系改《史记》的“生”为“产”字，就更正了司马迁的错误。避免了将不同历史时代的杰出人物集中在一起，成为一个世袭的血缘家庭，造成历史的误会。

其三，是“孙”字。“孙”可作孙子，也可以作子孙后代。颛顼、帝喾距轩辕黄帝数百年乃至千年，不能说是黄帝的孙子曾孙，但说他们是黄帝的子孙后代是可以的。非血统亦可称子孙。

作为杰出的历史人物，并非只有三皇加五帝八个人，至少也应包括女娲、蚩尤、少皋、尧、舜、禹等始祖。也就是说三皇五帝指的是最具创造精神，成就最高的人文始祖，中华民族的代表者。上古人都是以氏族为本名，或者说氏族都以他们的名字称呼他们的氏族。例如：

燧人氏，风姓，弇兹氏，以鸟为图腾。

伏羲氏，又称伏羲、炮羲、包羲、庖牺、大能氏，以龙为图腾。

女娲氏，伏羲的妻子，风姓，以凤鸟为图腾。

神农氏，炎帝神农，以牛为图腾。

轩辕氏，黄帝，以鼋为图腾。

蚩尤氏，后世的娵氏，以牛为图腾。

少皋氏，少皋青阳，清，以鸷鸟为图腾。

高阳氏，颛顼氏，东夷少皋后代，以豕以龟蛇为图腾。

高辛氏，帝喾氏，东夷后代，以鸷鸟为图腾。

陶唐氏，尧，帝喾的后代，以龙蛇为图腾。

有虞氏，舜，以牛以鸟为图腾。

夏后氏，禹，西羌后代，以虎熊为图腾。

这些都是氏族中的真实的历史人物。除他们以外，还有许许多多的杰出人物和他们的氏族，如共工、祝融、鲧、夸父、羲和、常仪，以及最知名母系氏族如皇娥、女蟜、娵訾、嫘祖、姜嫄等。因而三皇五帝实际上是不同历史阶段最具创造精神的始祖的概括和称呼。他们是现实中的人，是历史中的人，是开创民族生存与发展条件的伟大英雄人物。

《五帝德》是对他们历史功绩从口头传说转为文字的记录。在《五帝德》中，我们看到五帝最突出的贡献在于：

黄帝：治五气，设五量，抚万民，度四方，教熊罴貔（pí，猛兽貔貅）豹虎，以与赤帝战于阪泉之野，三战然后得行其志。

黄帝黼黻衣，大带，黼裳，乘龙扆云，以顺天地之纪，幽明之故，死生之说，存亡之难。时播百谷草木，淳化鸟兽虫蛾，历离日月星辰，极畋土石金玉，劳勤心力耳目，节用水火材物，生而民得其利百年，死而民畏其神百年，亡而民用其教百年，故曰三百年也。

这段话的意思说明是：

第一，黄帝冶金木水火土五行之气，发明计量粮食的五种工具：龠、合、升、斗、斛，安抚万民，安定四方诸侯，团结以熊罴貔豹虎为图腾的西方少数民族，进行强兵训练，与赤帝战于阪泉之野，三战之后才战胜了蚩尤。

第二，黄帝穿着朴素的黑白相间的宽大衣服与裤子，腰里扎了一根大带子，受命云瑞，观于天文，察于地理，故知幽明之故，生死之说，存在之难。

第三，黄帝一生有许多重大发明创造，如他教导百姓按时播种百谷草木，驯化鸟兽昆虫，又使羲和占日，常仪占月，臾区占星气，细心判定日月星辰的位置，充分利用土木金玉，节约使用水火材物，使老百姓得其利。

颛顼的主要功绩是："静渊以有谋，疏通而知事，养材以任地，载时以象天，依鬼神以制义，治气以教民，絜诚以祭祀。"意思是颛顼这个人有很深的谋略，能知人任事，任地善植百谷草木，会推步四时，率神从天，以断幽明之宜，教导老百姓，播五行于四时，布种百谷，竭诚祭祀。

而帝喾呢，他能"顺天之义，知民之急。仁而威，惠而信，修身而天下服。取地之材而节用之，抚教万民而诲利之，历日月而迎送之，明鬼神而敬事之"。这里的"历日月而迎送之"说的是历象日月出入而察之，即派专人观察太阳从什么时候升起，什么时候落下去，观察日出日入的四时变化，以授民时。

尧，"其仁如天，其知如神，就之如日，望之如云。富而不骄，贵而不舒。黄黼黻衣，丹车白马，伯夷主礼，龙夔教舞，举舜、彭祖而任之，四时先民治之"。这里对尧极尽溢美之辞，讲他如天，如神，如日，如云，穿黄麻布衣，坐白马丹车，又能任人唯贤，"四时先民治之"。《尧典》说尧命羲仲羲叔和仲和叔分宅东南西北四方，以正春夏秋冬四时，将春分秋分夏至冬至的准确时间率先预报给老百姓。

舜，一是讲他"好学孝友，闻于四海，陶家事亲，宽厚温良，敦敏而知时，畏天而爱民，恤远而亲亲"。知时，指的是他善于顺天时，视天所宜而行事。

这里对尧舜帝喾评价极高，但他们并未被列入天帝，五天帝中没有他们的位置。

他们的共同特点是：其一，他们都重农，教民播种五谷；其二，他们都十分重视颁布农业历法，"敬授民时"；其三，他们都爱民，"知民之情""能举贤""知人善任"。但他们也有不同的特点与个性。黄帝之德在于文治武功，有谋略，善治五行；颛顼长于谋略，会推步四时，绝地天通，治气以教民；帝喾能"知民之急""仁而威"治国很刻苦，能迎送日月；尧则其仁如天，能"四时先民治之"舜宽厚温良，敦敏知时，畏天爱民。

五帝德行虽不同，但都讲仁义，爱人民，有谋略，都是敬鬼神的杰出的领袖人物。他们德行中最核心的东西就是教民布五谷，敬授民时，使民能顺应天时，适时播种，以得其利。

上述功德，均是指具体的个人的功德，而不是指神或时代的功德。

（二）作为时代的三皇五帝

把三皇五帝作为一个时代来考察，是一种新的思维，新的历史角度，新的研究方法。认识这一点，就能澄清许多模糊不清的问题。在这方面有杰出成就的有：王大有编著，《三皇五帝时代》（中国时代经济出版社）；许顺湛著，《五帝时代研究》（中州古籍出版社）；董立章著，《三皇五帝史断代》（暨南大学出版社）。他们都以自己确定的标准提出了三皇五帝或五帝时代的断代设想。尽管这仅仅是个人或流派的看法，并非国家探源工程划定的历史时期，但他们依然能使我们眼前一亮，使我们觉得他们已经越过了那些拘谨抱残的历史学家固守的“三皇五帝传说时代”框框，勇敢、庄严而艰难地开拓了中华民族历史的新天地。无论他们划定历史年代差异有多大，甚至是否成立，他们都是开拓者。他们最重大的贡献，就是首先认识到三皇五帝是不同的历史时代的代表人物，而不是司马迁讲的血缘家族。中华民族的历史是不同民族的共同创造，不是一个家族或一个个人独立创造的。四方不同文化的王者争夺东西南北交汇的中心——中原，以不同地域的文化影响中原。称王中原后，又以融会后的中原文化影响四方。从三皇五帝到夏商周莫不如此。

历史家们的断代的新论叙述大略是：在距今的12000年中，除去今日至夏朝这一历史时段的4000年，余下的8000年为三皇五帝时代。如果以距今10000年为限，那么，10000年或更早的时期为燧人时代，公元前10000—2000年，这8000年时间则为伏羲、炎帝神农和五帝执政时期。根据这一设想，我们来观察一下上述几位先生的断代设想。

三皇五帝是上古的时代标志

三皇五帝的称呼，不是单一的个人称谓，而是时代的标志，即不同的历史阶段的称呼。三皇有多种说法，有说是伏羲、神农、燧人，有说是伏羲、神农、祝融，有说是燧人、伏羲、神农，有说是伏羲、女娲、神农，有说是伏羲、神农、黄帝，也有说是燧人、伏羲、女娲。我们从燧人、伏羲、神农之说。五帝为黄帝、颛顼、帝喾、尧、舜。三皇指时代，五帝也是历史时代，他们不是一个家族的人，没有血缘关系。“大一统”思想强调血统，以一个血统，统一上下数千年，虽然亲近了，但却丢失了历史。因此强调它们是不同历史阶段的标志是十分必要的。在这里，我们仅以王大有《三皇五帝时代》、董立章《三皇五帝史断代》、许顺湛《五帝时代研究》的相关资料加以说明。

表　两位学者对三皇五帝断代的划分

	王大有《三皇五帝时代》	董立章《三皇五帝史断代》
伏羲氏	公元前9704—前7005年，执政2699年，伏羲氏13世，其他氏族共54世，器至戈	公元前5341—前4086年

续表

	王大有《三皇五帝时代》	董立章《三皇五帝史断代》
炎帝神农	公元前 6998—前 6512 年，榆罔帝，公元前 6763—前 6491 年，共 22 世执政 507 年	17 世 380 年 公元前 4801—前 3702 年
黄帝	10 世，615 年 公元前 7125—前 6510 年	18 世，400 年 公元前 3701—前 3302 年
少昊	历 7 世，283 年 距今 5767—前 6050 年	20 世，400 年 公元前 3301—前 2902 年
颛顼	公元前 5954—前 5345 年，共 609 年，甘肃礼县朝云国司彘之国，后入主中原达 555 年，历 16 世	19 世，350 年 公元前 2901—前 2556 年
帝喾	历帝 38 世，共 1023 年	喾朝 20 世，300 年 公元前 2555—前 2256 年
挚	22 世，公元前 2799—前 2357 年由帝喾后裔子挚称帝，38 世匡二至距今 4349 年，共 442 年	帝挚 1 世　9 年 公元前 2255—前 2247 年
尧	尧 1 世至尧 6 世，共 229 年 公元前 2357—前 2128 年	共 73 年 公元前 2246—前 2174 年
舜	舜 2 世，共 43 年 距今 4085—4128 年	舜禹 2 世　27 年 公元前 2173—前 2146 年
禹	公元前 2103 年摄政，前 2085 年承帝位，至距今 4073 年死。摄政 30 年，称帝 12 年	

从上述比较中，我们可以看到两位学者的三皇五帝名称相同，测定年代的手段，如 C14、同位素树轮校正等相同，断代认识相同，断代起点（从夏立国的公元前 2073 年开始）相同。由于断代标准依据不同，一个根据认定西水坡 M45 墓主为蚩尤进行推断，一个以五星聚会进行推断，因而两人断代年代相差巨大。许顺湛先生的断代时间与董先生基本一致。当然这只是开始的尝试，这种差异是可理解的，相信在不久的将来标准统一之后，一定会有一个统一的三皇五帝各朝代的划定。

两位先生已经作了很大努力付出艰辛的劳动，提出了许多新鲜的令人深思的见解。例如王大有先生特别为蚩尤叙了谱，指明蚩尤氏族从卥 1 世距今（1997 年）6582 年起，至距今 6402 年止，共 7 世，历 180 年，其中与黄帝战于涿鹿的蚩尤，本名尤，牺牲时 42 岁，为 6513 年，是蚩尤氏族的第三代人。这些情况我们一般人是不知道的。王先生提出伏羲氏族衰落后，归入炎帝系，并向淮河下游和西汉水迁移。董立章先生更提出新说“炎帝在伏羲朝后期之封国在女娲迁离后的大溪文化区偏南，即今湘东一带，后来逐渐北迁，至江汉地区后又北入关中、晋南、豫西、融入仰韶文化渭南史家类型区，在此与该地域早至之女娲方国结盟，继而进豫北、冀南，核心部分集结于仰韶文化后岗类型地区。此时共工擅权执政，炎帝国之东迁……炎帝在女娲帮助下，以不周山决战，灭共工而创造炎帝朝”。[1] 这也是我们过去见所未见闻所未闻的故事。

无论怎样，我们从以上专家的“断代”的创造性劳动中，已经看到的事实是：三皇五帝不是历史上的个别人或神，而是一个又一个前后衔接、连续的历史朝代。这是中华民族万年文化史上展露的一缕新曙光，值得人们仰望。

（三）作为神的三皇五帝

三皇五帝本为人间的现世领袖人物，部落酋长，怎么会一下子变成神了呢？这是一个很值得探讨的问题。我个人以为，神的产生缘于崇拜。

顾颉刚先生在《论易系辞传中观象制器的故事》[2] 一文中提出三皇五帝似乎是战国末西汉初年的儒家道家们生造出来的。

而现实的历史否定了这一假说。神话与传说是远古现实的历史。神的产生缘于崇拜。作为神的三皇五帝并非产生于战国末西汉初年。我们之所以这样说，是基于以下理由。

首先，作为神的三皇五帝，源自于上古人对太阳的崇拜和对三皇五帝爱民授时的敬仰。

从仰韶文化、裴李岗文化、东夷文化、大汶口文化、良渚文化等大量墓葬中，我们可以看到各方葬式朝向是不同的。东夷人崇拜日出，死者一般头朝东，仰韶、姜寨人崇拜落日，死者一般都朝西或西南，而良渚等南方人，崇拜夏阳，通常头朝南，北方葬区也因崇拜太阳是头朝北的。

何新先生著的《诸神的起源》一书，首先在导言中展示了许多十字形装饰图案，这些图案是存在于新石器时代的器物，也常见于商周甲骨文和青铜器铭文中。过去有人认为“卐”形戈麦丁图案产生于印度或欧洲，中国的戈麦丁图案则是随印度佛教的东来由印度输入的。何先生指出“考古已证明，至少有两种类型的戈麦丁图案，分别出于甘肃、青海以及广东、内蒙古的新石器遗物中，其时代距今五六千年，不仅远远超过佛教在印度起源的时间，而且可能早于印度戈麦丁出现的时间。”[3]

---

① 董立章编著，《三皇五帝史断代》，暨南大学出版社，第 552 页。

② 顾颉刚编著，《论易系辞传中观象制器的故事》，《周易全书》第 3 卷，团结出版社，第 1953—1954 页。

③ 何新著，《诸神的起源》，北京工业大学出版社，第 3 页。

何先生以大量的岩画中出现的太阳神形证明五六千年之前的人们就存在对太阳神的崇拜。

伏羲太昊是天神称号。太昊，太（大）皞，字义一样。帝字之源为日，所以有太昊帝包牺氏“继天而生，首德于木”“帝出乎震”“立春，象日之明”等等演绎，这就使太昊、伏羲在实际上具有太阳神相同的意义，也就是昊天上帝。

“黄帝、皇帝，其本义就是光明之神。”黄帝名轩辕，即应元，元神，圆神，混沌神，实指太阳神。帝是古神的称谓，所以“黄帝是太阳神”。后来分化为日神[①]羲和与月神常仪两神。

高阳是夏人祖先颛顼的神号。高阳也是太阳神。传说中他是黄帝的子孙。黄帝是太阳神，他亦是太阳神。他以猪龙为象征。

帝喾（帝俊）是殷人的祖神，也是太阳神。以凤鸟为太阳神象征。

尧舜，也是太阳神，被尊东皇太一神。

这些神并不是战国末西汉初才有的。正如丁山先生所指出的，在殷商王朝时期，人们就崇拜上帝，在他们那里除了上帝之外，就是四方大神，即东析、南粦、西彝、北勂；周时金文有“黄上帝”“皇天上帝”，春秋时文献如《左传》《国语》《国策》都称黄帝。黄帝，“禘于黄”“黄示”即祀黄神，黄帝之神。[②]《管子·五行》中说：“昔者黄帝得蚩尤而明于天道，得大常而察于地利，得奢龙而辩于东方，得祝融而辩于南方，得大封而辩于西方，得后土而辩于北方。黄帝得六相而天地治，神明至。”这些记载说明黄帝的神号在春秋之前已形成了。甲骨文中的“北方曰狄”，指的是颛顼是北方的天神。《国语·楚语》所记“及少皞氏之衰也，九黎乱德，民神杂糅，不可方物，祸灾荐臻，莫尽其气，颛顼受之，乃命南正重司天以属神，命火正黎司地以属民，使复旧常，毋相侵渎，是谓绝地天通”，颛顼是大巫，作为人王有通天的本事，后来成为天神。他成为天神，从甲骨文“北方曰狄”看，也至少在殷商时代。

尧被尊为东皇太一，春神，舜被尊为夏神，亦在商周之间。帝喾（高辛）在《天问》和甲骨文里都提到，丁山先生认为高祖夒是殷的始祖，即帝喾，也不是战国时才有的复合神号。

可见，作为神的三皇五帝（主要是五位天神），绝非是战国末期西汉初年那些阴阳家，道学家随意创造的，而是早在春秋、战国之前逐渐形成的天神系统。

这个天神系统的显著特点是：

① 何新著，《诸神的起源》，北京工业大学出版社，第 42—43 页。
② 丁山著，《中国古代宗教与神话考》，上海文艺出版社，第 421 页。

其一，东方木德天帝太皞、南方火德天帝炎帝、西方金德天帝少皞、北方水德天帝帝颛顼、中央土德天帝黄帝，是不同时代祖先的代表者。在此之前，殷人尊喾为天帝，周人尊尧为东皇太一，春神，舜为夏神，实际上是南方天帝炎帝祝融，殷时的“夒”，即有“俊”“舛”的影子，东方伏羲太皞与句龙神既有伏羲的影子，也有帝尧的影子。所以说五天帝是不同时代天帝天神的综合形象和列祖列宗的代表。世界上有的宗教强调一神教，以一神为尊，为上，为大，有的宗教提倡万神皆尊，同上，同荣，我国的天神都是祖宗神，五位天帝皆尊，都以中央为高为大为上，谓之天皇。由于天神代表的是不同时代的祖先，因而它们亦反映了不同时代的历史。

其二，其本质内涵，都是管天气变化，以保障人民农业生产丰收为目的。《管子·四时》说：“唯圣人知四时。不知四时，乃失国之基。”四时是哪四时呢？管子说：“东方曰星，其时曰春，其气曰风，风生木与骨（根）。”要求修整神位，虔诚祈祷，以正阳为宗主，修堤，耕耘，修剪果园，修理交通水利，才能保证风调雨顺；“南方曰日，其时曰夏，其气曰阳，阳生火与气”。所以夏天要考核赏赐有才能的人，发扬阳气，时雨降，五谷，谓之曰德；中央曰土，“土德实辅四时入出”；“西方曰辰，其时曰秋，其气曰阴，阴生金与甲”。要求住宿田野的农民谨慎收获庄稼，“量民资以畜聚”，要百物包括木材都要收获聚集备用，要讲正义与诚信；“北方曰月，其时曰冬，其气曰寒，寒生水与血”。大寒至，兵军强，五谷熟，国家昌，叫月德。用老百姓的话来说就是东帝管春生，南帝管夏长，西帝管秋收，北帝受冬藏。中央管土地，万物生长的基础，人类生存的条件。管子提出管理国家有十件大事，前五件是农本、农具、劳力、治理，教化，都是环绕农业发展的。五行，四方五位天帝最根本最中心的任务是管农业的风调雨顺。

其三，由于气候变化，都与太阳运行有关，所以五位天帝都是太阳神。东方帝管春天日升，中央天帝管日中，南方帝管夏至，西方帝主秋管日入，北方天帝管冬至。中国自古以农业立国，提倡农业历法，观天测候，知天、知地、知人，唯独缺少西方社会那种贸易与海上交往之神。

作为神的天帝，也缘于古人对英雄的崇拜与敬仰。但并不是每一个人祖都可以敬奉为神的，人变成天神天帝是有条件的。这些条件是：

必须功德圆满；

必须获氏族、氏族集团和国家全体人民的普遍认可；

必须修祠祭祀，举行一定的仪式；

必须借助想象力将人性转化为神性，使人神格化。

三皇五帝是人，是时代，通过上述祭祀而获得神号与称谓。

二、有关三皇五帝观天测候的史实记载

（一）伏羲神农时代的观天测候

《周易·系辞下》云：

“古者包牺氏之王天下也，仰则观象于天，俯则观法于地，观鸟兽之文与地之宜，近取诸身，远取诸物，于是始作八卦，以通神明之德，以类万物之情。”

“始”指明八卦是数千年间诸多人王的共同创造，并非一人创造的，伏羲是创造八卦的始祖。

（二）黄帝蚩尤时代“考定星历”的证据

《史记·历书》说：“王者易姓受命，必慎始初，改正朔，易服色，推本天元，顺承厥意。”所以太史公曰：“神农以前尚矣。盖黄帝考定星历，建立五行，起消息，正闰余，于是有天地神祇物类之官，是谓五官。各司其序，不相乱也。民是以能有信，神是以能有明德。”

《索隐》引《系本》及《汉书·律历志》云：“黄帝使羲和占日，常仪占月，臾区占星气。伶伦造律吕，隶首作算术，容成综此六术而著《调历》。推分星次，以定律度，自斗十一度，至婺女七度，名曰星纪之次，今吴越分野。自婺女八度，至危十六度，曰元枵之次，今齐之分野。自危十七度，至奎四度，曰豕韦之次，今卫分野。自奎五度，至胃六度，曰降娄之次，今鲁分野。自胃七度，至毕十一度，曰大梁之次，今赵分野。自毕十二度至东井十五度，曰实沈之次，今晋魏分野。自井十六度至柳八度，曰鹑首之次，今秦分野。自柳九度，至张十七度，曰鹑火之次，今周分野。自张十八度，至轸十一度，曰鹑尾之次，今楚分野。自轸十二度，至氐四度，曰寿星之次，今韩分野。自氐五度，至尾九度，曰大火之次，今宋分野。至尾十度，至斗十度，百三十五分而终，曰析木之次，今燕分野。凡天有十二次，日月之所缠也；地有十二分，王侯之所国也。”这就是古时的十二星次，一年十二个月的名称与来历。

关于蚩尤，夏曾佑先生在第一章节第十三节中称“蚩尤为九黎之君，其少时曾学于中国，仕于炎帝使宇于少昊，再仕黄帝，为主金之官，又为当时司天之官，黄帝深器之，使佐少昊”。故诸多著作均说蚩尤“知天”，又有“风伯、雨师之从”。这些记载应是可信的。

这里涉及诸多天文历法问题：

其一，关于容成作历。《历书》《索隐》说：“黄帝使羲和占日，常仪占月，臾区占星气，伶伦造律吕，大挠作甲子，隶首作算数，容成综此六术而著《调历》也。”说明《调历》是一种综合了日、月、星、气、律吕、甲子、算数的综合历法。容成是怎样一个人我们不知道，《调历》是什么样子不知道，至今也未见只言片语，至于说容成推分星次，以定律度，是一种推测。十二星次是有的，古人以星次的角度的确定与分野，制定历法。

表　陈久金十二星次二十八宿的对应关系[①]

农历月序	11	12	1	2	3	4	5	6	7	8	9	10
十二月建	子	丑	寅	卯	辰	巳	午	未	申	酉	戌	亥
十二次	星纪	玄枵	娵訾	降娄	大梁	实沈	鹑首	鹑火	鹑尾	寿星	大火	析木
二十八宿	斗牛	女虚危	室壁	奎娄	胃昴毕	觜参	井鬼	柳星张	翼轸	角亢	氐心房	尾箕
十二辰	丑	子	亥	戌	酉	申	未	午	巳	辰	卯	寅
四象	北方　玄　武			西方　白　虎			南方　朱　雀			东方　苍　龙		

表中十二月建将黄道运动分成经北方玄武七宿时为冬季，经东方苍龙七宿时为春季，经南方朱雀七宿时为夏季，经西方白虎七宿时为秋季。二十八宿与月序的对应关系是先秦两汉时才固定下来的。

其二，关于黄帝考定星历，令羲和占月，常仪占月，臾区占星气，已成历史事实。占日占月占星都涉及二十八宿。几十年前人们还认为这只是妄测，现在成了事实。考古发掘证明，黄帝蚩尤时代已有二十八宿了。1987 年 6 月河南濮阳西水坡 M45 墓，墓主人骨架两侧与脚端由蚌壳摆塑的龙虎图案和两根人骨的蚌塑三角形，墓主人头朝南，呈东苍龙，西白虎，北北斗附近各有一具殉人。我国天文学家考古学家反复严密论证，认为这是我国最古老的二十八宿。以 AD1950 年为历元计算，为公元前 4400 年，距今 6418 年。有人认为墓主人是蚩尤，有人认为

① 陈久金编著，《星象解码》，群言出版社，第 41 页。

是一位权位的巫师，如羲和常仪、臾区之类的人物，也有人认为是一位王者。就历法而言，是谁并不是很重要的，重要的是这位墓主人肯定是黄帝蚩尤时代的人物。因为它证明了黄帝蚩尤时代的中国确有二十八宿。所以令羲和占日，常仪占月，臾区占星并非虚妄之言，而是事实。因而“盖黄帝考定星历，建立五行，起消息，正闰余”，亦具有可信性；不仅如此，它同时也排斥了中国的二十八宿起源于印度、巴比伦和中国二十八宿出于战国、出于周初、出于殷中期等误传。它比巴比伦、古印度的二十八宿早了3000余年。皇帝、蚩尤在那个时代（距今6400年）的中国即建立了自己的天文系统，今日的人们不能不向他们顶礼膜拜。

其三，关于黄帝让大挠作甲子，虽有记载，但我们至今未见诸如上述的M45之类的证明。说黄帝让“大挠作甲子”，“用甲子纪日，每六十日甲子一周”，尚无明证。如此说成立，那么在黄帝蚩尤时代，人们不但学会用十进位制，而且还会用六十进位制了。这是一个很了不起的进步。但甲子是否起于黄帝时代，有待实物证明。

（三）少皞、颛顼时代的观象历法

《史记》说“少皞氏之衰也，九黎乱德，民神杂糅，不可方物”，以至“祸灾荐臻，莫尽其气”。是怎么回事？我们普通读者难以明白，也无需追究。《国语·楚语下》说少皞末世“九黎乱德，民神杂糅，不可方物，夫人作享，家为巫史，无有要质，民匮于祀，而不知其福，烝享无度，民神同位……嘉禾不降，无物以享。祸灾存臻，莫尽其气。颛顼受之，乃命南正重司天以属神，命火正黎司地以属民，使复旧常，毋相侵渎，是谓绝地天通”。

这里最值得注意的是“祸灾荐臻，莫尽其气”，用现代的话说就是不按节气种植，所以嘉禾不降，无物以享，造成了人民缺吃少穿“民匮于祀”的灾难，于是责怪于“民神杂糅”“家为巫史”，造成了自行通天求神祈福的混乱局面。

《左传·昭公十七年》记载：昭公十七年秋天，少皞后代郯子来朝，昭公宴请他，席间昭公问他有关少皞以鸟名官事怎么回事，郯子回答说，少皞“吾祖也，我知之。昔者黄帝氏以云纪，故为云师而云名。炎帝氏以火纪，故为火师而火名。共工氏以水纪，故为水师而水名。大皞氏以龙纪，故为龙师而龙名。我高祖少皞挚之立也，凤鸟适至，故纪于鸟，故为鸟师而鸟名。凤鸟氏历正也。玄鸟氏司分者也。伯赵氏，司至者也。青鸟氏司启者也。丹鸟氏司闭者也，……九扈，为九农正”。并说孔子听到后，见于郯子而学之。

这是古史中的记载。从这个记载中，我们可以看到在少皞时代，实行以鸟名官职，是因为这些官员分管着确定不同季节的特殊任务。所以他们都是历正官。他们的分工是：

玄鸟氏	司分	观察、确定、发布春分、秋分到来时间
伯赵氏	司至	观察、确定、发布夏至、冬至到来时间
青鸟氏	司启	观察、确定、发布立春、立秋到来时间
丹鸟氏	司闭	观察、确定、发布立夏、立冬到来时间

这就是说少昊氏实行的是阳半年，阴半年结合的十月历。一年被分成春分、秋分、夏至、冬至和立春、立夏、立秋、立冬的四时八节。当时还没有二十四或三十节气之类的历法。少昊末由于九黎不行黄帝历，恢复了东夷蚩尤少昊历法，使人民不知所遵不能按时种植，才形成了混乱，造成“嘉禾不降”“民匮于祀”的局面。所以，颛顼即位之后“乃命南正重司天以属神，火正黎司地以属民，使复旧常，毋相侵渎”，即设立重与黎两种历正官，一个管天上的事，一个管地上民间的事，重新采用十月历制，互不干扰，使生活正常化。

但时至今日，我们只见到有颛顼历的片断记述，实际上并未见着完整的颛顼历。

《楚帛书与夏小正新解》一书中“六种古历之比照”[1] 如下：

① 何新著，《楚帛书与夏小正新解》，时事出版社，第 81 页。

公历	11	12	1	2	3	4	5	6	7	8	9	10
	亥	子	丑	寅	卯	辰	己	午	未	申	酉	戌
夏	10	11	12	1	2	3	4	5	6	7	8	9
颛顼（古历）	1	2	3	4	5	6	7	8	9	10	11	12

在该书第84页，说周历以冬至为正月，颛顼历以立秋为正月，即周历的八月、公历的七月为正月，实行的是十月太阳历。这样，我们便发现在颛顼时代至少存在过两种情况，一是以亥月为正，一是以未月为正。少昊历法与颛顼重黎历法从大汶口文化、大河村文化亦可得到证明。我国现行的农历也同样是十月历的继承与发展。这一点从单月初日的重叠如一月一、三月三、五月五……都是节日，而十一月却没有十一月十一日的节日，即可证明赐为十月制的改制。

（四）尧舜禹时代的“敬授民时”

尧不忘旧，复典籍，立羲和之官，敬授民时，尧年老禅舜，交班时说：“天之历数在尔躬。”舜亦以命禹，其制一脉相传。

《尚书·尧典》说：“尧乃命羲和，钦若昊天，历象日月星辰，敬授民时；分命羲仲，宅嵎夷，曰旸谷。寅宾出日，平秩东作。日中，星鸟，以殷仲春。厥民析，鸟兽孳尾；申命羲叔，宅南交。平秩南讹，敬致。日永，星火，以正仲夏。厥民因，鸟兽希革；分命和仲，宅西，曰昧谷。寅饯纳日，平秩西成。宵中，星虚，以殷仲秋。厥民夷，鸟兽毛毨；申命和叔，宅朔方，曰幽都。平在朔易。日短，星昴，以正仲冬。厥民隩，鸟兽氄毛。帝曰：‘咨，汝羲暨和，期三百有六旬有六日，以闰月定四时，成岁。允厘百工，庶绩咸熙。’”

这段文字的大意是：

尧命令羲氏与和氏等测日月星辰运行的官员，要遵循上天的旨意行事，推算日月星辰运转变化的规律，制定出可能的历数来。并把天时节气，告诉人们，以指导农业生产。

尧又分别任命羲仲住在东夷海边，一个叫旸谷的地方——传说是太阳升起的地方，迎候日出，测定太阳东升的时刻，找出昼夜相同的那一天作为春分；以南方朱雀七宿出现在南中天时的天象作为仲春（二月）的依据；这时节人们在田地里劳动，鸟兽开始衍生繁殖。

尧次命羲叔住在南方的交阯，弄清楚太阳向南运行的情况，迎接太阳的南行。以白天最长的那天，作为夏至到来的标志，以东方苍龙七宿的大火星出现在南方中天作为夏天第二个月的依据；这时候的人们住到高处循例耕作了，鸟兽已换了新的羽毛。

尧再命令和仲住到西方，一个叫昧谷的地方去，恭敬地送太阳西行，测定太阳西沉的情况，找出昼夜长短相等的那一天作为秋分，并以北方玄武七宿中的虚宿出现在南中天的时间为秋天的第二个月。这时节的人们从高处回到了平地，鸟兽又换了羽毛。

尧再申命和叔住到北方，一个叫幽都的地方去，弄清太阳向北运行的情况，测量出白昼最短的那一天作为冬至到来的标志，以西方白虎宿中的昴宿出现在南中天的时间，判定冬季的第二个月到来的依据。这时候的人们已经因天冷住到室内去了，鸟兽的羽毛长得又多又细柔。

尧又对掌管日月运行的羲氏和氏官员说：希望你们把一年定为 366 天，用增加闰月的办法来确定一年四季。百官依此行事，事业就会兴旺发达了。

《尧典》是上古历法的重要文献，许多权威都认为是真的，无法否认。尧保存了中国的上古历法是毋庸置疑的。尧舜禹时代已明确存在一年 366 天，春夏秋冬四季（四时），和春分、秋分、夏至、冬至、立春、立夏、立秋、立冬八节，并有专职官员分别住在东南西北四方专门负责观察测定与发布春分、秋分、夏至、冬至的授时事宜。记载具体，明确。而且实物仍存在。在山西襄汾陶寺我们可以看到，尧时确实有一套测日计时工具：十三（实沈）。在旷野里，面向东方，立十三根柱子。太阳从日出至日落从十三根柱子的十二个缝隙里穿透出来，即为一天十二时的时辰。离这十三根柱子几米远的地方有一个固定的观察点，负责观察记录时辰。这十三根柱子山西话就叫“实沈”这与阏伯实沈的传说相合。

对比《十二纪》四时之仲月，可见其记时观察特征：

十二纪	尧　典
仲春之月，日在奎， 昏弧中， 旦建星中。	日中，星鸟，以殷仲春
仲夏之月，日在东井， 昏亢中， 旦危中。	日永，星火，以正仲夏
仲秋之月，日在角， 昏牵牛中， 旦觜嶲中。	宵中，星虚，以殷仲秋
仲冬之月，日在斗， 昏东壁中， 旦轸中。	日短，星昴，以正仲冬

由上述可见，《尧典》中记述的四季仲月出现在南中天最亮的定时星宿并不相同。这一点恰恰说明《尧典》与《十二纪》并不出于同一时代。上下两千年，斗转星移，也是自然的。

另一方面，我们也可以看到呈现在《尧典》中的是一年十二个月，四个季节，每季分孟、仲、季三个月，共 366 天，而不是通行的十月太阳历，每月 36 天，共十个月，360 天余 5—6 天过年。这一点，从襄汾陶寺的遗迹亦可证明。在陶寺的旧址上仍保存着十三（实沈）根柱子和一个观察点，站在观察点上观察十三根柱子间十二个缝隙里太阳影子的长短以确定一年十二个月的时辰。这就是尧推行十二月制的现实证明。颛顼十月历尧时仍在实行，但同时尧又发明了十二个月 366 天的历法。

三、三皇五帝是怎样从人走上神坛的

由人变成神的例子在中国很多，如关公、妈祖等，不胜枚举。为说明人变成神的过程，我们这里不妨举一个离我们最近的例子。

李亦园先生著的《宗教与神话》(广西师范大学出版社）中有一篇文章叫《传说与课本》。讲的是台湾的吴凤原本是清朝的一个官员，后来却变成神了。他是怎样变成神的呢？我们不妨来看看。

第一，吴凤原来是人，不是神。

1954年，台湾地区“考试院长”的贾景德为吴凤撰写了一个碑文。碑文中说：

凤，字元辉，福建平和人。生于康熙三十八年，正月十八日，死于乾隆三十四年八月十日，历四十八年。清康熙间随访父珠、母蔡，渡海来台，居诸罗。诸罗，今嘉义也。地于山胞接，遂娴习其语俗，居数年，台有朱一贵之变，事平，丞抚字。凤受县命，为阿里山通事（注：时年24岁），勤恳慈惠，利弊多兴革，山胞大和，受戴若父母。

第二，吴凤之死。

山胞习俗（按：人祭是一种十分古老的习俗，曹族信人祭），秋必杀人报神，凤力戒不能革。值一贵新变后，民多兵死，乃取死者首充祭事，逮乾隆三十一年，首尽，无以应，山胞索，强以理喻法诫，止其妄杀者。又三年，值饥饿，山胞凶凶诣凤，谓非杀人不能谢神谴，凤知事不可止，好语之，谓明日有红衣帽行山中者，可取其首，始鼓舞喜跃去。次日，群伺蹊径间，果有红衣帽者行来，蜂拥击杀之，取首谛视则赫然吴通事也。

第三，立庙祭祀。

凤死后山胞惊，即痛悔咎，庶事多废，民葬泯乱，不可戢，夏雨潦疫疠之灾，益大怖，谋自解，乃誓革旧俗，毋复妄杀人。嘉庆间立庙于中埔乡社口村，称阿里山忠王庙。岁以死日祭。

第四，凤死为神。

或谓凤死为厉，故人神之。旧庙有像，骑马仗剑，威猛武怒。台湾地区小学国语第十八课吴凤（二）有：“吴凤死后，山地人哭，汉人也哭。当地的好人病了，病人梦见了吴凤，健康人疯了，疯人碰见了吴凤。有人见吴凤雨地里走着，有人见吴凤驾着云飞，有人见吴凤骑着马跑。从此，水灾来了，不再有人领着防护；山崩了，不再有人领着修理；打架也没有人调停和解。”在这里，想象力使吴凤添上了神翼。

阿里山曹族人自古以来流行人祭风俗，以祈上天赐农业收成好。杀吴凤，“原非本意”，而是“当时社寮设于社口庄”，“有无赖恶少混入，腹削勒索不知其所底止。是以阖族愤恨，深入骨髓，终至决行抱怨，袭社寮杀一人，刎其头归，后视之，觉为吴凤，乃恐惧而弃之”，至光绪初年“曹族人也还下山猎汉人之首”。[①] 由此，可见吴凤死后开始作为普通人就墓而祭，后来经传说神化了才建了庙。一个真人因加上种种神话描述，赋予神性，便成了神。

从吴凤的例子，我们也可以想象我们的祖先之成为天神也有同样的过程：

首先要有生动感人的事迹与德行；其次要得到本氏族子孙后代的普遍敬仰与崇拜，一个真人有令人敬仰的事迹，经过想象加工和传说使之神格化；再次，要有一定的按族俗举行的祭祀仪式，经过建庙祭祀，才能被尊为神。

《史记·封禅书》说得十分明白：“管仲曰：‘古者封泰山，禅梁父者七十二家，而夷吾所记者十有二焉。昔无怀氏封泰山，禅云云；虙羲封泰山，禅云云；神农封泰山，禅云云；炎帝封泰山，禅云云；黄帝封泰山，禅亭亭，颛顼封泰山，禅云云；帝喾封泰山，禅云云；尧封泰山，禅云云；舜封泰山，禅云云；禹封泰山，禅会稽……汤封泰山，禅云云，周成王封泰山，禅社首，皆受命然后得封禅。’”文王受命，政不及泰山，武王克殷二年，天下未宁而崩，功德不圆满没有封禅，不能成为神。

为什么封禅要到泰山去封，不在别的地方封呢？一是表示祀者接受天命。以高山顶立为天。二是防止礼制荒废。三是认神祖，承皇统。所以帝王封禅不仅要受命讲功德，而且封禅时十分隆重，要“除车道，上自泰山阳至巅，立石颂帝德，以明其得封也”。

一曰天主，祠天齐；二曰地主，祠泰山梁父；三曰兵主，祠蚩尤；四曰阴主，祠三山；五曰阳主，祠之罘；六曰月主，祠之莱山；七曰日主，祠成山；八曰四时主，祠琅邪。皆各用一牢具祠，而巫祝所损益，圭币杂异焉。

封禅制度并不是秦汉以后才有的。《尚书·舜典》记载在舜即位于文祖庙，舜用美玉制成天文仪器观测日、月、五星的运行情况，祭祀上帝，祭祀六宗“璇玑

① 李亦园编著，《宗教与神话》，广西师范大学出版社，第 257 页。

玉衡。以齐七政”。禹即位也遵舜的做法。夏朝从开国到孔甲传了十四代。孔甲淫德好神，二龙去之，三年后汤伐桀。所以，天子们深信天神是不能得罪的，得罪了就要亡国。他们不仅有如“月令”规定的祭祀制度，而且还有专门的祭祀场所“明堂”和独立的神庙。

封禅的意思为“合不死之名也”。亦即灵魂不死，与世人同在。上封泰山（上天），下祠先人，都意在“不死”。所以说中国的天帝天神不同于宙斯，是天帝家传的，也不同于天主耶和华是永生不灭、亘古不变，为一人之天界。中国的天帝天神都是后人敬封的。五帝之成天神，是和他们从事农业种植，敬授民时，爱民为民谋利的功绩分不开的。由于他们生前在这些方面建立了巨大功绩，他们死后，子孙后代怀念他们，为纪念他们，祈求他们不灭的灵魂保佑自己，所以敬奉他们为神。不仅帝王，一些成就巨大的普通人死后，亦以封为天上某星某宿，使其成神不灭，再下凡返还人间。或者说他本来就是某星，是某个星宿下凡。

既然我们深信中国的天神都是来自现实世界的真人，那么，反过来，我们从天神便可以知道我们民族的历史和我们民族的远古祖先，这也是很自然的。

第七章
中国原始神灵与神话

本章就原始神灵与神话加以区分与概述。

一、《山海经》里的山神与氏族神灵

二、中国最早的神庙与创世地母神女娲

三、月神西王母与嫦娥

四、灵物龙凤

中国上古的神话，从其原始特征分析，可分为以下几种类型：

（一）山神。它们是采野果、食野兽的旧石器时代的神灵。

（二）氏族邦国祖先神。这一类神灵与神话实际上是新石器时代食五谷、役四兽的神灵与神话。

（三）地母神与月神。这是反映母系社会，女性当家的神灵与神话。

本书只选了极具代表性的几位，如女娲、西王母、嫦娥。嫘祖、姜嫄等未列入。

（四）天帝天神。这类神出现较晚，大约在战国中期，他们是上古历代帝王的代表。神的形象已脱离了图腾神形，但保留有图腾胎记，具有新型君主形象的特征。

（五）还有一类神与神话是综合图腾神灵。这是灵物神中最有代表性的一类。

基于上述认识，我们在这里仅就山神、氏族邦国祖先神、地母神和综合图腾神四类神灵与神话加以分析介绍。

中国的原始神灵与神话要目：

（一）《山海经》里的山神与氏族神灵

1.《山海经》五藏山经是夏书

2. 山经中的图腾山神

3. 山经中的氏族神话故事

4. 海经中的邦国神灵类型

5. 海经中氏族神的形象特征

（二）中国最早的神庙与创世地母神女娲

1. 5000 年前的女娲神庙的发现与发掘

2. 5000 年前的女娲神像的面部特征

3. 陆思贤先生对女娲神庙与神像的考定

4. 古典文献中的女娲

5. 牛河梁女神的显著特征

（三）月神西王母与嫦娥

1. 月神、阴神西王母

2. 月神嫦娥

（四）灵物龙凤

1. 中华龙的内涵演变与发展

2. 以凤示瑞的吉祥鸟——凤

一、《山海经》里的山神与民族神灵

（一）《山海经》五藏山经是夏书

自古以来，《山海经》就被称为一部奇书，天文、地理、历史、哲学、动物、植物、矿产、民俗、宗教、神话，无所不有。其中的山神，涉及中国最古老的神话，是中华民族文化之根，值得我们深究。这部书成书很早，是迄今我们所能见到的极为珍贵的虞夏之书。全书共 18 卷，其中《五藏山经》5 卷被认定为禹益著。其余 13 卷，《海外经》《海内经》各 4 卷被称为海经。《大荒经》和《海经》为《海内经》的解说。为秦时人所述。早在西汉时刘向刘歆父子就为收编此书做了很多工作。刘向（公元前 77—前 6 年），刘歆（约公元前 50—后 23 年）都是

著名的经学家。他们总校群书，收集散乱的《山海经》残篇32篇，从中选定18篇，于建平元年即公元前6年4月进献给汉哀帝刘欣。刘歆在《山海经》前面写了一篇序及考定篇目。序中说：“《山海经》凡三十二篇，今定为一十八篇。已定《山海经》者，出于唐虞之际，昔洪水洋溢，漫衍中国，民人失据，崎岖于丘陵，巢于树木，鲧既无功，而帝尧使禹继之，禹乘四载，随山刊木，定高山、大川，盖与伯翳主驱禽兽，命山川，类草木，别水土，四岳佐之，……禹别九州，任土作贡，而益等类物善恶著《山海经》，皆圣贤之遗事，古文之著明者也。”序中对著书原因，写得十分明白具体，无需怀疑。晋郭璞注《山海经》写了一篇序，认定《山海经》为禹益之书。他说“益此书跨世七代，历载三千”，并说书中的一些怪物怪事他不能理解。“至禹本纪《山海经》所有怪物，余不敢言也。不亦悲乎？”所以“夏后之迹，靡利于将来”了。郭璞也认为《山海经》是夏书。

该书的校订者为清人毕沅，他在序中写得更具体更明确。他说：“《山海经》作于禹益，述于周秦，行于汉，明于晋。而知之者，郦道元也。《五藏山经》三十四篇，实是禹书。禹与伯益主名山川，定其秩祀，量其道里，类别草木鸟兽。今其事见于《夏书·禹贡》《尔雅·释地》……《列子》引夏革云，吕不韦引伊尹书云，多出此经。二书皆先秦人著。夏革、伊尹又皆商人，是故知此三十四篇为禹书，无疑也。”“《海外经》四篇，《海内经》四篇，周秦所述也。《大荒经》四篇释《海外经》，《海内经》一篇释《海内经》，当是汉时人所传，亦有《山海经图》，颇与古异，秀又依之为说。”他并指出“《五藏山经》三十四篇。古者土地之图，《周礼》记大司徒用以周知九州之地域广轮之数，辨其山林川泽丘陵坟衍原隰之名物”。这里把《山海经》是干什么用的说得一清二楚。毕沅并指明该书前后的差异错乱的原因，是由于古竹简一类记载的朽烂、错乱造成的。

上述记载，明白无误，没有必要根据整理过程中的错乱和夹杂的个人看法、个别事件而对该书的作者与成书时间加以否定。更不必期待有朝一日有像古埃及或古亚述那样的纪年石碑出现，才肯罢休。

《山海经》由于是极古老的书，成书情况十分复杂，难以理清。清人郝懿行在《山海经笺疏叙》说《山海经》原来是一部有图有说之书。他说：“《后汉书·王景传》云：赐景《山海经》《河渠书》《禹贡图》。”可见，《山海经》至汉时，禹贡仍有图。晋时郭璞注此《山海经》时亦见“图亦作牛形”，陶征士读是经“流观山海图”，说明《山海经》至晋时也是有图的。到晋以后图才丢了。所以今《禹贡》《山海经》图不复可得。

综合上述可见，我们所见到的《山海经》是自禹益以来历时数千年，众多著作者包括原著、编著、插图、注释者的合力之作。

（二）山经中的图腾山神

山海经本经中的神状的主要类型：

人＋蛇（或龙）构成的神	5 神
人＋马	30 神
人＋猪（或人＋猪＋蛇）	26 神
人＋牛	7 神
人＋羊	2 神
人＋兽	2 神
人＋鸟	2 神
马＋龙	1 神
鸟＋龙	1 神

上述 76 神注明神状，其神状基本上都是人与马、猪、牛、羊、鸟、蛇、兽等动物构成。

从布局上分析，南三经中基本上是龙加鸟或加人。在南经中龙是主体。《北三经》中人与蛇及人与猪与马构成神的主体，《西二》《西三经》中是人加马、牛、羊构成神的主体，《东》一二三经中是人加龙加羊加兽构成神的主体。《中山经》中，《中》二、四、七、八、九、十、十一、十二经中，人加鸟与龙加鸟 3 例，人加猪 2 例，人加龙，人加兽，马加龙构成的山神各 1 例。从这个分布中我们可以看出《西山经》的神大都是人与牛马羊结合，《东山经》是人与羊龙兽杂存，北边是人与蛇，猪马的天下，中部八山系中是人与鸟、猪、龙、马、兽构成的神杂处。

这说明各方对山神的信仰并不完全相同，这从一个侧面反映了他们的生活习性的差异与和睦相处。自古以来，不同神类是相互融合和睦相处的，并无战争之类的痕迹。

在五藏经中，我们可以看到许多山神神话。如南次二经中的猾裹（huái, 音怀，兽名。本义藏），它住尧之山，其状如人而彘鬣，穴居而冬蛰，见则有大灾（徭役）。西次二经中其七神皆人面牛身，四足而一臂，操杖以行，是为飞兽之神；中次三经青要之山武罗神司之，其状人面而豹纹，小腰而白齿，而穿耳以鐻，其鸣如鸣玉；中次九经熊山，有穴焉，熊之穴，恒出神人，夏启而冬闭；中次七经中有帝女姑媱之山，其神名女尸，帝女姑媱化为瑶草（古书中“瑶”写作草字头），服之媚于人。这一类神话告诉我们：这些山神的真正面目并不是想象中的神灵，而是住在山洞里的男人；拄着拐杖走路的老人；小腰白齿，穿耳孔，说话细声动听的女人。他们分明就是真实的原始先民。他们与前述山神的不同之处在于他们是神话中的人物，不重神状而重行为，而管理山系的山神是完全的图腾神灵，他们只重神状，不重行为。虽然如此，这一类神话中的人物，由于其神状与山神相类似，故而我们推定这一类山神就是住山洞靠狩猎为生并无神力的古先民，即旧石器时代的人类和他们所敬仰的图腾神灵。

《山海经·五藏经》中的另一类神，是值得我们注意的，即帝冢神灵观念的产生。如：

西山经，华山，冢也；羭山，神也；

中山经，历儿，冢也；

中五经，升山，冢也；首山，神也；尸水合天也（天神）；

中七经，又东二十七里，曰堵山，神天愚居之；

中八经，光山，神计蒙处之，其状人身而龙首，恒游于漳渊，出入于暴雨；

中九经，文山，勾檷（檷，音弥，山名）、风雨、騩之山皆冢也；

中十经，堵山，冢也；騩山，帝也；禾山，帝也；

中十二经，阳帝之山，皆冢也。

这里出现了三个概念，代表三个等级的神位。一是帝，一是冢，一是神。

神指专管某具体事务的神灵，如计蒙神专管暴雨，山神于儿专管江渊，洞庭帝二女，骄山的鼍围、陆儿之山的人面三足涉鼍神，亦兽身人面马足神，三危之山专为西王母取食的三青鸟，崇吾之山的举父，狱法之山的山神，刚水边上一手一足人面兽神等等，均是专管一般事务的神怪，或臣子。

冢，指统治者，冢宰一类有权力的神，一山之主宰者。

帝，众山之主宰者。居于众山之上的王者。

《西三经》，自崇吾之山至于翼望之山，又西二百里，曰长留之山，其神白帝少昊居之；又西三百五十里，曰天山，有神焉，其状如黄囊，赤如丹火，六足四翼，混沌无面目，只识歌舞，帝江也；西南四百里，神陆吾司之，其神状虎身而九尾，人面而虎爪。是神也，司天之九部，及帝之囿时；又西北四百二十里，曰钟山，其子曰鼓，其状如人面而龙身，是与钦鸡杀葆江于昆仑之阳，帝乃戮之钟山之东，曰瑶崖。

《中三经》，和山，吉神泰逢司之。其状如人面而虎尾，能天地气，居于萯山之阳，出入有光；帝密都青要之山，武罗神司之，其状人面而豹纹。

在这里我们看得很明白：已经有了騩山，帝也，禾山，帝也；白帝少昊，混沌帝鸿，及“司天之九部”云云，这样一种天帝天神观念，始终是依山而居，傍水而行的山神，他们与战国时的天帝天神是大为不同的。我们可以由此作出这样两个推断。

其一，神话中的帝江即帝鸿，是传说中轩辕末期的人物，应属新石器时代中期，大约在公元前4000多年，距今约6000余年的政治人物。这一类山神或天神比旧石器时代的山神为晚，是不同历史时代的山神。

其二，虽已有天帝的观念出现，但并未形成完整的天神系统。这些天帝天神如少昊之类，并不在天上，而是住在长留之山。我们并未见到脱离山岗高居紫薇宫执绳而治四方的天帝与四大佐臣。这也确证《十二纪》《月令》中的天神与此天神有一定联系，但并不是战国中后期流行的天神系统。

所以，我们说《山海经》里的山神，在中国和世界都是比天神还要早的原始神灵，是图腾神像一类神灵。

这是我国上古时代的第一类神灵。第二类神灵是氏族的祖先的神。

山神是迄今我们所见的最早的图腾标识的神灵。那时候的人们没有文字，只能靠图腾作为标志。表明这些不同图腾标志的人类是住在山上的人，是人类最早的祖先。

这些最早的人类和人类与动物结合的图腾的分布，南西北东中各方位的山脉中都存在。也就是说中华人类的起源——或者说来源，是多元的，并非一元。例如始于昆仑（祁连山），从昆仑东迁，由东夷西迁南迁，由荆湘北迁等事迹。东夷考古、荆湘考古、浙苏沪考古、甘陕考古的实物，也证明了这一点。

（三）山经中的氏族神话故事

《山海经》中记载着许多氏族神灵。

《西次三经》曰："崇吾之山，有兽焉，其状如禺而文臂，豹尾而善投，名曰举父。"举父即夸父。夸父是秦岭山脉中的重要氏族，曾先后加入炎帝、蚩尤联盟。

"昆仑之丘，是实惟帝之下都；神陆吾司之。其神状虎身而九尾，人面而虎爪。是神也，司天之九部及帝之囿时。"陆吾神即开明兽，是一个以虎为图腾的强大的氏族，有九个支系，名为虎身九尾。

"玉山，是西王母所居也。西王母其状如人，豹尾虎齿而善啸，是司天之厉及五残。"《大荒东经》还说西王母戴胜、虎齿、豹尾、穴处，似穴居蛮人酋长，是中国十分古老的西王母氏族首领。

"长留之山，其神白帝少昊居之。其兽皆文尾，其鸟皆文首。是多文玉石。

实惟员神魂氏之宫。是神也，主司反景。”反景即反影，以立杆测影方法测量太阳的影子。《大荒东经》说它在东夷地建立了少昊之国，即鸟王国，其后一支居西方，仍观天测影，主司日入，其景惟圆，号员神名为金天氏。

《海外南经》记载：“结胸国在其西南，其为人结胸。”

“讙头国在其南，其为人，人面有翼，鸟喙，方捕鱼。”

“厌火国在其国南，兽身黑色，火出口中。一曰在讙朱东。”

“贯匈国在其东，其为人匈有窍。一曰在载国东。”

“不死民在其东，其为人黑色，寿，不死。”

《海外西经》：“大乐之野，夏后启于此儛九代，乘两龙，云盖三层。左手操翳，右手操环，佩玉环。”

“三身国在夏后启北，一首而三身。”

“西方蓐收，左耳有蛇，乘两龙。”

《海外北经》：“柔利国在一目东，为人一手一足，反膝，曲足居上。”柔利民是聂耳国（儋耳国）的后代。

“共工之臣相柳氏，九首，以食于九山。”共工是敢于打破的秩序建立新秩序的天神。相柳是他的臣子，传说它九首人面，蛇身而青。九首，指它是九个氏族的头领，很有能耐。

《海外东经》：“朝阳之谷，神曰天吴，是为水伯。在蚩蚩北两水间。其为兽也，八首人面，八足八尾，背青黄。”传说舜的祖先出此天吴族。

“东方句芒，鸟身人面，乘两龙。”句芒为少皞之子重，佐木德之帝，死为木官之神。

《海内东经》：“雷泽中有雷神，龙身而人头，鼓其腹。在吴西。”

《大荒东经》：“大荒东北隅中，有山名曰凶犁土丘。应龙处南极，杀蚩尤与夸父。不得复上。故下数旱，旱而为应龙之状，乃得大雨。”意为应龙杀了蚩尤与夸父，所以下面总是干旱。干旱画、应龙图象就会下雨。

《大荒南经》：“东海之外，甘水之间，有羲和之国，有女子名曰羲和，方浴日于甘渊。羲和者，帝俊之妻，生十日。”传说中羲和是主日月之神。有关记载很多。

《大荒西经》：“有神十人，名女娲之肠，化为神，处栗广之野，横道而处。”有专家指出有神十人，是指女娲氏族繁衍的十个著名的母系氏族。

上述诸例表明各例的神实际上是各个不同氏族王的首领。他们都以各自不同的图腾神像为标志。所谓国，指的是氏族或与加盟者形成的酋邦国。不同的图腾代表了不同氏族，他们以不同氏族首领的名字命名。他们的氏族首领，是该氏族始祖和最有创造精神的人。

（四）海经中的邦国神灵类型

《山海经》的海经部分包括《海外经》4 篇、《海内经》4 篇。其所含的历史价值，特别是有关三皇五帝的神话与传说，都是极为珍贵的。如果刘秀真的如有的人所想的那样，为了严密的逻辑性把这一部分割舍，那么他割舍的就不是一篇看似零乱的文字，而是割断了中华民族一段可以追溯的历史。从这个意义上来说，其历史价值并不亚于山经。基于这一认识，我想就这一部分的人物形象作点分析。

《山海经》的海经部分，表明国度名称的有 120 多个，包括重复的，可查有传的 40 个左右。其中有许多是我们熟悉的，如轩辕国、朝云司彘之国、巴国、大人国、小人国、丈夫国、女儿国、女和月母国、西王母国、少昊之国等；有一些是人们并不熟悉的，如赖丘国、竖沙国、䲨姓国、埙民国、居繇国等，人们不知他们在何方，有何作为。尽管如此，我们仍可看出许多神灵仍保留了山神的

特点：

第一，出现了上古人真实生活的特征。海经中众多的神话是以氏族或部落的组合体——邦国为载体的。神话的主角就是氏族或部落的祖先。他们之中的人形已全然摆脱了山经中人加兽组成的图腾形象，完全是现实中的人的直观简略的描述。

我粗略地计算了一下，在120国中，清楚地注明食粟或食五谷，能使熊罴虎豹四兽的，有19国，占15.8%；注明食鱼的国度有9个，食兽的国度有6个，食草木的国度有3个，合计18个，仍过狩猎生活，依靠采集狩猎为生的国度占总数的15.0%，至少向我们表明人类历史上一场伟大的革命已经开始了，有15.0%的人开始掌握了自己的命运，第一次经济大革命的号角已经吹响了。这是非常了不起的。我国考古发掘如北方磁山文化中8000年前的粮窖与大量粟米，南方7000年前河姆渡的大面积水稻生产，江西、湖南的万年米均证明了这一点。正是这一方面的变化才引起了母权向父权的转移。另一方面海经也如实地反映了上古人民的困境与祈求。那就是在120个国度中，有相当一部分是病态国家。如结匈国（鸡胸国）、交胫国（两脚走路曲戾相交）、歧舌国（舌头分岔）、奇肱国（肱特长）、长股国（脚特长）、北朐国（佝偻、枳枸）、无启国（没小腿、干瘦如柴）、柔利国（脚反卷曲）、跂踵国（大踵、反踵）、大人国（畸形特大）、小人国（畸形特小）、毛民国（人小毛多）、无肠国、无继民国（不生孩子），还有一些是吃泥土和啃树皮嚼树叶为生的国度。这些氏族邦国的人由于生活条件差，营养不良，得了营养缺乏症，畸形体态的集中出现就成了他们氏族形象的一种标志。临潼姜寨，河南裴李岗考古也证明了这一点，那时的人寿命很短，平均只有三四十岁。

第二，另有一些邦国则延续了他们氏族的图腾崇拜。他们以某种图腾为标志，如羽民国，其为人长头，身生羽；灌头国（讙兜），其为人人面有翼，鸟喙，方捕鱼；三首国，其为人一身三首；丈夫国与君子国，其为人衣冠带剑；并封国，其状如彘；博父国，其为人大，右手操青蛇，左手操黄蛇；青丘国，其狐四足九尾；共工国，人面蛇身；䖝䖝国，各有两首。诸如此类，但这一类型并不多。

第三，还有一类是以该国人的生活习性进行人物描述的。如羿、凿齿氏人善射，用戈；厌火国的人会玩杂技口中吐火；长臂国的人会捉鱼，他们两手各操一鱼；一臂国的人善牧只露一臂，看上去只有一臂一目一鼻；贯胸国的人喜欢穿筒裙；黑齿国的人喜欢食稻使蛇，身边总有一青一赤两蛇跟着；雕题国的人喜欢文身等。他们都不是神国而是人国。

有相当一部分邦国是古帝王邦国或他们的后裔。如伏羲的后裔巴国，炎帝的后裔北齐之国、互人之国，轩辕的后裔北狄国、西周之国，颛顼的后裔季禺之国，少皋的后裔少皋国、中庸国、司幽国、三身国，还有尧、舜、禹、夏的后裔。所有这些邦国并非是神的国度，而是历史古国的见证。它们都是现实中人的邦国，不是神的国度。但它们的祖先或首领却是神的化身，不仅具有山神中的形神，而且还有非凡的神力。如弇兹的三青鸟、西王母国的西王母、女和月母之国的地母神、羲和之国的常羲常仪、夸父国的夸父、共工国的共工、蚩尤国的蚩尤，等等。这明明白白地说明了是人的神性化而形成的国度。

（五）海经中氏族神的形象特征

海经中记载了许多有趣的神话故事。这些神话故事中并不是后来的玉皇大帝紫薇宫那套模仿人间帝王想象出来的天庭。在海经中，我们没有见到天庭的正面描述，天庭是什么样子，不知道。但有帝之下都昆仑山，即今甘肃祈连山。帝王死了葬到那里，据说那儿离天很近，可以升天。西王母国，弇兹国也在那里，古代的钟山（阴山），开天辟地的烛龙神离那儿不远，女娲神有人说也从那边起家。所以那里一直被视为神山。有许多神话出自那里，也很自然。但《山海经》海经的神话，引起我们兴趣的，并不在这里，而是以下三类型的神灵形象。

一是具有英雄崇拜色彩的神灵。他们的打扮有很多都是珥两青蛇，践两赤蛇或黄蛇。如东方句龙，鸟身人面，乘两龙；西方蓐收，左耳有蛇，乘两龙；南方祝融，兽身人面，乘两龙；北方禺强（玄冥），人面鸟身，珥两青蛇；南海渚中有神，人面，珥两青蛇，践两青蛇，曰不廷胡余；夸父，其为大人，右手操青蛇，左手操黄蛇；夏后启乘两龙，云盖三层，左手操翳，右手操环，在大运山北；中次十二经神于儿其状人身而手操两蛇，常游于江渊，出入有光。……这些神为什么两手都要操蛇，两耳要挂蛇呢？这些蛇并不是他们的图腾标记，操蛇说明了什么呢？是否因为蛇即龙，龙会飞，可以升天，以突出其神性呢？包括夏禹，轩辕都是乘龙上天的，伏羲自身是龙种，上天是自然的，四方天神往返于天地之间，在古人的想象中，除了长翅膀像鸟一样飞以外，会飞的只有龙了。但龙比鸟神力大，所以借龙蛇以突其会飞的神性。在此之前的神一直是在山上的，没有上天，有了龙蛇飞天以后，神才成了天神。有一些神，他们本来是人，事迹令世人钦佩，他的子孙们为了尊他为神，在他脚下踏着两条大龙或小龙在天上飞，人们一看就知道他是神了。如刑天、夏耕，这一类人物是人间英雄，头被砍掉了，也不肯闭眼倒下，还要在胸口长出两只眼睛继续战斗，连砍他们头的天帝也很感动，令人珥两蛇乘龙带他们上天，表示了天帝对他们的勇武的尊敬。这不能不说是新石器时代继女娲之后，所产生的异性英雄神话。

二是具有授时神灵崇拜色彩。海经中的神话故事，最吸引人的并不是那些怪异之物，而是那些探索日月星辰运转的神灵。如大荒北经说成都载天，有人珥两黄蛇，把两青蛇的夸父。

《大荒东经》里记载女和月母之国的有个神人名鹓，处在最东面的地方，以节制日月，使他们出入不要杂乱无序，专门掌管时间的长短。为什么要专门人管太阳所出呢？道理也是一样的。

这些神话表明弄清太阳从什么地方出来，什么地方落下去，一年四季春夏秋冬的节令变化，天时长短，以指示人们进行农业生产在当时是一件多么急迫的头等大事。干这事的自然是英雄，是神。正如《国语·楚语下》所说："上下之神，姓氏之出，而心率旧典者为之宗。"

三是具有对创世与开拓精神的祖宗的崇拜色彩。海经部分讲了许多有三皇五帝的传说。由于祖宗是神事时代的代称，那个时代的一切发明创造都归之于他，所以造成现代人无法理解。

承上所述，三皇五帝是一个复合概念，其内涵十分广阔，既指上古时期强大氏族集团的始祖，开国英雄，也指由他开创的整个时代。不论黄帝、颛顼、少皋、帝喾、帝尧都是指一个朝代。这个朝代，少则几百年，长则数千年；他们基本上都是加盟氏族的王者。例如：

黄帝"有轩辕之国。江山之南，栖为吉。不寿者乃八百岁"。① "黄帝妻雷祖生昌意，昌意降处若水，生韩流，韩流擢首、谨耳，人面，豕喙，麟身，渠股、豚止、取淖子曰阿女，生帝颛顼"，② 又说"黄帝生骆明，骆明生白马，白马是为鲧"。可理解为某某出身某一氏族。

少皋，"东海之外大壑，少昊之国，少昊儒帝颛顼于此，弃其琴瑟"。③ "有重阴之山，有人食兽，曰季厘，帝俊生季厘，故曰季厘之国。有缗渊。少昊生倍伐，倍伐降处缗（hún）渊，有水四方，名曰俊坛。" ④

帝颛顼是朝云之国司彘之国君主。汉水出鲋鱼之山，帝颛顼葬于阳，九嫔葬于阴。"颛顼生老童，老童生重及黎，帝令重献上天，命黎邛下地，下地是生噎，处于西极，以行日月星辰之行次。" ⑤

帝喾葬于岳山；帝喾后裔有中容之国，幽司之国。帝俊（喾）生中容，中容

① 陈成译注，图文版，《山海经·大荒西经》，上海古籍出版社，第 351 页。
② 陈成译注，图文版，《山海经·海内经》，第 372—373 页。
③ 陈成译注，图文版，《山海经·大荒东经》，第 322 页。
④ 陈成译注，图文版，《山海经·大荒南经》，第 338 页。
⑤ 陈成译注，图文版，《山海经·大荒西经》，第 351 页。

人食兽，木实，使熊罴虎豹；“有幽司之国，帝俊生晏龙，晏龙生司幽，司幽生思士，不妻；思女，不夫”。“食黍，食兽，是使四鸟”。① “有人方耕，名曰叔均。帝俊生后稷，稷降以百谷，稷之弟曰台玺，生叔均。叔均是代其父及稷播百谷，始作（牛）耕。” ② 有白民之国，帝俊生帝鸿，帝鸿生白民，白民销姓，黍食，使四兽。③ 帝俊生禺号，禺号生淫梁，淫梁生番禺。④

帝尧、帝喾、帝舜葬于岳山。南方苍梧之丘，苍梧之渊，有九嶷山，舜之所葬。⑤

从上面我们可以清晰地看到五帝时期存在的线索。许多专家据此，论证五帝是历史人物与历史时代，不无道理。

如果我们将上述记载与《山海经》中有关的传世神话作个对比，就不难看出五帝有邦国，邦国有传人，有特定的生活习俗，死后有葬地，显然是人类历史的踪迹。他们作为人并不具有超自然、超社会的力量，但他们作为氏族邦国的始祖，被后人神化赋予神格变成了神，便具有了非凡的神力。这一点我们从“海经”里也看得很明白。在《山海经》里天帝与五帝是并存的，地上的“五帝”并非是天上的“天帝”，山上的天帝也同样不是天上的天帝。

① 陈成译注，图文版，《山海经·大荒经》，第 325 页。
② 陈成译注，图文版，《山海经·大荒经》，第 347 页。
③ 陈成译注，图文版，《山海经·大荒经》，第 325 页。
④ 陈成译注，图文版，《山海经·海内经》，第 380 页。
⑤ 陈成译注，图文版，《山海经·大荒经》，第 378 页。

二、中国最早的神庙与创世地母神女娲

（一）5000 年前女娲神庙的发现与发掘

辽宁省建平县、凌源市位于辽宁省朝阳市西部、内蒙古赤峰市敖汉旗与河北承德市交界处，红山文化时期属同一地域，处于老哈河、崩河、大凌河环绕和努鲁尔虎山、大青山、黑山包围的三角地带。

1983 年秋中国考古工作者开始在建平县、凌源县（现为市）交界的牛河梁进行考古勘察。北山两侧有一红山文化墓地，已在 1970 年考古普查中发现。北山地势比牛河梁其他山梁高，上面有一块台地十分平整，极似人工所为，有一个队员小解时不经意间看到一个极似人体雕像的鼻子，就捡了起来。

1984 年经国家文物局批准对女神庙进行正式发掘。考古队在牛河梁高台上发掘出女神庙一座。南北东西各长 200 米。四周由石块砌成围墙。神庙与山台走势相同。在山台北发现有塑像残片和建筑架构成两庙相联的整体。

神庙基址由一个多室和一个单室两组建筑物构成。多室在北，有一个主室、几个侧室和前后室，单室在南为附属建筑。

在主室西侧出土彩绘泥塑人像的碎块，包括头、肩、臂、手、乳房及“猪龙”的头、蹄，彩绘墙壁面残块，特大型彩陶片，镂空豆形器盖，钵，锥形纹塔形器残片等。①

其中有一个巨大的泥塑人头像，高 22.5 厘米，脸面宽 16.5 厘米，裸体有女性特征，装上那鼻子还原为一尊巨大的朱红色的与现代人相近的女神。

除这个女神外还有五六个裸体女神个体。

墓葬内同时出土了玉猪龙、玉龟、玉箍形器、双联璧、勾云形玉佩等祭祀礼品，呈祭祀形态。

附近还发掘出 3 座石冢，以大石块堆砌，其中一冢由三圈淡红色石桩围成三层迭复的圆坛，具有鲜明的墓祭性质。

① 李坤编著，《中国大考古》，陕西师范大学出版社，第 52 页。

著名考古学家苏秉琦先生说："牛河梁女神庙遗址遗迹附近有许多积冢等，说明我国早在5000年前，已经产生了植根于公社，又凌驾于公社之上的高一级的社会组织形式。"遗址距今5000多年了。从图面观察，遗址像一个平躺的"十"字架。

（二）5000年前女娲神像的面部特征

女神圆额头，扁鼻梁，尖下巴，两颊突起，一双眼珠由晶莹碧绿的圆玉球镶嵌而成，炯炯有神。

神话考古学家陆思贤先生描述说："其中一件如现在真人一样的女神头部，是当今世界上最精致的雕塑艺术精品。女神头像作方圆脸，宽平额，两眼横竖，睁目圆睛，眼梢向上吊起，是怒目而视，又有所痛苦的情态；高颧骨，低鼻梁，鼻翼微张，鼻孔微微仰起，使嘴部显得宽大，嘴角概因脸部肌肉的上抽，也有向上抽搐之状。这是一幅凶相，缺少温柔和爱的表情，尤其用玉磨砺而成的眼珠，炯炯有光，有叱咤风云之势。"① 俨然是一个保护神。

其他多位女神，身躯为残块，未见头部、面目。乳房比普通人约大三倍，裸体，似孕妇。其中两尊小女神，为黄色胶泥捏塑，红色陶衣，打磨光滑，挺着大肚子，左手曲着放在大肚子上，腹下有性器官记号，臀部肥大，突起，身躯微微前倾。

（三）陆思贤先生对女娲神庙与神像的考定

陆思贤先生是著名的神话考古学家。他著有《神话考古》一书，由文物出版社1995年出版。该书的第二章女神庙的发现和女娲神话，专门分析考证了该神像。这一章共有三节：第一节女娲为生育神的考古踪迹——红山文化裸体孕妇像为女娲神考；第二节女娲"背方州，抱圆天"的宇宙模式——东山嘴祭坛遗址讨论；第三节伏羲女娲"风"姓是春天季候风神话——仰韶文化"鱼鸟"纹图案探讨。第一节探讨的内容是牛河梁神庙与女神。他提出的问题是：与伏羲神话作比较，女娲神话似乎更古老一些。伏羲风姓，有明确的生身之父——雷神，生身之母——华胥。女娲风姓，但来历不明。女娲是生育女神，大肚子，腹形似瓜，红山文化的女神庙后殿呈筒形葫芦状，此即葫芦文化的具体一

① 李坤编著，《中国大考古》，陕西师范大学出版社，第54页。

例”。葫芦，瓜，即女娲之娲，女偏旁是后加的。呙，音“瓜”，指孕妇的大肚子。[①] 除上述之外，在喀左县东山嘴发掘红山文化祭坛时，也出土了两件完整的裸体女神立像；石筑圆形祭坛上，有盘坐式女体裸像，腰部有装束，是当时作为至上的神灵被崇拜的，身份应当是开天辟地之神，至少是红山文化古城古国的开辟神，与女娲阴帝的身份是吻合的。说明很早就有了创世女神崇拜。

再其次，女神的嘴角向上吊起，是斜口。《说文》说“呙”为“口戾不正”，如蜗牛类斜口动物的口。嫘祖也与蜗牛相似是斜口甲壳类动物，也是女娲神变的。[②]

庙址中出土猪嘴龙与陶鼓残片。猪嘴龙是雷泽中的雷神，华胥踩其脚印而生伏羲。女神庙中的女神其叱咤风云之态具有雷神神格。猪嘴龙、猪婆龙和猪一样也是大肚子。雷鼓造人的神话在这里也得到了体现，这里不仅有鼓，还有鼓棒，体现了“女娲氏作为生育神又兼地母神的本意”。由此，陆先生结论说，“女神庙就是远古时代的春社，也是最古老的女娲庙”。[③]

在这里，我们可以看到牛河梁女神庙事实上是春社活动之地，是男女青年交游，求偶求子求福的地方。人们所以要祭祀生育之神女娲，自然这女神为女娲无疑。陆先生从女娲的肚子，眼睛，嘴巴和娲字分析也证明了该女神为女娲，使我们深信该神为女娲无疑。

（四）古典文献中的女娲

《山海经·大荒西经》说：“有神十人，名曰女娲之肠，化为神，处栗广之野，横道而处。”郭璞注云：“女娲，古神女而帝者，人面蛇身，一日中七十变，其腹化为神。”《淮南子·览冥训》有一段话解释说：“黄帝生阴阳，上骈生耳目，桑林生臂手，此女娲所以七十化也。”

《淮南子·览冥训》还说：“往古之时，四极废，九州裂，天不兼覆，地不同载，火爁炎而不灭，水浩洋而不息，猛兽食颛民，鸷鸟攫老弱。于是，女娲炼五色石以补苍天，断鳌足以立四极，杀黑龙以济冀州，积芦灰以止淫水。苍天补，四极正，淫水涸，冀州平，狡虫死，颛民生。”

《史记·补三皇本纪》也说：“女娲氏亦风姓，代宓牺立，号曰女希氏，是祀女娲为皋谋。”

① 陆思贤著，《神话考古》，文物出版社，1998 年 11 月，第 42 页。
② 陆思贤著，《神话考古》，文物出版社，1998 年 11 月，第 43 页。
③ 陆思贤著，《神话考古》，文物出版社，1998 年 11 月，第 49 页。

《太平御览》"女娲氏"条有："《风俗通》曰：'俗说天地开辟，未有人民，女娲抟黄土作人，力不暇供，乃引绳于絙泥中，举以为人。故富贵者，黄土人，贫贱凡庸者，引絙人也。"

1973年湖南省博物馆对长沙东南子弹库楚墓进行发掘，出土以战国文字写的楚帛书，其上有伏羲女娲神话。这是我国发现的迄今最早最完整的神话故事。这里我们摘取冯时先生译文里的一段话："在天地尚未形成的远古时代，大能伏羲氏诞生。他生于华胥，居于雷夏，靠渔猎为生。当时宇宙广大而无形，晦明难辨，草木繁茂，洪水浩渺，无风无雨，一片混沌景象。后来伏羲娶女娲为妻，生了四个孩子（重该修熙），他们定立天地，化育万物，于是天形成，宇宙初开。"①

上述记载有两个非常鲜明的线索：一是作为神的女娲，一是作为人，即女帝，女皇的女娲。

作为神的女娲，说她是一位无惧无畏神通十分广大的地母神。她是天地的开辟者，人类的创造者，万物的孕育者。古人认为天是由四根柱子撑着的，后来被人撞断了，所以天盖不住地，形成中国大地向东南倾斜，西边高东边低的地形。由于天柱断了，天被戳了一个大窟窿，造成了洪水泛滥，把人畜都淹死了。女娲

① 冯时编著，《中国天文考古学》，中国社会科学出版社，2001年11月，第二章"战国楚帛书释读"。

看了十分痛心，就到神山上采神石，熔炼后飞身上天把天上那个被戳破的窟窿补了起来，又斩鳌鱼的足当天柱，把歪斜的天地撑开来，再烧了芦灰洒在大地上止住了洪水。为了维护天地日月的正常运转，她命令重该熙修4个儿子到东西南北各守一方，并爬上天盖推动天盖正常运转。

由于洪水，大地上的人都没有了，于是她便抟黄土捏成泥人，她嫌这样太慢，便用绳子（藤条搓的绳子）绞上烂泥，所有飞旋的泥点，经她吹一口气都变成了世上的生人了。这还不够，她又拉出自己的肚肠，分成十段，置于栗广之野，使他们变成四面八方的十大神人，让他们一起来帮她造人。这十大神也像她一样是女的，会生育，是很能干的地母神。如皇娥氏、有蟜氏、嫘祖氏、羲和氏、常仪氏、有娀氏、姜嫄氏、陈丰氏、娵訾氏、有莘氏等著名的母系氏族的首领，都是女娲之肠化育的十大神人的后代。除了造人外，她还会化育万物。所以淮南子称她能"七十化也"。这就是作为神的女娲。多么生动啊！

但在《史记》中女娲并不是神，而是人。记中说她是"风姓，代宓牺立，号曰女希氏"。这一记载到王大有先生的《三皇五帝时代》中变成了切切实实的女皇，女帝了。据该书记载："伏羲（距今9771—9704年），寿67岁，女娲（距今9756—9650年），寿90岁。她在距今9741年（公元前7744年）时，与伏羲完婚于陕西凤州。"伏羲于距今9721年（公元前7724年）于甘肃榆中称帝，代燧人氏，继天道木德而王，为天下诸氏族景仰依托，为百王先，帝号罗奉。"罗奉六年四月初三落暴雨，四月十三淹天门。……女娲立刻组织族人乘葫芦舟漂流逃亡……飘到麦积山避难于女娲娘娘坝和仙人洞，至水势减小时再徙秦岭太白山。"距今9715年（公元前7718年）重建之女娲故居凤城毁于地震。"火爁炎而不灭。"距今9707年（公元前7710年，罗奉十五年）伏羲居宝丰，"封女娲氏于汝阳，统领中州，居汝水涡水间"。

"距今9704年（公元前7707年，罗奉十八年）伏羲崩于桐柏鸡公山。伏羲死，女娲时年52岁，代伏羲摄政天下，伏羲二世三世皆听命女娲，称女皇，死葬风陵渡。"①以上引述，都是传说，并非科学论证。

董立章先生在《三皇五帝史断代》中说："炎帝在伏羲朝后期之封国在女娲迁离后的大溪文化区偏南，后亦逐渐北迁至汉江地区后又北入关中，晋南、豫西等融入仰韶文化渭南史家类型区，在此与该地域早至之女娲方国结盟。……炎帝在女娲帮助之下，以不周山决战，灭共工而创造炎帝朝。"②

① 王大有编著，《三皇五帝时代》，中国时代经济出版社，2005年，第109—113页。

② 董立章编著，《三皇五帝史断代》，暨南大学出版社，1999年，第552页。

上述文字差异明显，虽然上下相差几千年，或许与女娲氏族及其封国与女娲名有关，但两位先生和《史记》的记述一样，都是作为人的女娲记述的，而不是神的女娲。以真实的人成为创世者，尤其是以现实女性为创世者，并不多见，这就显现出牛河梁女神的珍贵了。

（五）牛河梁女神的显著特征

从上述诸多记载和考古发掘文物罗列中，我们可以发现到牛河梁神庙供奉的女神是一位非常了不起的比男性创世天神早几千年的创世女神，是一位极具胆识与魄力敢于向大自然挑战的英雄女神，也是一位为普天之下的人民广泛崇拜的生育之神与爱情之神，更是一位为华夏民族祖祖辈辈崇敬的始祖。一句话，她是上古人民心中的保护神。她对她的人民十分慈爱，从未见有强迫人民信仰自己的记载，它的最显著的特点是：

第一，牛河梁女神庙是世界最早的神庙。请看以下几例的比较：

神庙名称	地　　址	存在时间
埃及卢克索神庙 埃及卡尔纳克神庙 埃及菲莱神庙 埃及阿布辛贝勒神庙	尼罗河卢克索 距卢克索 5 千米 阿斯旺之象岛 阿斯旺 200 千米	公元前 2040—前 1085 年 专供奉太阳神阿蒙（在上述时间之内） 供奉生育繁殖女神伊希斯（在上述时间之内） 建于公元前 1300—前 1233 年
亚述　亚述尔神（太阳神战神）	摩苏尔南 150 千米	公元前 2500 年有人居住，前 880 年城灭，有神庙 34 座
亚述　伊西塔神庙	厄姆鲁那舍巴尔二世奠基铭文	公元前 875—前 865 年
亚述尼尼微为生育女神胡萨克名 ① 文字神昂那 ② 爱神西斯塔	尼尼微城有 15 城门发掘 5 处其中两组神庙	公元前 18 世纪建城 公元前 612 年灭亡
印度　卡朱拉侯神庙	印东北地区由 85 座神庙组成，其中完好 22 座	建于公元 950 年—1050 年
中国　牛河梁女神庙	辽宁建平　牛河梁	公元前 3000 年（距今 5000 年）
希腊　卫城帕特农神庙（雅典娜主神庙） 希腊　伊瑞克提翁神庙 希腊　雅典娜胜利神庙	雅典卫城。位于雅典娜西南部小山顶上	公元前 5 世纪。后东罗马帝国掠夺神像，使神像失踪 建于公元前 421—前 405 年 建于公元前 449—前 421 年
希腊　德尔斐阿波罗神庙	位于科林斯湾北岸的帕尔纳苏斯山南麓德尔斐	建于公元前 7 世纪

续表

神庙名称	地　　址	存在时间
希腊　雅典宙斯神殿	位于雅典卫城东南面奥林匹克运动会发源地	建于公元前 470—前 456 年 于公元 5 年被焚毁
希腊　阿尔忒弥斯神殿	位于希腊以弗所古城	建于公元前 550 年
意大利　罗马万神庙（潘提翁神庙）	位于罗马，以拱券圆顶穹顶结构著称	建于公元 120 年

上述记载说明：牛河梁神庙是迄今为止考古学家们发现的世界上最早最古老的神庙；庙中的女娲神是世界上最早的神；女神形象较完整地保存着 5000 年前的风貌，生动、形象、细腻、威武、动人，是人们极少见到的最富感染力的胶泥塑像。这一成就值得华夏子孙世世代代为之骄傲、自豪与顶礼膜拜。据记载以色列有 5000 年前的穆哈塔（Munhata）女神像，它是一座粗糙的石雕像，但眉目不清，远不如牛河梁的胶泥塑女神威武有神，同时也未见祭祀一类记载。据《新石器时代——世界最早的农民》一书记载：法国南方的巨石雕像有 140 座左右，分布于普罗托斯、鲁埃耳格、兰多克。法国圣塞尼教堂存有一个石雕女神，没有嘴巴，面孔刻有花纹，乳房间的项链上悬挂着一个坠子。一条腰带系着衣服，两条垂直刻纹表现腿和脚趾。欧洲第一座与人体大小相同的雕像诞生于公元前 3000 年的农村社会，从这一论断推测，上述雕像也超不过距今 5000 年。

牛河梁有庙有神有祭品存在，这是世上所少见的，弥足珍贵。

第二，女娲神既不同于一切自然神的天神，也不同于争城夺地的英雄神，她是多重神格复合的传世女神。在天神中如古希腊的宙斯、基督教的上帝、印度教的梵天、中国的盘古王，他们都是凌驾于一切自然神话之上的至上神。天地日月星辰人动物植物都是他们造的。宙斯是世袭的宇宙主宰者，在人间他是众神之王。①

上帝是至上神。它不具人形，但具有超越一切经验的人格，人类不能看见，只能听见，感知，人们称至上神为“父”“造物者”他能造万物。他六天之内每天以语言，用一句话就造出天地，光明与黑暗，日月星辰，人与万物。

印度的梵天。它的故事和中国的盘古王开天辟地差不多。讲的是世界未开辟前上下都是水，水中孕育一粒种子，种子随水漂流，渐渐长大，后来变成了一个梵卵，梵卵里藏着主宰世界万物的天神梵天。它是色界初禅天之王，即原人。他出壳后将壳分成两半，一半上升为天，一半下坠为地。他以十种方法区分了年

① ［英］Catherine Louboutin 著，张容译，《新石器时代——世界最早的农民》，上海书店出版社，2009 年 6 月，第 111 页。

月日，诞生了日月星辰，则选了四个生之主。他就像耶稣基督信仰的上帝一样，为印度教信众所信仰，他们将教义视为“永远的法”“全宇宙的法”“护佑人类的法”。

不论是宙斯、上帝、梵天斗争的对象都是魔鬼，他们能创造世界，魔鬼能毁灭世界，因而信众们的任务就是相信他们，与魔鬼斗争。

女娲与他们不同，她不是凌驾于大自然之上的全宇宙的主宰者，不是宇宙之王，也不是专管一事的天神，而是一位具有多重神格敢于与大自然搏斗的英雄。天破了她补天，发洪水了，她止洪水，天柱断了，天倾斜了，她设法把天柱撑起来，把天扶正，她像母亲保护人类，是顶天立地的地母神。

第三，她是男女青年崇拜的高禖神。她孕育了十神，也孕育大众。她与庙里的其他女神，都是孕妇。这一件事实告诉人们，在那个时代的人们，并不相信“抟黄土造人”的传说，而是相信人是由女人妊娠后生的。所以男女青年求偶求爱要找她，给她烧香磕头，妇女结了婚不生孩子要找她，求她保佑让他们怀孕生孩子。她和人们十分亲近，完全生活在人民中间，全然不同于那种至上、至尊、独大、世袭的天神。

正因为这个原因，全国各地的人民都崇敬她，到处都有她的庙和庙会。相传在河北涉县凤凰山，娲皇宫有房屋135间。在神话里，中皇山是女娲建都的地方。娲皇阁里有一块碑，绘有伏羲、女娲人首蛇身交尾图。山上是皇宫主体，有娲皇阁、梳妆楼、钟鼓楼、蚕姑洞等，山下有朝元宫、停骖宫、广生宫等，广生宫是女娲抟黄土造人的地方。

临潼有女娲祠，俗称老母殿，位置在骊山的西绣岭第二峰上，殿分山门，前殿，后殿，殿中供奉女娲塑像。骊山南有女娲村，山北有女娲沟。传说是女娲在骊山采五色石补天的地方。

河南西华县有女娲城，女娲坟。东边是淮阳县，伏羲氏族建都的地方。淮河以女娲谐音淮而得名。这里春秋两季经常举行女娲庙会。

山西洪洞县赵城镇也有女娲庙。这里是造父的封地，后为赵简子城。据《文献通考》记载“女娲葬赵城县东南，在晋州”。女娲陵东是女娲庙，由仪门、过门戏台、钟鼓楼、厢房、山门、正殿、寝宫等部分构成，据记载院两侧还有“华胥圣母庙”“补天观”等建筑。①

这些事实说明女娲在我国各地世世代代均受到普遍的敬重和热爱，同时也表明她是一位由现世英雄被敬奉为神的传世女神和生育之神。

---

① 倪民编著，《三皇五帝追踪》，旅游教育出版社，第27—34页。

三、月神西王母与嫦娥

西王母与嫦娥主管月亮，是我们最熟悉最喜爱的上古女神；在一年四季中，管秋天，居西方。《山海经》有很多关于他们的记载。

（一）月神、阴神西王母

《山海经·西次三经》说："又西三百五十里，有一座山叫玉山。山上出产玉石。西王母就住在这儿。西王母长得像人，豹尾虎牙，擅长啸，头发乱蓬蓬的。她是一位主管灾害厉疫和刑杀的天神。"《大荒西经》说："西海之南，流沙之滨，赤水之后，黑水之前，有大山，名曰昆仑之丘。有神，人面虎身，有纹有尾，皆白，处之。其下有弱水之渊环之，其外有炎火之山，投物辄燃。有人戴胜，虎齿，有豹尾，穴处，名曰西王母。"《海内北经》也说："西王母梯几而戴胜杖，其南有三青鸟，为西王母取食。在昆仑虚北。"嫦娥飞天神话中有"羿请无死之药于西王母"一事，《穆天子传》中有"穆天子宾于西王母乐而忘返"云云。郭璞《图赞》称西王母是"天帝之女，蓬发虎颜。穆王执贽，赋诗交欢"。

这些记载使我们想到：

第一，昆仑虚北面有一个西王母国。那里住着一个十分古老的民族，叫西王母。为什么叫西王母呢？是因为它的首领叫西王母。这个民族是中国西部的强悍民族，信仰白虎图腾，就像东方民族信仰龙图腾，南方民族信仰鸟图腾一样。所以西王母的形象是人与虎的结合造型。由于她是最早的邦国之主，故称她为女帝。

第二，根据华夏民族的习俗，生人变成神是由其子孙后代敬奉的，按一定规矩敬奉的。西王母被敬奉为天神，主管刑杀厉疫。由于她是西部地位最高的女神，主管的是月亮，主刑杀，故称为阴神，月神中的最高主宰者。之所以如此，也同样和她生前的观天测候有关。在古老的传统中，古人根据立杆测影的长短，阴阳变化，把一年分为春夏秋冬四季，春生、夏长、秋收、冬藏。秋收以后进入休闲打猎期，刑杀在这期间进行。西方民族根据二十八宿中的金星、白虎七星中的觜、参宿决定耕种时间，东方民族根据青龙七宿中的心宿二（大火星）决定播种时间。说明西王母主持的是一年四季中的秋季。这与华夏民族中少皞是一样的。

第三，西王母氏族是信仰白虎的民族，历史十分悠久。从燧人氏末的三青鸟时代到周穆王时代，西王母国都存在。从其描述的地域看西王母国并不在今天青海的昆仑山，而是在其北边（北虚）的祁连山脉一带。这里正是羌氏族等信仰虎图腾的民族生活的地方。也许西王母国那地方是距今1万年左右最为发达的地方。西周时期周穆王游西王母国，与其时西周时代的西王母（非燧人时代的西王母），赋诗交欢，乐而忘返。

第四，我国西北西南少数民族信仰虎图腾的极多，西王母是其宗，是始祖。西王母代表的既是众多信仰虎图腾的民族，又是代表中华民族最早的有记载的母系社会，最早的女帝。因而她既是地母神，又是月神，与阳神相对立的阴神。

（二）月神嫦娥

嫦娥奔月的故事在我国流传很广。故事源于晋干宝《搜神记》。《搜神记》卷十四有："羿请无死之药于西王母，嫦娥窃之以奔月，将往，枚筮之于有黄。"有黄占之曰：'吉，翩翩归妹，独将西行。逢天晦芒，毋恐毋惊，后且大昌。'"嫦娥遂托身于月，是为蟾蜍。"

意思是说后羿向西王母求得长生不老之药，嫦娥偷吃了药飞向月宫。她要奔月之前向巫师有黄求问占卜。有黄给她占了一卦说："吉利，轻松愉快的归妹，将独自一个人西行。遇天色昏暗，别怕，以后会昌盛的。"于是嫦娥就飞身上了月亮，变成了蟾蜍神。

这个故事出现得比较晚，与许多原始神话不同，它沾染了浓重的道教色彩，说明吃了仙丹可以升天变成神仙。实际上它成了一幅宣传炼丹的广告，这是借西王母、姮娥等神话人物宣传道教思想。

姮娥这个人物，在传说中是有的。帝喾的第四个妻子，本名叫姮娥又叫羲和、常羲、常仪，出身于娵訾氏族，自幼学习观天测候，既观测太阳运行，继承十月历后，又观察月亮的运行规律，发明了十二月太阴历。根据月亮的生，上弦、圆月（望）、下弦、晦朔等周期，改一年十月历的传统，把一年的360天分成十二个月，这样就与一岁为期周的十月太阳历相差十天。这一历法在帝喾时代因拥护十月历的众多东夷人反对并未实行。到尧时，尧不顾十日族等少数民族的反对，联合后羿与益氏族用武力镇压了十日族等民族，强行实行一年十二月太阴历。这一点我们从《尚书·尧典》中可以看到。

所以，姮娥既为尧的继母自然亦不是后羿的妻子，更不会偷药吃。西王母不是仙人，从不炼丹。西汉刘恒时为避讳，才把姮娥改成了嫦娥。

在原始神话中有乘龙升天的，有梦想发明飞车升天的，却没有吃仙丹升天的。因为那时候，人们还不会炼仙丹，也没有神仙那一类东西出现。这是后人加到上古人身上去的。但如果在今天，人们说嫦娥想上天去看看月亮的运行周期是怎么回事，自然也是可以的。在古人只能是美妙的梦想。

嫦娥生日月的故事，我们在《山海经》里可以看得很明白。《海外东经》说："汤谷上有扶桑，十日所浴，在黑齿北。居水中，有大木，九日居下枝，一日居上枝。"讲的是十月历的故事。十日，不是十个太阳，而是根据太阳运行轨迹形成的一年十个月，每月 36 天，一年 360 天。另 5 天过年。十日族人是以观测十月太阳历起家的。有一年夏天十日族居住地大旱长久无雨，请了巫人前去求雨，那女巫叫女丑之尸。她求雨多日，不见下雨，人们责问她："为什么你求雨，总是不下雨呢？"她说："十个太阳一齐晒，怎么下雨。"十日族的人听了很恼火，便让她继续在太阳下暴晒求雨，结果给晒死了。尧便以此为借口联合后羿镇压十日族，从而登上了帝位。登上帝位后，尧坚决实行十二月历法。尧征伐"十日"族，可以说是中国历史上一场最残酷的历法战争。

我们之所以说嫦娥是十二月历的发明者是有根据的，《山海经》说："东南海之外，甘水之间有羲和之国。有女子名曰羲和，方浴日于甘渊。羲和者，帝俊之妻，生十日。"十日指十月太阳历。在《大荒西经》里也说："有女子方浴月。帝俊妻常羲，生月十有二，此始浴之。"生月十有二，指的是一年十二个月。这就是说帝俊的妻子羲和（常羲姮娥）将十月历改成了十二月历。但在历史中未见帝喾或帝鸷实行这一历法。而有尧时实行四时八节的记载。所以，嫦娥实际上是十二月历法的倡导者。从这一角度上说嫦娥奔月是事出有因的，不是误食或偷食仙药所引起的意外，而是开创了一次历法变革。这一变革从颛顼时代甚至更早的噎鸣氏族时代就开始了。噎鸣"生岁十有二"。根据月亮圆缺确定时间，开始于黄帝时代的阴历，到嫦娥时便更加完整化了。正因为常羲氏族观测日月有功，故嘉封东北海之外的一块地方为女和月母之国，以制节日月的有序运行，"使无相间出没，司其短长"。目的是使太阳历法和月亮历法两种历法有序运行，不要相互打架。

四、灵物龙凤

由于古人相信神，相信祖先的灵魂不灭，总在各种自然灾害中保佑自己，为自己带来福音，所以他们相信一切与神沟通的实物或人物，都是有神的，相信自己是神的后代。

恩格斯认为神话中的神具有自然力量和社会力量的双重属性。他指出："一切宗教不过是支配着人们日常生活的外部力量在人们头脑中的幻想的反映，在这种反映中，人间的力量采取了超人间力量的形式。……而在进一步的发展中，在不同民族那里又经历了极为不同和极为复杂的人格化。……最初仅仅反映自然界的神秘力量的幻象，现在又获得了社会的属性，成为历史力量的代表者。"①

我们从上述图腾神可以看到中国的山神、族神，天神无不带着图腾的印迹，神是人类的祖先，他们具有创造日月星辰，管理日月星辰和风雨雷电的能力，人们对他们怀着无限崇敬与信仰，但都并未因此而形成某种支配社会推动社会变革的宗教力量。相反，都是形成支配和推动社会发展的氏族宗法力量。在中国上古时期并不存在西方式的民主政治和宗教专制，只有家长族长式的专制与统治制度。故而在大统一之前中国实行的万邦统治制度。

当然这并不是说普通人没有自己对神的信仰，而是相反，各个不同的民族都相信自己信仰的神灵，相信世界是自己的祖宗所创造的。

例如对太阳的崇拜、对月亮的崇拜、对火的崇拜、对扶桑木的崇拜、对太阳晷影的崇拜，等等。

彝族人相信人是葫芦生的而祭葫芦；傣族人相信是天神英叭造了人，送了金葫芦，才长出了花草树木和飞禽走兽；佤族人也相信人是从葫芦里钻出来的；傈（lì）僳（sù）族人相信人是从南瓜里长出来的；黎族人相信人是从冬瓜里生出来的；布依族人把竹子当成护家神，瑶族人也相信竹子是人类的始祖；哈萨克族人说世界是迦萨甘在大地的中心栽了一棵生命树，生命树长出了许多灵魂，迦萨甘把树灵吹进小泥人，才变成了人；侗族、白族、彝族、苗族、哈尼族、崩龙族祭桐树、榆树、杉木、马桑树、扶桑木、桫椤树、茶叶树。还有一些氏族祭花草

① 恩格斯著，《反杜林论》，人民出版社，第 3 卷，第 354—355 页。

的。中华民族的华族源于伏羲祖先华胥氏。华即花。水族祭巴茅草，朝鲜族以人参为祖，瑶族祭禾公禾母……诸如此类并不是现代各民族的人凭空编出来的，而是通过传说一代一代传下来的。这些以花草树木为亲近，认花草树木为祖先，为神灵，为世界和本民族的创造源的习俗，所反映的问题，说明这类神灵崇拜来源很早，至少出于渔猎时代之前的采集时代。

有一些物灵崇拜与祭祀有关。如祭立杆测影的扶桑木、若木、桫椤树、华表、社柱。设立祭祀场所的，如祭坛、祭台、祭祀、祭屋、庙宇，以及主持祭祀，沟通人神关系的巫觋一类人物，古人都认为是有灵性的。林河先生著有《中国巫傩史》（花城出版社）一书，书中第二章巫文化对中国的贡献，其中用了五节的篇幅专门论述了“自然灵崇拜”“植物灵崇拜”“动物灵崇拜”“日石文化”“生殖崇拜”，充分说明了这一问题。

华夏民族最崇拜的灵物，莫过于龙、凤、麒麟、龟蛇，视之为吉祥物的化身。龙、凤、麒麟，在生活中是并不存在的动物，而人民从距今 8000 年前的蒙昧时代起笃信至今——科学高度发达的时代，其中必有它流传的理由。下面我们仅就龙凤两个灵物加以分析。

（一）中华龙的内涵演变与发展

龙是中华民族的象征，每一个中华儿女都以龙的传人而自豪。龙的发展历史，也就是中华民族的历史，是凝聚全民族人民的精神支柱和神秘力量。

龙是一种主观幻想的综合图腾，它的形成是有一个过程的。文献记载，这一图腾始于蛇与人的结合，如伏羲女娲交尾图，后来才发展成为有鸟兽虫鱼参加而组合的复合图腾龙。现代考古发掘了许多“龙”证明了这一点。

1. 龙，伏羲女娲氏族集团的旗帜——最原始的龙

蛇是伏羲女娲氏族的标志，或许是这两个氏族实行联盟，以蛇的蛰伏为一年季节转换的依据。蛇在民间称为小龙，古音如湖南音称为能。伏羲女娲氏族逐渐发展成为东方一个强大的部族集团。据《帝王世纪》记载：“女娲氏没，大庭氏王有天下，次有柏皇氏、栗陆氏、骊连氏、赫胥氏、尊卢氏、祝融氏、混沌氏、昊英氏、有巢氏、葛天氏、阴康氏、朱襄氏、无怀氏，皆袭伏羲之号。”这些氏族各有自己的图腾标志，由于他们都“袭伏羲之号”，因此蛇（小龙）就变成了一个综合性的在现实中并不存在的“龙”了。众多不同图腾信仰的氏族加盟，使伏羲女娲集团变得十分强大，于是小龙变成了大龙——复合的龙图腾。伏羲氏族

之所以龙为标志，气候学家认为与他们为发展农业观天测候有关。在观星象之前，许多人以观察物候作为季候的判断。蛇的伏蛰告诉人们，蛇进洞了，冬天到了；蛇出洞了，预告春天来了，皆播种了。因而蛇被视为预告季节变化的神物，这就形成了当时的物候历法。

进而形成了以历法为中心的龙文化。伏羲所处的时代，是一个历史的飞跃年代。无论思想观念、社会制度、农业技术，还是制陶、制玉工艺、绘画、音乐都有很大的发展。仰韶文化遗址、河姆渡遗址、凌家滩遗址及北首岭遗址、舞阳遗址等文化遗址的文物，尤其是那些表现太阳历、火历、斗历纪年的文物，不仅证明 7000 年前是一个农业与农业科学发展的辉煌年代，也证明了伏羲“观象于天”“观法于地”“始作八卦”并非虚妄之言。当然，那时的八卦不一定是后来那种“画卦”，而可能是一种能指示方位，表明季节的图案，如凌家滩玉版八角图案之类。不用说，这是一种创造，值得人们永远敬仰。

2. 地底的龙——中华早期龙

由于近年来考古学的发展，全国各地都发掘出各种各样的龙，这些龙出现于不同的地点、不同的历史时期，有着各不相同的特点。现举例于下，以作比较。

龙　　名	时　期	特　　点	龙　　形
内蒙古三星他拉碧玉龙	红山文化	吻突出，嘴紧闭，鼻扁平，梭子眼，有颈鬣，似飞马	内蒙古碧玉龙
辽宁建平白玉龙	红山文化	圆眼，大头，尖嘴，有角	辽宁建平白玉龙
安徽凌家滩白玉龙	距今 5000 余年	首尾相联，龙首牛头形，有角	安徽凌家滩白玉龙
浙江余杭瑶山白玉龙	良渚文化	眼如牛，鼻如猪，角耳非牛非鹿	浙江余杭白玉龙
湖南澧县孙家岗玉龙	龙山文化	镂刻透雕，头又角饰，股有龙脚，圆眼，具有鳄鱼特征	孙家岗玉龙
湖北天门肖家屋脊块形玉龙	石家河文化	呈 C 字形，与鳄近似	天门土龙
甘肃马家窑彩陶蛙龙	距今 4000 年至 3500 年	蛙龙有 10 对粗壮的肢爪，首尾相衔，脚腿凌空挥动	蛙龙
辽宁阜新褐色石块堆塑龙	距今 8000 年前红山文化	蛇形，回纹，身体绵长，蛇形齿 19.7 米，宽 1.8—2 米，昂首，张口，弯腰弓背，尾若隐若现	石块堆塑龙
内蒙古赤峰陶器龙纹	距今 7000 年	头似猪首，身如盘蛇	盘龙
河南濮阳西水坡蚌塑龙	距今 6400 年	似鳄形，鹿形	蚌塑龙
山西吉县柿子滩岩画龙	距今 1 万年	鱼尾鹿头	岩龙

续表

龙　　名	时　期	特　　点	龙　　形
甘肃甘谷西坪彩陶瓶龙	距今 5500 年	似鲵，人首	鲵鱼纹，现伏羲形象
山西襄汾陶寺彩陶盘龙	距今 5000 年	似蛇	襄汾陶盘蟠龙
浙江余姚河姆渡鸟龙	距今 7000 年	象牙雕刻，中心为同心圆。外沿有火焰纹，两侧有两鸟，昂首翘喙，展身扬尾，尾部近龙，亦鸟亦龙	鸟龙
陕西宝鸡北首岭鱼龙	距今 7000 年	黑彩绘画龙：方头，圆眼，头侧有锥形鳃，背有斑状花纹，身盘曲；另有一凤鸟衔喙鱼龙的尾巴	鱼龙

此外，还有内蒙古清水河 6000 年前的黄土夯筑龙、北首岭的龙凤纹龙等。最近（2011 年 4 月 11 日）中央 4 台播放了一则新闻，题目是消失了的鱼龙，说的是贵州安顺关岭那地方 2.5 亿年以前是海，从这里发掘出一种叫鱼龙的化石。这种鱼龙曾是海洋霸主。其形状似鳄鱼，巨蜥一类哺乳动物。这令人怀疑，在伏羲女娲时代是否就流行着鱼龙的传说。俗话说鱼龙混杂，并不是讲鱼和并不存在的龙混杂在一起，而是讲像鳄鱼似的鱼龙和鱼混杂在一起，这两者均是弱肉强食者，混在一起就是很可怕的事。这也说明有鱼龙存在的传说。

综合上述，可见已发掘的中国最早的龙数量不少。它们的共同特点是：

第一，已发掘的古龙遗址，经科学鉴定其遗存时间跨度很大，都在距今 8000—5000 年间。最早的在 8000 年之前，岩画龙有 1 万年，最晚的也有 5000 年。距今 8000—7000 年的龙形都是蛇形龙，人首蛇身龙，猪首蛇身龙，鸟首蛇身龙。河南濮阳西水坡出土了 6400 年前的蚌塑鳄形龙被命名为“中华第一龙”，虽然欠妥，但它却是第一个被发现的具备了现代龙的轮廓，具有天文内涵的龙，将它命名为中国天文第一龙并无不妥，它表明了中国天文的发端。

第二，中国发掘的早期的龙从分布地域来看，量多面广，分别分布于辽宁、内蒙古、河南、湖北、陕西、安徽、浙江、湖南等广大地区。也就是说沿黄河流域、长江流域，乃至辽河流域，都发掘出大量的早期原始龙形象。这一事实表明以龙为图腾的部族（或部族集团）在七八千年前的农业萌芽时期曾经是一个长期存在的很庞大的部族集团。龙部族衰落之后，各伏羲加盟部落族后裔流落迁徙到四面八方，他们便以各地支系的图腾相继表明他们的龙族身份，因而便有蛇身龙、鳄身龙、鱼身龙、马首龙、牛首龙、鹿首龙、猪首龙、鸟首龙、象鼻龙等等龙形在不同地域出现。直到商周秦汉之际，为适应大统一的需要，才综合各种动物龙形态成为现代龙。从此，原始形态的各种单一形态的龙形才逐渐消失了。

第三，从地下发掘的龙的功能分析，最显著的功能有三个方面：一是作为部族的标志存在，它表明部族的社会地位、出身、特长；一是作为装饰物存在，较多的玉龙作为饰物存在，显示佩戴者的高贵、富有；一是作为高等级的祭祀灵物存在，将龙用于祭祀祖先、祭祀天地的灵物祭品，龙便成了天神人神，上天入地呼风唤雨的神物。

这些事实证明距今8000—5000年时并没有统一的综合性的现代龙形存在。综合性的现代龙形始于秦汉魏晋，完成于宋明之际。因而我们现在看到的现代龙形便认为它是七八千年前部族兼并而形成的强大部族的图腾标志，显然是一种不明智的猜测。

3. 天上的龙——四象的代表

中国上古时代，由渔猎时代进入到农牧时代后，对历法特别重视。颁布历法成为王者的使命、权利和神圣的职责，尤如当今的根本大法，因而极大地推动了天文科学在中国的早产。西水坡45号墓的发掘证明了在距今6400年之前中国就有了发达的天文理论与天文观察等实践活动，在此基础上才有了盖天论、浑天论、太阴太阳、河图、洛书、八卦、二十八宿等理论。

古代天文学家将地球绕太阳运动经过的天区称为黄道，并将黄道带上的天区分成东西南北四个星宿区二十八个星宿，东曰苍龙、西曰白虎、南曰朱雀、北曰玄武。每个区域有七个星座。

史学家们一向认为，世界文明史是从两河流域开始的。人类文明的先驱是公元前4500年在两河流域定居的苏美尔人，他们在阿卡德王朝时期最先学会了制陶、农业，创造了楔形文字，使用10进位制。1000余年之后，阿摩利人才以巴比伦城为中心建立巴比伦王国，巴比伦最强盛的时期是公元前604—前562年的尼布甲尼撒二世在位的时期。天文考古学家冯时先生在《中国天文考古学》(中国社利院出版社）里指出：许多年来，一些西方学者认为二十八宿始于巴比伦或印度。如英国学者白赖南、美国学者白吉斯、英国学者艾约·瑟基恩、德国学者韦伯、奥尔登贝格、博尔等人都持这种看法，我国学者郭沫若、夏鼐先生很早就认为始于中国，但其时尚无有力的证据证明。现在真相大白了，西水坡蚌塑龙的出现证明郭沫若、夏鼐先生的看法是正确的。西方学者以两河流域作为世界文明的起点，是违背历史的。

人类文明的起源是多源的。世界上的文明古国都有崇拜太阳的神话与传说，古希腊人崇拜太阳神阿波罗，古埃及人崇拜太阳神阿吞，古印度人崇拜太阳神苏利耶，古巴比伦人崇拜太阳神沙马，中国南方河姆渡人崇拜太阳神凤鸟（有“双鸟朝阳”“连体鸟”“双飞燕”），成都金沙遗址的金制四凤朝阳等，均证明早期人类对太阳的崇拜是普遍存在的。这些崇拜只表示人类到达某一阶段对大自然，特别是对他们生活、生产起支配作用的太阳的认识。在苏美尔人发展之前，中国古老先民的经过立杆测影和对日月星辰的周视运动的观察之后所实行的太阳历法，较之对太阳的崇拜，则不仅具科学性与实践性，也是先民们生存的需要、生活的需求、农业生产对科学的求索。这一点被宝鸡北首岭遗址的三组小三角松塔黑彩图案所表述的十月太阳历所证实。这个太阳历把一年分成 10 个月，一月 36 天，以 14 年为一纪。姜寨遗址彩陶盒也有十月太阳历，也是一月 36 天，半坡遗址也有参历、火历的记载。这一些遗迹表明在六七千年之前中国的先民已由对太阳的崇拜转入对太阳的研究，并使之变成了“根本大法”。

较之太阳历，二十八宿又进了一步，它以太阳月亮的运动为中心对天区进行划分，明确分出一年四时至八节。它表明在 6000 多年前，十月太历和星历是并存的，是不同时期不同部族所使用的。西水坡的蚌塑龙图案所表现的正是这一划时代的进步的物证。所以说西水坡以实物证明二十八宿起源于 6000 年前的中国，比印度巴比伦都早了几千年。这是无可辩驳的事实。

距今 8000—6000 年时，龙在地上，到了距今 6000 年时，龙跑到天上去了，并与氏族标识脱离，图腾与神分裂成为天上东方星宿的代称，又与历法紧密相关，不仅被神圣化，而且具有权威性。后来的统治者正是利用这一点，赋予龙以神性，强化了政治，进而将自己打扮成龙的代言人、受命者、体现者——真龙天子，从而获得无上的统治权威。

4. 神坛的龙——国家权力的象征

历史进入长达几千年的封建集权时期，龙早已不是作为单一的氏族标志的图腾存在于世，而是作为国家至高无上的权利的标志存在于世。殷商以来，特别是春秋战国时期明确提出“天道观”“天命观”，龙的内涵又为之一变，龙被看作“人格化”“神格化”的能呼风唤雨、无所不能的天神灵物。因而龙瑞就成为历朝历代争夺王位（包括农民革命推翻皇族统治）的口实，夺取中央统治权固定不变的模式。统治者说，他是龙种，是天上降生的真龙天子，有权合理合法地进行统治。何以见得呢？龙的符瑞的现身就是证明。这就是帝王们为争权力用龙玩的一种把戏。《汉书·高帝纪》说汉高祖刘邦（本是平民，为争皇帝找借口）其“母媪尝息大泽之陂，梦与神遇。是时雷电晦冥，太公往视，则见蛟龙于其上。已而有身，遂产高祖”，说明刘邦命中注定要当皇帝。显赫一时的汉武帝与叔叔争权，也同样为自己编了一个神的故事。据托名班固的《汉武帝内传》记载：“汉孝武皇帝，景帝子也。未生之时，景帝梦一赤龙，从云中下，直入崇芳阁。景帝觉而坐阁下，果有赤龙如雾。”

西汉结束之后，刘秀起兵争夺皇位，他并非皇族法定继承人，为给自己找个合法的借口，也编了一套“受命之符”，说“刘秀发兵捕不道，四方云集龙斗野，四七之际火为王”，意为“刘秀为天子”，果然后来当了皇帝。司马篡权夺天下为自己编了童谣“五马浮渡江，一马化为龙”，宋高祖刘裕说他“独卧讲堂前，上有五色龙章，众僧见之，惊以白帝”，齐高祖十七年“尝梦乘青龙上天，西行逐日”，唐朝诸帝也无例外，诸如“二龙戏于武功县池，乃唐太宗生诞之瑞”“明皇诣太清宫，有龙见于殿之东梁，明皇目之，顾问诸王有所见乎？皆曰无之”，如此等等都是骗人的鬼话，目的在于说明皇帝都是应龙降生，遇龙传意，梦龙应验的。

从这些记载中我们可以看到改朝换代有个龙的符瑞，才能正位为天子，找个执行天命的理由，当个合理合法的皇帝。龙是并不存在的动物，但有哪个朝臣敢说龙不存在呢？因为龙就是天子的代名词，权力的象征，否认龙的存在，就是否定天子，就要被杀头，所以谁也不敢说，不敢惹。

这时候的龙和伏羲时代、五帝时代的龙的内涵相同么？全然不同。它完全被偷梁换柱，改变了龙的本质内涵，成为皇权的象征。

据此，我们说龙在不同的历史阶段，有不同的内涵。在伏羲时代的早期，龙只是作为部族的象征存在；从伏羲中后期到五帝时期，由于农业的发展，指导农业发展的天文历法科学的大规模出现和迅猛发展，出现了二十八宿及太阳历法、黄帝历法等，龙从图腾变成了“四象”“四方”等时空观念的鲜明标志，原始科学的象征；商周以来特别是秦汉大统一格局出现之后，龙进入了封建集权统治中心的视野，又成为皇权的象征。继而又被赋予宇宙阴阳的哲学内涵。由于这样，龙入“易”，为乾也就是很自然的了。这些不同历史时期的不同内涵，经过几千年的积淀迭复挤压，进而凝聚成为有复杂内涵的民族象征，一种强盛的形象，一种哲学的符号。

（二）以风示瑞的吉祥鸟——凤

凤是鸟类图腾的综合图腾。它与龙一样是世上并不存在的动物。也是鸟图腾氏族集团的标志。鸟图腾氏族，是十分古老、强大、先进的氏族。以鸟为图腾的氏族早于以蛇为图腾的伏羲女娲氏族。

《海内北经》云：“其南有三青鸟，为西王母取食，在昆仑虚北。”《西次三经》

也说："曰钟山，其子曰鼓，其状如人面而龙身，是与钦䲹杀葆江于昆仑之阳，帝乃戮之钟山东曰瑶崖，钦䲹化为大鹗，其状如雕而黑文白首，赤喙而虎爪，其音如晨鹄，见则有大兵。"它住在三危之山。三危山那地方因三水汇合，此出山口又分为三，象三鸟翼，故曰三危。所以《西山四经》里说，"曰三危之山，三青鸟居之"，郭璞说那三青鸟是"为西王母取食者，别自栖息于此山也"。说明这三青鸟即住在此山中的三青鸟氏族。王大有先生解释说："燧人弇兹氏分为三支：大鹜氏，少鹜氏、青鸟氏，合称三青鸟氏。"可见凤鸟均为1.2万年前燧人氏末期弇兹氏族的图腾标记。燧人氏之所以以鸟为图腾，传说是因为遂明国有大树名燧，屈盘万顷。有鸟若鸮，以口啄树，粲然火出，燧人氏受到启发，以小枝钻木，故名燧人氏。

到伏羲时代，其后裔咸鸟氏、后照、巴人继承了弇兹素女的传统，在都广之野，即今三星堆建立天文中心。三星堆即其后人遗迹。伏羲的第六代孙少昊继承金天氏与皇娥的事业，以鸷鸟为图腾，以鸟相风，直至东夷时创建闻名于世的鸟王国。

炎帝祝融，是伏羲时代的著名氏族，以鸾鸟为图腾，到炎帝时代，成为王者，在湖南、湖北、江西、安徽、河南南部、甚至长江下游浙江地区，组建了许多以鸾鸟为图腾的王国，提倡水稻的种植，形成了上古十分著名的鸾文化，即糯文化（傩文化），又称水稻文化，极大地推动了上古社会的发展，影响十分深远。所以后人奉炎帝祝融为南方天帝（火德之帝），太阳神。在南天区主管南方七宿，其图腾形象为朱雀。朱即咮，朱雀即鸾鸟，亦即凤鸟。

五帝时期，不仅少皞鸷以鸟为纪以鸟为师，立凤鸟氏、玄鸟氏、青鸟氏、丹鸟氏、鴡鸠氏、祝鸠氏、鸤鸠氏等官职，鸷鸟还成了他们共同的旗帜。据说帝喾的次妃有娀氏之女简狄姐妹同浴，有玄鸟衔卵而坠，简狄取而吞之生契成为商的祖先。这个故事《诗经·商颂·玄鸟》有记载。舜也是鸟图腾出身的氏族。

上述事实说明：从燧人弇兹、伏羲少昊、炎帝祝融到帝喾、虞舜、夏商周秦汉，许多强大氏族与氏族集团都以鸟为图腾；他们所崇拜的鸟并不是同一种鸟，而是各不相同的鸟。一种是玄鸟，即燕子；一种是鸷鸟，即鹰；一种是鸾鸟，即孔雀一类太阳鸟。据庞进先生《凤图腾》一书记载不同氏都把各自崇拜的鸟称为凤，如崇拜鸡者说鸡即凤凰，"桃都山有大桃树，盘屈三千里，上有金鸡，日照则鸣"形成了阳出鸡鸣的神话传说；有说燕即凤，比如《诗·商颂》"天命玄鸟，降而生商"；崇拜鹳者说鹳即凤，河南临汝陶缸有鹳鱼石斧彩绘为证；崇拜鹤者说，信鹤即能鹤寿延年，《诗·鹤鸣》"鹤鸣于九皋，声闻于野"；崇拜乌者说乌即凤，"月中有三足乌"或"日中有三足乌"。庙底沟仰韶文化村彩陶上有黑乌驮日图可证；崇拜鹌鹑者说鹑即凤，《鹖冠子》有“凤凰者，鹑火之禽，阳之精也”；崇拜鸿者说鸿即凤，鸿，天鹅，鸿鹄之翔，志呈高远；崇拜鹰者说鹰即凤。鹰，猛禽，可鹏程万里，是天空的王者，本事很大，故名鸷；称孔雀即凤者说孔雀羽毛艳丽，喜温暖，爱南方，属阳鸟，故称……诸如此类，不一而足，说明凤是一种口头文学塑造的鸟，它不是某一种鸟，而是综合了有各种鸟的不同优点和个性，及它的喜阳的共性所塑造的阳鸟、阳雀。

也就是说凤凰的形成，从内涵到外部形象都有一个漫长的历史过程。仔细分析一下，我们可以看到，鸟图腾的出现与农业生产的出现有关。传说中有“象耕鸟耘”，炎帝时鸟衔穗启示他教民播五谷，湖南澧县道县、江西万年等鸾鸟文化区域都出土了距今10000年以上的稻米就是明证；在上古时代，不论东夷文化区域，还是河姆渡、萧山跨湖桥等一切文化发达的区域，凡是粮食生产区，都有鸟图腾的实物明证。所有信仰鸟图腾的传说都与太阳有关。随着农业生产的发展，人们急需要弄清楚一年之中四时八节的变化，和一天之中从早到晚周而复始的运转变化规律。由于时代的局限，认识的局限，无法明了这一点，于是便想象出日落日出是“三足乌”背着太阳走抬着太阳走（“双凤朝阳”），或是大公鸡（金鸡）把太阳从睡梦中叫醒的，进而认为凤是太阳之精，太阳之神。所以鸟图腾的民族都把凤奉为天神。由于崇拜太阳，所以中国的本原神话中有金的存在，金是人与万物生存之本，人与动植物离开了金（太阳）都无法生存。

不仅如此，崇拜凤重德行。凤被喻为仁德之鸟。《山海经》里说，“曰丹穴之山，有鸟焉，其状如鸡，五采而文，名曰凤皇。首文曰德，翼文曰顺，背文曰义，膺文曰仁，腹文曰信。见则天下安宁”，能自歌自舞。或许这些德行都是后人归纳加工的。最真实的是这些鸟类，对人类并不带来危害，其中有许多都是人们判断季节确定时辰的候鸟。如燕子，大雁（鸿），雄鸡唱晓之类。因而这些鸟集名为鸾，成为神灵之精，为神灵所赐，成为瑞鸟，是吉祥的化身。

正是这个原因，自古以来的帝王，莫不以凤示瑞气的。《帝王世纪》说：“黄帝服斋于中宫，坐于玄扈洛上。乃有大鸟，鸡头、燕喙、龟颈、龙形、麟翼鱼尾，其状如鹤，体备五色，三文成字，首文曰顺德，背文曰信义，膺文曰仁智。不食生虫，不履生草，或止帝之东园，或巢阿阁。其饮食也，必自歌舞，音如箫笙。”诸如此类描述，将本不存在的“凤”描绘得十分生动，成了文学形态的凤。

《淮南子》说：“昔者二皇，伏羲神农，凤至于庭，三代尧舜禹也，凤至于门。周室凤至于泽。”

《吕氏春秋》说：“帝喾有圣德，作乐《六英》，乃令人奏之，凤凰鼓翼而舞。”凤由风演变而来，本无凰，这里以凰配凤。

《尚书》说："尧即政七十载，凤凰止庭，巢阿阁欢树。"

由于凤从氏族图腾变成了神，变成了吉祥的瑞兆，因而成为中华文化的又一个重要标志，成为一种反映人们秉德、向上、达天、乐观、崇高、爱美、不怕牺牲、勇于追求光明、毫不利己、乐于奉献的民族精神。①

① 庞进著，《凤图腾》，中国和平出版社，2006年。

第八章
华夏创世本原神话与本原哲学

本章重点探讨华夏民族的创世本原观念。

开辟神话颂扬的是首创精神；创世神话颂扬的是创造精神。创造是推动历史不断发展、社会不断进步的动力。

一、华夏创世本原神话简述

二、传世本原神话与本原哲学观念

三、华夏创世本原神话的思维模式

四、结语

一、华夏创世本原神话简述

传世观念是公元前数千年之间，前人不断认识世界的积累和储蓄，就像考古学家、地质学家从地层色质判断它们存在的年代及其特征一样，可以让我们了解古人在编织这些神话时的想法和做法。

原始神话反映的是原始时代末期人们在进行一场伟大的经济革命（原始农业替代渔猎、采集）过程中对客观世界的认识。它是创世神话的基础，是渗入我们民族骨髓的遗产，从中可以寻找到我们民族最古老的一些思想观念的来历。

我国各民族都有自己的传世神话。华夏民族也有自己的创世神话。其中包括伏羲女娲创世神话、盘古开天辟地神话、伏羲四子授四时神话、燧人氏钻木取火神话、神农氏教民稼穑神话、黄帝彭祖养生神话等。

（一）伏羲女娲创世神话

1. 伏羲创世神话

《周易·系辞》下第二章中说："古者包牺氏之王天下也，仰则观象于天，俯则观法于地，观鸟兽之文，与地之宜，近取诸身，远取诸物，于是始作八卦，以通神明之德，以类万物之情。作结绳而为网罟，以佃以渔，盖取诸《离》。包牺氏没，神农氏作，斩木为耜，揉木为耒，耒耨之利，以教天下，并取诸《益》。日中为市，致天下之民，聚天下之货，交易而退，各得其所，盖取诸《噬嗑》。神农氏没，黄帝、尧、舜氏作，通其变，使民不倦，神而化之，使民宜之。《易》穷则变，变则通，通则久。是以自天佑之，吉无不利，黄帝、尧、舜，垂衣裳而天下治，盖取诸《乾》《坤》。"

这里的伏羲是传说中的古帝王，中华民族的人文始祖。这段话是在讲卦义，也流露出中华民族发展的历史。伏羲是这一伟大历史的开创者。

伏羲的主要功绩是"仰则观象于天，俯则观法于地，……始作八卦"。观象于天，即观察日月星辰的运行规律，即天道；观法于地，即观察一年四季中什么地方适宜生长什么东西，植物在什么时间生长开花结果，什么时间可以收获，了解植物的生长规律；近取诸身，远取诸物，即指观察人自身的生活规律，与活动规律。然后“神而化之，使民宜之”，其神妙正是由此而生。

《周易·系辞》中说伏羲始作八卦，没有讲伏羲始画八卦。始作八卦，说明由他开始，后经神农、黄帝、尧、舜、禹直至周文王等人不断发展完善，才逐渐形成后来的八卦与六十四卦。无疑这是真实的、合理的，无须怀疑。

伏羲仰观俯察是为了了解自然的变化规律及人自身如何适应自然规律的变化，这也就是道家所指的道。反映日月星运行而形成的季节变化规律谓之天道，反映万物生长合于地宜的谓之地道，反映人适应大自然而治理自身谓之人道。老子的道是对天道、地道、人道的抽象与概括。从伏羲开始的对天道、地道、人道的探索，正是老子道学产生的基础。

2. 女娲补天与治洪水

女娲补天的故事，在我国是家喻户晓的。

远古的时候，在人们眼中天好像是一个大锅盖一样盖在大地的上空，由四根大柱子撑着，由于共工争帝不成，怒触不周山，使天柱折断了，九州大地也裂开了，才形成“天不兼覆，地不周载”，大火不灭，洪水泛滥不止，猛兽残害人民，鸷鸟吞食老幼。在这种情况下，女娲为减轻人民痛苦，不得不炼五彩石补苍天，断鳌足用来代替天柱支撑四极，又用芦苇灰止住了洪水，使百姓背方州，抱圆天，上了绳床，过上了四季分明的生活。故事美极了。它透露给我们的信息是：

“昔共工怒触不周之山，天柱折，地维绝。天倾西北，故日月星辰移焉；地不满东南，故水潦尘埃归焉。”(《淮南子·天文训》)，指明天柱折断的原因。故事反映了古人已认识到中国地势是西边高，东南低的走势；原因是东南地区还缺少像北西高原那样海拔高的似天柱的大山。这确实是事实，至今无人否认西高东低的地形。

故事里说的洪水，并不是《圣经》里所讲的世纪全球大洪水，而是中国境内的一场洪灾。这场洪水“浩洋而不息”，水势很大，也不是讲全国性的漫天大洪水。据查，尧舜时的确发生过一场大洪水。原因是其时发生了地震，在黄河流经的青海甘肃交界的积石山形成了一个很大的堰塞湖，后来又因地震，使堰塞湖决口了，所以造成了黄河流域的大洪水。上古时黄河本来就处于“乱流”状态，人们无力疏通，即便不是偶发洪灾，每年夏天暴雨也会形成大洪水。这样的大洪水在女娲时代也发生过。

“背方州，抱圆天”“天不兼覆，地不周载”表明其时已产生了天圆地方和盖天论观念。这是古人最早对天地形态的认识。

分析上述信息，我们不难理解到黄河经过河南境内经常发生大洪灾与地形及河流走势有密切的关系。黄河从山西进入河南境内是从北向南流的，到河南境内后，因大山阻隔改为从西向东流，这就形成了一个“L”形的九十度大转弯。但在这转弯处，由于南面是秦岭余脉，有多条河流从山里流出，从南向北汇入黄河“L”形的拐弯处，使水势加大，但黄河在折转向东流的过程中由于有三门峡的阻拦，水出不去，便形成了一个大湖泊，又因西高东低走势，又不能不出，这就形成了一个大湖泊——鼎湖。再加上黄河到河南中部地区之后，从王屋山与嵩山之间穿过，因两边水流加大，河道泥沙淤积，造成黄河改道，灾害连年，即使居中部的嵩山之南，也同样不太平。以舞阳地区为例，虽处于嵩山与大别山之间，由于是淮河上游地区，有沙河、澧河、洪河、汝河等层叠交错，使舞阳的贾湖地区自古就形成了一个硕大的湖泊。这里常年气候湿润，雨量充足，土地肥沃，适宜于发展农业生产。伏羲女娲时代就在这里建都，使这里成为上古时代的一座文明之都，它像一座灯塔，照亮了四方。但伏羲女娲时代的繁荣，亦因一场特大的洪水而毁灭，女娲氏族不得不迁都淮阳平粮台。贾湖遗址、平粮台遗址、淮阳女娲祠，以及贾湖遗留下的距今 8600—7000 年前的骨笛、稻谷、器物均证实了这一点。

由于洪灾，古人渴望着有一位地母神站出来苍天补，四极正，淫水涸，让人民安居乐业。

女娲是生育女神。上古时人口本来就少，寿命只有三四十岁，所以人们祈求女娲显灵降福，赐子消灾，这就产生了祭祀高禖的礼仪和女娲抟黄土造人的故事。由此，我们说女娲创世的故事是由洪灾引发而衍生的。

《楚帛书》伏羲四子神话中有一段是写大禹治水的。故事说那时候大地上的山陵横阻而淤塞不通，导致洪水泛滥。禹和契导山导水，跋涉于山陵、急流和泥沼，命令山川四海的阴阳气疏通。当时，日月还没有产生，于是伏羲女娲的4个孩子依次在天盖上步算时间，轮流更替，确定春分、夏至、秋分和冬至。这里的禹契治水，指的也是指河南境内因山陵横阻而淤塞不通，导致洪水泛滥，与前面说的完全一致。尧时水患长达80多年，共工氏是水利专家，未能治好，而被流放幽州，鲧治水没治好被沉入了羽渊，大禹经过13年的艰苦奋斗才终于疏通了、止住了洪水。可见，遇暴雨成灾在上古时代是一个普遍现象，即使是科学发达的当今社会，这一问题也并未解决。所以人们对禹益治水有很高的评价。这是神话，反映的是现实。

水引出的故事，表明了水在古人记忆中是十分深刻的。在上古人看来水既是人们实行定居生活的依靠，是人的生命的本原，也是成灾祸根源。所以稷下道家称水为生命之本，生存之本。

（二）盘古开天辟地神话

盘古开天辟地，是中国家喻户晓的传世神话故事。《广博物志》卷九引《五运历年纪》说“盘古之君，龙首蛇身，嘘为风雨，吹为雷电，开目为昼，闭目为夜”，《山海经·海外北经》有“钟山之神，名曰烛阴，视为昼，瞑为夜，吹为冬，呼为夏，不饮，不食，不息，息为风。身长千里。在无（綮系换月）之东。其为物，人面，蛇身，赤色，居钟山之下”。两相对比，可见盘古与触龙的形象是完全一致的。《三五历纪》为三国时徐整所记，其时间比《山海经》要晚很多。盘古故事源于烛龙，有道理。在我国南方的少数民族中，如苗瑶黎都认盘古为祖先，有祭祀盘古王的习俗。瑶族有天旱祷盘王游田间，苗族有盘王书，古歌，畲族有“犬戎寇女”和《狗皇歌》，称颂帮助高辛平防王之乱的盘瓠等等传说。徐整身处南方，根据南方种种传说，整理成盘古开天辟地的故事顺理成章。

徐整“盘古开天辟地”的故事里所记述的是：“天地混沌如鸡子，盘古生其中。万八千岁，天地开辟，阳清为天，阴浊为地，盘古在其中。一日九变。神于天，圣于地。天日高一丈，地日厚一丈。如此万八千岁，天数极高，地数极深，盘古极长。故天去地九万里。”徐整在《五运历年纪》中又说：“首生盘古，垂死化身。气成风云，声为雷霆，左眼为日，右眼为月，四肢五体为四极五岳，血液为江河，筋脉为地里，肌肉为田土，发髭为星辰，皮毛为草木，齿骨为金石，精髓为珠玉，汗流为雨泽。”盘古是怎样把天地分开的，在这里没说。但民间传说中说他抓过一把金石大斧朝黑暗混沌一挥，只听得天崩地裂的一声，天地就破裂开来了。后来这个故事演绎为和盘古氏一同生活在混沌鸡子中的，还有一个神，即阴神混沌氏。盘古是阳神，要开天辟地，阴神反对，所以他们发生了冲突，结果盘古胜利，混沌失败。后来盘古把阴神的身体剖开来了，将他的肉变成土，骨变成石，血变成水，肢体变成山狱，肠胃变成江河。也就是说山川是阴神变的，风雨雷电、日月星辰、花草树木是阳神盘古的尸体变的。

在《庄子·应帝王》中记载：“南海之帝为儵，北海之帝为忽，中央之帝为混沌。儵与忽时相与遇于混沌之地，混沌待之甚善。儵与忽谋报混沌之德：曰：‘人皆有七窍以视听食息，此独无有，尝试凿之。’日凿一窍，七日而混沌死。”

《淮南子·精神训》也有二神混生，经天营地，于是乃别为阴阳，离为八极，刚柔相成，万物乃形，凡气为虫，精气为人。

上述几个开天辟地的故事，具有诸多相似之处。

其一，阴阳观念的产生与阴阳二神的出现。这些创世故事表明在原始人的意识中天地是混沌不分的。这混沌为混沌神，后来又产生了阴神、阳神，是他们把混沌分开了。混沌没有了，阴阳仍存在，说明其时阴阳观念已经在上古人头脑中存在；这和阴阳太极的历法传说与理论相合。

其二，混沌的内涵为时空不分的状态。所以才有时间之神与空间之神的出现，以打破时空不分的混沌状态。表明时空观念的产生成了上古人思想观发展的中心点；这也与上古历法、八卦中的四时八节，四方四隅相合。

其三，特别值得注意的是盘古开天辟地用的是生产工具——一柄大板斧，而不是箭。这在世界神话中也是十分独特的。摩尔根认为：“弓箭的出现晚于戈矛和作武器的棍棒。弓箭由于是一大发明，它给狩猎事业带来了第一件关键性的武器，其发明时间在蒙昧阶段晚期。我们用弓箭作为高级蒙昧社会开始的标志。”“它对蒙昧阶段的影响正如铁制刀剑之于野蛮阶段，有如火器之于文明时代。”① 他之所以这样认为，是因为他认为弓箭所体现的是各种力的配合非常奥妙，只有了解几种树木的弹性与韧性，了解动物的筋或植物的纤维系在弧上的张力并

① ［美］路易斯·亨利·摩尔根著，杨东莼、马雍、马巨译，《古代社会》，中央编译出版社，第15页。

与人的臂力结合起来，才能做到。这一切只有脱离蒙昧状态的人才能做到。这番话虽然很有道理，但远非现实的历史证明。

（三）伏羲四子授时神话

故事讲的是大能伏羲氏以女娲为妻，生了四个孩子。他们定立天地，化育万物，形成了天地。到夏禹治水前，日月还没产生，伏羲女娲四子就依次在天盖上步算时间，确定春分、夏至、秋分、冬至四个节气。分至产生400年后，由帝俊孕育了日月。但当时地势不平，由西向东倾斜，伏羲四子又爬到天盖上，推动天盖绕北极转动，并守护着支撑天盖的4根柱子，将天盖钢绳固定于地之四维，确定了东西南北4个方向，这样才使帝俊能操纵日月在天盖的3个轨道上正常运行。后来由于共工步算历法过疏使太阳历长于太阴历（即月相历）十天，使得风雨无度，朔晦失序，四子于是归岁余为闰，恭送日月各行其道，这才完成了创造宇宙的全过程。

伏羲四子指重、该、熙、修四神，他们是四方天帝的佐臣：即东方句龙，西方蓐收，南方祝融，北方玄冥四位天神，他们主管一年四季的气候变化。

故事让我们看到在古人心目中天就像一把大伞一样盖在地的上头。中央是北极，由一根巨大的柱子（建木）支撑着，天神们可以从这根柱上的绳梯爬到天上去，也可以从天上到地下来。大柱四边用四根小柱子撑着，并用钢绳固定起来。四个天神坐在四根绳搭成的游表上各守一方，推动它转动，转到东方是春天，转到南方是夏天，转到西方是秋天，转到北方是冬天。太阳从北向西转，太阴从北向东转。从冬至这天开始，到下一个冬至这天为止，太阳转一周为一岁，太阴转一周为一年，一岁与一年之间相差十天。为使它们一致伏羲四子用余闰的办法解决。

很明显，这个神话是一个历法神话。这是世界神话中，我们看到的最早最完整的历法神话。它谈到的问题都是古老的历法问题，是战国时代的人根据古老传说编织的。虽是神话，其中许多东西都有科学道理，如太阳月亮的运行规律，以及太阳历、太阴历之间相差10天（岁余），用余闰的办法解决等，都是可信的。

（四）燧人氏钻木取火神话

火，是人工火、自然火、星光日光的统称。

燧人氏钻木取火取的是人工火。有关记载不是很多，最著名的是韩非子的

《五蠹》中说的“上古之世，人民少而禽兽众，人民不胜禽兽虫蛇。有圣人作，构木为巢以避群害，使王天下，号曰有巢氏。民食果蓏蚌蛤，腥臊恶臭而伤腹胃，民多疾病。有圣人作，钻燧取火以化腥臊，而民说（悦）之，使王天下，号之曰燧人氏。”《太平御临览》引《拾遗记》较为详尽地记述了这段故事说“燧明国有大树名燧，屈盘万顷。后世有圣人，游日月之外，至于其国，息此树下，有鸟啄树，粲然火出。圣人感焉，因用小枝钻火，号燧人氏。”“有燧明国，不识四时昼夜，……有火树名燧木，屈盘万顷，云雾出于中间，折枝相钻，则火出矣。……因此树表有鸟类鸮，以口啄木，粲然火出。圣人感焉，因取小枝以钻火，号燧人氏。”“在庖羲氏之前，则火食起乎兹矣。”

恩格斯指出：“人类学会使用火是比蒸汽机发明更伟大的事件。”因而我们可以说取火是人类走向文明的标志。

但火的发现与使用并非始于燧人氏。据王大有先生划的界线，燧人时代，在距今 5 万—1 万年之间。而我国的考古遗迹证明中华原始人类使用火比燧人时代要早很多年。

170 万年前云南元谋人就留下了用火的痕迹。

70 万年前的北京周口店原始人留下的灰烬层，最厚处达 6 米；他们不仅懂得引进自燃火，控制火，还会保存火。

距今 28 万年的金牛山人已学会了使用火，管理火。

距今 10 多万年的丁村人，也同样学会了用火。

所以，我们说人类学会用火，并不是起于燧人氏，但燧石取火、钻木取火等人工取火方法可能是燧人氏的发明创造。燧人氏的称呼包含了对个人、氏族和一个很长的历史时代的称呼。在这个朝代里，人们学会了人工取火，保存火是很了不起的事。在火柴传入中国之前的几千年间，人们用火镰击石，夹纸媒取火是十分普遍的，直到 1949 年为止，在广大农村都可以看见。

这只是烧饭、炒菜、取暖、烧窑、制陶等生活用火。在上古时代除生活用火外，人们还用火来从事农业种植，即刀耕火种。现在的人们认为刀耕火种是很落后的生产方式。但在上古时代农业生产刚起步时，人们发明用火烧掉野草或腐败梗秸，以此作为肥料，应当说是一种进步。据记载，这种方法始于神农。神农教民稼穑，实行刀耕火种。之所以说刀耕火种在那时是一种进步，不仅是指古人发现进行农业种植要用植物肥料，更重要的是放火时间的确定，即什么时候才是放火烧山的时候。那就是仰望东方苍龙七宿心宿二，即大火星的出现。大火星出现了预示人们该种植了，要放火烧山了。大火星隐没了，表示秋天到了，是收获的季节了。所以刀耕火种是根据大火星的警示而进行的。这就是说上古人类对火的认识，已从生活用火发展到生产用火，甚至以星光为火。“大火星”，即心宿二的星光。到殷时，因心宿二移位，改用南方的鹑火为指示星。不仅如此，刀耕火种，还必须实行轮作制，不能每年都在一块地方种。这种刀耕火种被认为是很神圣很隆重的，它有很多步骤，每一步都有祭神仪式。这种耕种方法，在布朗山等地方至今仍可见到。

再进一步，从许多考古遗迹中我们看到古人认定太阳光为火，即离火。神农氏被敬封为火德天帝，是南方天空的太阳神，他的助手祝融被称为火神，他们主管的是夏天的太阳，护佑人们不被火灾所害，所以，几千年来中国各地都建了火神庙祭祀他们，希望他们保平安。

由此，我们看到了另一个问题：上古人认为火才是人类生存的本原。人们对火有一种特殊的亲切感和敬畏感。

（五）彭祖养生本原神话

彭祖是陆终之子，陆终是吴回子，吴回是颛顼的后代。彭祖名翦为彭姓，封于大彭。陆终第三子，曰籛，为彭姓，封于大彭谓之彭祖。彭城市是也。地在今徐州铜山县。

［晋］葛洪《神仙传》中有彭祖的记载。传中说：“彭祖者，姓籛，讳铿，帝颛顼之玄孙也，殷末世年已七百六十七岁而不衰老。王……乃令采女乘轻軿而往，问道于彭祖……彭祖曰：‘仆遗腹而生，三岁而失母，遇犬戎之乱，流离西域，百有余年，加以少枯，丧四十九妻，失五十四子，数遭忧患，和气折伤，荣卫焦枯，恐不度世。所闻浅薄，不足宣传。’……乃去，不知所之，其后七十余年，闻人于流沙之国西见之。”

［汉］刘向著有《列仙传》，传中云：“彭祖者，殷大夫也。姓籛名铿，帝颛项之孙、陆终氏之中子，历夏至殷末，寿八百余岁，常食桂芝，善导引行气。历阳有彭祖仙室。前世祷请风雨，莫不辄应。常有两虎在祠左右。祠讫，地即有虎迹云。后升仙而去。遐哉硕仙，时唯彭祖。道与化新，绵绵历古。隐伦玄室，灵著风雨。二虎啸时，莫我猜侮。”

从诸多记载来看，彭祖实有其人。［西汉］戴德《大戴礼记·帝系》有：“吴回氏产陆终。陆终氏娶于鬼方氏，鬼方氏之妹，谓之女嬇氏，产六子，孕而不粥，三年启其左胁，六人出焉。其一曰已樊，是为昆吾，其二曰惠连，是为参胡，其三曰籛，是为彭祖，其四曰莱言，是为云郐人，其五曰安，是为曹姓，其六曰季连，是为芈姓。”上述二传本此。《尧典》《竹书纪年》《史记》均有关于彭祖的记载，说明彭祖是一个历史人物。

由于彭祖氏族一代又一代十分注意修身养性，善于气功摄养，以服气得道为“治身之要”，节欲保气，又是讲究食疗烹调等技术的高手，加上在精神方面“主张量才而思，量力而行，不积忧思，应节制喜怒，明确爱憎，中庸有度，不可强行”，①在言行上忌久言笑、久坐立、寝寐失时，疲劳过度，醉酒，阴阳不调，房事不节。提倡常食五谷杂粮，勤劳耕作。所以彭氏（籛）家族中许多人都有健康的身体、长寿的佳话。

这种养生术是上古人类追求长寿、长生不老的理想与希望。这种修身养性的理论到儒家那里变成了修身齐家治国天下的前提，到道家哲学中“气”“性”“静”“心”变成了人类的生命之本，生存之本的道了。《黄帝四经·十大经》中黄帝的正身，“静作相养、德虐相成”，以及诸多有关心、气的论述莫不与此有关。

综合上述，可见我国原始创世神话故事内核中包含着许多有关人的生命本原和万物的生存本原的思想观念：水、火、风（气）、金、土等原质。

宇宙人生原质，历来为世界哲学家所关注。

古希腊公元前500多年的泰勒斯（Thales），曾经假设万物由水而生；阿纳克西曼尼（Anaximenes）认为人生的原质是空气；赫拉克利特（Heraclitus，前530—470年）认为一切由火产生；德谟克利特（Demokritos）认为一切事物是由原子构成；恩培多克勒（Empedokles）认为一切事物是由水、火、空气、地4种原素构成。

印度哲学家也认为一切由水、火、空气、地4种原素构成。佛教据此提出四大皆空。

我国创世神话中大量地展示了水、火、土、风（气）、金（阳光）等原素。我国与西方不同，多了一个“金”，金，指什么？我以为指阳光。阳光、阴阳是人类生存之本原。春秋时期由著名哲学家老子加以概括，提出“道为万物的本原。”其后黄老学派、稷下道学派、老庄学派对此进行了具体的阐述。将其理论用于治世，相继提出，以“无为而治”，以“水为本原”，以“气为本原”，以“地为本原”，以“火为本原”。阴阳家邹衍学派提出“五行论”，提出以“金木水火土”才为本原；儒家学派以天地日月乾坤阴阳才是一切事物的本原，认为一切事物都是由阴阳两个方面在一个统一体中共存共生构成的。事物是不断运动变化

① 周濯街著，《房中始祖彭祖》，团结出版社，第265页。

的，人对客观事物的认识也应不断地变化，不能停留在一个认识点上。周易认为宇宙是由天、地（土）、雷、风、水、火、山、泽构成，并以此8种元素形成八卦，用太阳“⚊”太阴“⚋”符号加以表示，进而依此构成最古老的历法。

所有这些认识不仅将原始人对世界来源的认识提高到了新的理性的高度，留下了大量的十分宝贵的文献，如《周易·系辞》、老子《道德经》、帛书《黄帝四经》和稷下道家诸多辉煌的篇章，而且这些哲理成了后世治世的依据。秦汉之前儒道不分家，在齐宣王时，稷下学宫和鲁曲阜孔子学馆最有名最有代表性，起初道家学派占上风。汉以后，尤其是汉武帝独尊儒术后，儒家学术广泛流行于世，成为主宰的学派。道家学派便日渐衰落。

道家学术、儒家学术，其总根都在遥远的古代，并不是战国时期某一个个人一时心血来潮而创造出来的，其中积蓄了前人的智慧。这种割不断的联系，我们从传世神话中可以触摸得到。最为明显的是上古人的思想观念的传递，如五行观念、阴阳观念、原道观念、天人合一观念等。这些观念的根须在上古，枝叶在当今，影响广大，深远，它深深地烙印在每一个华夏儿女心坎上，密藏在骨髓里。

下面我们分别介绍这几种传统观念的大体内容及其与传世神话的联系。

二、传世本原神话与本原哲学观念

我国的本原哲学观念源于本原神话，长期影响我国人们生活与文化发展的传统观念，又源于本原哲学。

（一）五行观念

冯友兰先生说：“在古代中国，人们理解宇宙的由来，和宇宙的结构，有两种不同的思想路线。其一是以阴阳家为代表的思想路线。另一是由一些佚名的儒家，以《易经》（注释）的方式，写在《易经》正文的后面。这两种思想似乎各自独立地发展。”① 其实，还有第三家，即道家，道家的原道观才是当时社会的理论

① 冯友兰著，《中国哲学简史》，新世界出版社，第 138 页。

主宰者。

阴阳家将金木水火土5种元素看成5种动能，即五德，5种行为能力。五行的提出最早见于《尚书·洪范》。洪范篇记载，公元前12世纪半叶，周武王灭纣之后向商朝遗老箕子请教治国之道，箕子对他讲了夏朝大禹的治国之道，其中就谈到了五行。即"一曰水，二曰火，三曰木，四曰金，五曰土。水曰润下，火曰炎上，木曰曲直，金曰从革，土爰稼穑"。五行之中，任何一样过多，或过少都会形成灾难。国君肃穆，随之有雨；国君顺时，阳光适度；国君明哲，气温适当；国君深思熟虑，寒冷适度；国君明智，和风适时。反之国君有过失，狂暴，粗野，怠惰，急躁，无知，就会造成暴雨，骄阳，酷热，严寒和风灾等等灾害。这里的五行是和原始农业的发展紧密相联的。《洪范》五行虽有风调雨顺的意涵，却并未赋予"五行"以天文的内容，仅仅限于对国君五个方面的行为要求。这是从五种元素变为五种行为的一大转变。

到《管子·五行》里，五行的内涵变了。他借道家讲述昔者黄帝的治国之道，先调五声，"然后作立五行以正天时，五官以正人位"。将五行作为正天时的一种规范。所谓正天时，即以五行作为历法行为。更具体地说即帝王要根据农业历法行事。请看：

冬至日过后，从甲子日起，要按木行的要求行事。天子要发出政令如平定贤良与不肖的官吏，按田亩数贷陈粮给农户，山林官要巡视山林，迎接草木萌发的春天的到来。即时耕种，不杀雏鸟，要保护幼小动物。如此坚持72天。

从丙子日起，要按火行要求行事。天子要发政令，让百姓挖排水沟，修桥补路，君子要驰马郊野，遣使者与诸侯道好。这样坚持72天。

从戊子日起，要按土行要求行事。天子发出政令，不诛罚，不赏赐，唯农事为重，地方官要巡视从事农业生产的情况，以利五谷生长。这样要坚持72天。

从庚子日起，要按金的要求行事。天子发出政令，要以先熟的五谷祭祖、祭神、祭鬼。天子要发出备战政令，准备战争，杀伐收验，完成农业丰收。如此坚持72天。

从壬子日起，要按水行要求行事。冬天来了，天子要发布政令停止搜捕盗贼，要令百姓作为准备，预备好削柱，箭矢、檀弓，准备外出打猎去。如此坚持72天。

十分明显，这是一份十月太阳历的历法。十月历，一年十个月360天，每月36天，另5天为过年日。两个月为一季，一季72天。金木水火土已脱离了原先

①② 谢浩范、朱迎平著，《管子全译》，贵州人民出版社，第549—560页。

的生存原素变成了历法的五种标识。

这种情况，在《吕氏春秋·十二纪》《礼记·月令》中我们也同样可以看到。不同的只是将十个月变成了十二个月，将木火土金水五行与春夏秋冬四时及甲乙丙丁戊己庚辛壬癸十天干相配，又将五行与太皞、炎帝、黄帝、少昊、颛顼五天帝及勾芒、祝融、后土、蓐收、玄冥五天神及鳞羽裸毛介五虫、角徵宫商羽五音、酸苦甘辛咸五味、膻焦香腥朽五臭、户灶中霤门行等五祀相配。五行概念脱离了帝王的五种行为，从历法纪时，发展到五帝、五神、五虫、五音、五味、五臭、五祀，从而变成了支配一切的哲学概念。

五行对后世文化的影响也特别大。尤其在中医方面，五行是中医极其重要的基础理论。《黄帝内经》有《五运行大论》篇，专讲木火土金水五气的运用。五运指初运木、二运火、三运土、四运金、五运水，各 72 天。由于土不主时，分为四季则各 90 天。余 5 天计于夏。五运以月相和土星为依据确定，后来用在医学上了。在黄帝与鬼臾区的对话中，黄帝问鬼臾区有关考建五常（五行常政）的问题，鬼臾区回答他："土主甲乙，金主乙庚、水主丙辛，木主丁壬，火主戊癸。子午之上，少阴主之；丑未之上，太阴主之；寅申之上，少阳主之；卯酉之上，阳明主之；辰戌之上，太阳主之；巳亥之上，厥阴主之。"在与岐伯的对话中，岐伯在回答人与万物何以生化时说"东方生风，风生木，木生酸，酸生肝，肝生筋，筋生心；南方生热，热生火，火生苦，苦生心，心生血，血生脾"；"中央生湿，湿生土，土生甘，甘生脾，脾生肉，肉生肺"；"西方生燥，燥生金，金生辛，辛生肺，肺生皮毛，皮毛生肾"；"北方生寒，寒生水，水生咸，咸生肾，肾生骨髓，髓生肝"。怒伤肝，风伤筋，喜伤心，热伤气，忧伤肺，热伤皮毛，恐伤肾，寒伤血，稍有不慎，不能适应天气变化和控制人的情绪变化，就会生病。五运六气之说，并非是哲理的推演，而是长期的大量的中医临床实践检验的总结，无法否认。同时，它又是古代的科学理论，古代辩证思维哲学的核心内容。

五行学说兴于战国时期五行学派，但它的源头却不在五行学派的著述中，而是在《河图》《洛书》之中。"《河图》《洛书》是中华先人对人类最早最伟大的发现，它是阴阳五行学之根，是《易经》的父母，是中国文化的源头。"①《内经》的五运六气说只是《河图》《洛书》的具体运用而已。也可以说"五行"是五行家们对远古时代人的生存要素的哲学升华。

① 吴昆著，《黄帝内经素问吴注》，学苑出版社，第 5 页。

（二）阴阳观念

阴阳家强调五行治世，儒家则强调阴阳是普遍规律。阴阳观念作为哲学理论出现最早影响最大的要算《周易·系辞》。在《周易·系辞》上有“是故，《易》有太极，是生两仪。两仪生四象。四象生八卦。八卦定吉凶。吉凶生大业”。这是儒家眼里的治国之道。

两仪指的是阴阳。《易经》说“一阴一阳之谓道”。这阴阳指的是什么？《周易·系辞》回答是“广大配天地，变通配四时，阴阳之义配日月”。就是说四时是阴气阳气交替变化而形成的不同季节。八卦元素是四时，即阴气阳气交替变化所产生的卦象。

田合禄先生写了一篇持独特见解的文章《论太极图是原始天文图》。他在文中说“笔者认为，太极图是远古时代古人立杆测日影以辨四方、冷热的产物，是一种原始天文图”，并以科学实验证明了这一点。他的实验是：

他以1932年洛阳金村出土的晷仪为原始的立杆测影仪为假设前提；晷仪中心及圆周各有圆孔，以备立杆“圭表”测影用；再在盘中心立有定表，圆周则立一游表，（圆周360孔，日走一孔）逐日流动；连接定表和游表的直线在南北方向上；每日午时测影，日影皆投向表的北方。

将四季投影图合起来，就是一幅完美的实测太极图。① 这就是太极图的千古之谜。原来太极是阴气阳气统一体的总称。

这种阴阳在八卦里就是乾坤。成象时为乾，效法之为坤。古人根据太阳运动的规律，提出六气说，即把一年分成六个季节。每个季节60天零87刻半。这六气的名称是少阴，太阴，少阳，阳明，太阳，厥阳。一气为风季，厥阳风木，为雨水至谷雨间的60日；二气为暖季，少阴君火，为谷雨至夏至间的60日；三气为热季，少阳相火，为夏至到处暑的60日；四气为雨季，太阴湿土，为处暑至霜降间的60日；五气为干季，阳阴燥金，为霜降至冬至的60日；六气为寒季，太阳寒水，为冬至到雨水间的60日。②

六气描述的是太阳的运动规律。“昔者圣人之作《易》也，幽赞于神明而生蓍，参天两地而倚数，观变于阴阳而立卦”，卦就是根据太阳阴阳变化而设立的。所以说“立天之道曰阴与阳，立地之道曰柔与刚，立人之道曰仁与义”。

① 田合禄、田峰编著，《周易与日月崇拜》，光明日报出版社，第266页，269页。
② 田合禄、田峰编著，《周易真原》，山西科学技术出版社，第105页。

不仅如此，古人还认为阴阳是普遍存在的，是相对的。阴阳是两个对立面。如天与地、日与月、水与火、寒与暑、昼与夜、虚与实、刚与柔、上与下、君与臣等，所以哲学家们认为这就是古代的对立统一哲学。

更为重要的是古人认为阴阳是互相通感，不断变化的。他们认为阴阳气是根本，夏天阳气盛，热气上升，在空中遇冷气，就发出了雷，电，雨，云，“故水火相逮，雷风不相逮，雷雨不相悖，山泽通气。然后能变化，既成万物也”（说卦传），他们认为这种阴阳相互感应，才是促进万物生成变化的根本原因。相反，天地不交，万物不通，上下不交，则天下无邦也。

所以古人提出阴阳合德之说：“乾，阳物也；坤，阴物也。阴阳合德，而刚柔有体，以体天地之撰，以通神明之德。”用现代的话来说，就是阴阳存在于统一体中。这种阴阳合德，保合太和的思想，对中国传统文化发展的影响极其深远。

太阳月亮的阴阳交合，周而复始，在古人心目中形成了天是圆球形的概念，即一年365天，春夏秋冬四季；这四个季节，是从6个季节或5个季节发展而来的；四时八节也可以北斗星斗柄的指向来确定。斗柄指东为春天，指南为夏天，指西为秋天，指北为冬天；也可以以不同方位的风向来确定季节，即所八风。并以八卦的方位显示。四方也是表示时间的。这样便逐渐形成天圆地方的观念，以天圆地方表示时间，将时间与空间概念融为一体，这就打破了时空不分的混沌状态，有了最初的时空分野。

阴阳观念的发展与运用对后世影响极大。除了医疗普遍使用阴阳五行外，在建筑选址和布局上，亦十分崇尚阴阳五行，如选址时通行背山靠水朝阳的理念。要求建筑“负阴抱阳”“天圆地方”“从阴捧阳，阴阳对应”，等等，进而形成了背山、面水、向阳的风水理论。

反映在养生与医学方面，许多东西也是用阴阳理论进行解释，如人身的寒与热、实与虚、前与后、上与下、聚与散、内与外、动与静等讲究阴阳相对，“相辅相成”“保合太和”“以中为尚”“中行无咎”“阴阳平衡”。

在这里，我们看到人与万物的生存原素和人的生命原素即气，阴气阳气构成了太极，太极才是生命的源泉。太极动而生阳，静而生阴。阳变阴合，而生水火木金土。这就是儒家学者对原始的气的理解。

（三）原道观念

老子提出道为天地万物的本原，后人称为原道或道原。他认为道是天下万事万物的基本规律。道才是“万物之奥”。“道常无为，而无不为”，“道生一,一生二,二生三,三生万物”，“是以，万物莫不尊道而贵德”。“道大，天大，地大，人亦大”，域中四大，道居其首。所以要“人法地，地法天，天法道，道法自然”。社会上的一切，不论治国理政，强兵富民，还是养生健体，没有一项事情是能离开道的。

老子学派中，从老庄、黄老、稷下道家到秦汉间的《吕氏春秋》《淮南子》所宣传的道，都是从不同的角度讲述道的本原。从 1973 年长沙马王堆发掘的战国中期的帛书《黄帝四经》、老子的《道德经》和《管子》中稷下道家的诸多作品中，我们可以很清楚地看到这一点。

儒家“尚阳”，道学“尚阴”；儒家崇尚刚、健，道学崇尚阴柔、守雌；儒家主动，贵有，道学主静，贵无；所以老子强调“负阴抱阳，冲气为和”，讲虚、静、中、和、正，反对战争、反对强权、同情弱者，赞美下行，“不敢为天下先”。

道家强调入世，主张“无为而治”，要求王者与臣下的职责有明确的分工。

但在我们一般人眼中老子的道是很抽象难懂的，很难具体地把握“道”的内容与本质。通过“黄老学派”“稷下学派”的宣讲才具体地了解“道”的本原究竟是什么。

在他们看来，气为万物的本原。在《黄帝四经》中，“气”字多次出现。如地气、夜气、血气、云气、心气等。《管子》四篇强调的是“精气”。这一观念仍深深地印在中国人的脑海里。人离了气就无法生存。断了气，人就死了。因此，人死曰断气。

在黄老学者脑海中气指阴阳之气。“执道循理，必从本始”(《道法》)“极阳以杀，极阴以生，是谓逆阴阳之命”(《四度》)说的是阳气极盛时，有阴气孕育着；在阴气极盛时，有阳气萌生着，这就是阴阳变化的规律。《论约》云：“始于文而卒于武，天地之道也。四时有度，天地之理也。日月星辰有数，天地之纪也。三时成功，一时刑杀，天地之道也。”文指春夏秋的生养收获季节，武指冬天的肃杀凋零刑杀季节。这里的“气”，指的也是自然界的气候变化，“天道”“地道”同样是讲天地间的气候变化的道理。所以君主必须要遵循这种变化的规律行事，不能悖逆而行，“凡犯禁绝理，天诛必至”，一定要受到上天的惩罚。故而曰“顺则生，理则成，逆则死，失则无名”。

在《十大经·观》里借黄帝之口讲的是同一道理。强调春夏长养生先，秋冬刑杀在后，行人事必须遵循这一自然法则，四时节序不能乱，一定要顺应天时。

在《称》中作者提出“巢居者察风，穴处者知雨，忧存故也。忧之则取，安之则久”，这里的风雨也是指的自然界的“气”。论者认为“凡论必以阴阳之大义”“诸阳者法天，天贵正……诸阴者法地，地之德安徐正静”，所以，人要“柔节先定”。人和天气一样也要有养的时间，以养为德。这种“虚无形”的道，就是天道，《管子》四篇中称其为“精气”，就是顺于天的“先德后刑”的养生学，在这种理论的影响下才产生了稷下道家心学与气论。老子提出道为万物的本原，稷下道家提出气是万物的本原和一切生命的源泉。只有养护生命才能健康长寿。这些论述不仅将老子的道为本原论具象化了，而且也为后世的养生学、中医学理论和心学开了“先河”。

其次，水为万物的本原。《管子》中有一篇作品叫《水地》，被公认为是稷下道家的作品。陈鼓应先生将此文选入他的大作《管子四篇诠释——稷下道家代表作解析》一书中。

《水地》中说：“水者，地之血气，如筋脉之通流者也，故曰水具材也。”它具仁、义、精、正、卑下等美德；水是人的生命之本。“人，水也。男女精气合，而水流形。”据现代科学测定，人身上百分之八十是水分。水在人身上如水在地中一样，水流其形，没有水，也没有人形，失水，即失人形。“故曰：水者何也，万物之本原也，诸生之宗室也，美恶，贤不肖，愚俊之所产也。”所以老子提出“上善若水”，水柔亦刚，水可生存一切，也可毁灭一切。

《老子》第十八章云“水善其下”，故能纳众。第八章“水善利万物而不争；处众人之所恶，故几于道”，所以说水是大地的血脉，诸生（万物）的根菀，材美具备。稷下道家根据《老子》的思想脉络，对“水”进行了具体的阐述，说明水是生命的本原，万物生存的根本。水虽然柔弱，却是最有力的。水滴可石穿，洪水、海啸可以毁掉万物。人要生存要靠水，没有水就不能生存。

古人认为：地者，万物之本原。在《水地》篇中，一开头作者就描述：“地者，万物之本原，诸生之根菀也，美恶，贤不肖，愚俊之所生也。”有土地万物才有生根的地方，被喻为根菀与宗室，即万物生存的基本条件。有土地有水，花草树木“根得其度，华得其数，实得其量”，才能正常生长，结出果实。

在道家的论述中这就是地道。地道，播种五谷不仅要合天道顺四时，而且要合地道，适地之宜。并不是在任何地方任何季节任何东西都可以随意种植的。这也是自然规律。

天不一时，地不一利，人不一事，各有其道。

由上述可见，在道家的论述中，气、水、地（土）都是万事万物的本原。在阴阳对立统一中，这些都属于阴柔的一面。老子的道为万物的本原，正是气本原、水本原、土本原的高度概括，都是主阴的。道即一，即虚。“虚而无形谓之道”(《管子・心术上》)。在《道德经》中我们可以看到“上善若水，水善利万物而不争”“天下莫柔弱于水，而功坚强者莫之能胜”，由此引申出“弱者胜刚强”“兵强则夭，木强则折”“物壮则老，是谓不道”。黄老学派把这一本原引入治世原理变成为“静则安，正则治，文则明，武则强”“安则得本，治则得人，明则得天，强则威行”“参于天地，合于民心”。执道循理，必从本始。

以水为本原，以气为本原，以土为本原，是我国上古创世神话的内核。道家的本原论正是对原始本原认识的提炼、抽象与概括。

（四）天人合一观念

天人合一本来讲的是人与自然的关系，后来延伸到思想观念。进而形成天人合一的两种不同见解。一是指人与自然的和谐；一是指天与人相副，以人合天，天人合一。前者代表着远古人的生活看法与感受。后一种代表着封建君主制的看法。

《老子》讲天道、地道、人道，以道为首，提出要“人法地，地法天，天法道，道法自然”，主张“以正治国，以奇国兵，以无事取天下”，“我无为而民自化，我好静而民自正，我无事而民自富，我无欲而民自朴”。这些思想是针对当时的乱局说的，比较直朴。到了战国中期的稷下黄老学术后，在稷下道学中得到了具体详尽的阐述与发挥。他们的基本思想是人的行为必须合于天道，合乎自然规律才能生存。《黄帝四经·论约》云："始于文而卒于武，天地之道也。四时有度，天地之理也。日月星辰有数，天地之纪也。三时成功，一时刑杀，天地之道也。"指的是春夏秋三个季节，三时成功也指的是这三个季节的以养为重，以德为主。武指的是冬季寒冷对万物生长来说是刑杀。这就是天道，是不变的自然规律。强调一切行事要顺应天时。

这是为维护农业生产而说的。务农不违农时，为政不逆天时，用兵不知天道，不习地形，不察人情，天道，地道，人道三不遂，必定失败。为政者，逆节而行"天将不盈其命"。天时是不变的规律，"顺则生，理则成，逆则死，失则无名"。故此，主张天人相适应，相和谐，人不能逆天行事。

这里的天，指大自然，主要是日、月、星辰运转、变化而形成的四时八节，而不是指人或神。故而摆出三大禁忌，"行非恒者，天禁之"，违背天时是天所禁止的；"爽事者，地禁之"，违背农事徭役，随意增高卑下是地所禁止的；"失令者，君禁之"指失时令是国君所禁止的。

但到汉时在董仲舒那里不同了。首先他把自然的天与人相比副，以天为人，天人合一；以天为神，君为天子，君即是天。

他在《春秋繁露》卷十一《为人者天》一节说："人之人本于天，天亦人之曾祖父也。人之形体，化天数而成；人之血气，化天志而仁；人之德行，化天理而义。"人之人，指作为人类的人，其始祖被尊为神是本于天的。天亦有喜怒之气，哀乐之心，与人相副。所以，他说："以类合之，天人一也。""春，喜气也，故生；秋，怒气也，故杀；夏，乐气也，故养；冬，哀气也，故藏。四者，天人同有之。与天同者大治，与天异者大乱。"(《春秋繁路·阴阳义》)他还比附说："人有三百六十节，偶天之数也；形体骨肉，偶地之厚也。上有耳目聪明，日月之象也；体有空窍理脉，川谷之象也；心有哀乐喜怒，神气之类也，观人之体一，何高物之甚，而类于天也。""天以终岁之数，成人之身，故小节三百六十六，副日数也；大节十二分，副月数也；内有五脏，副五行数也；外有四肢，副四时数也；乍视乍瞑，副昼夜也。"(《春秋繁露·人副天数》)

在这里，我们可以看到，经过比副，本来为自然的天变成了人，变成了曾祖父，变成了神。帝王是曾祖父天的后代，亦自然而然变成了天神的子孙了。这里的天远非老子、黄老、稷下所述的本原（道）的天道、地道、人道，而是具有一种神学的意义了。正是在这一点上，它为"君权神授"张目，为封建君主制立据。这也是道家的"天人合一"与儒家的"天人合一"的显著不同之处。

三、华夏创世本原神话的思维模式

我国创世本原神话的基本思维模式，既不可用古希腊古典神话作为标准进行衡量，也不可用我国封建时代的世俗神话或宗教神为标准进行衡量。它的产生有其独特的背景和独特的思维方式。这些思维方式中给我们印象最为深刻的有下列几种。

（一）以道为共性，以德为个性

五帝无论作为人作为神，强调的都是不违天时，讲德行。我之所以这样认为，是基以下事实。

战国中期以前，在《山海经》，甲骨文，屈原《楚辞》《尚书》《左传》等典籍中均有关于三皇五帝等先王的记载，但均比较简略，故事性不强，大多作为典故存在。屈原《天问》中一开头就问："本始之茫，诞者传焉。""阴阳三合，何本何化？"天地形成以前，是茫茫一片，天地是如何形成的，天地人三者结合，什么是本原，它们是怎么变化的？有关女娲的有"八柱何当？东南何亏？"伏羲"登立为帝，孰道尚之？女娲有体，孰制匠之？""女歧无合，夫焉取九子？""鸱龟曳衔，鲧何听焉？顺欲成功，帝何刑焉，永遏在羽山，夫何三年不施？""伯禹腹鲧，夫何以变化？""昆仑悬圃，其尻安在？曾城九重，其高几里？""日安不到，烛龙何照？羲和之未扬，若华何光？""尧不姚告，二女何亲？""舜服厥弟，终然为害。""简狄在台，喾何宜？玄鸟致贻，女何喜？"诸如此类故事很多，文字都十分简约。这些故事的共同特点是都没有复杂离奇的故事情节，只有隐藏在抒情诗典故后面的一个大略的故事梗概，没有情节。它告诉人们的是：三皇五帝在战国之前就有许多关于它们的故事流传，并不是战国后期人瞎编造的。所有这些神话包括最详细的故事，我们都看不到他们的家庭、爱情、日常生活，只有具有创造精神的神事，少来龙去脉，所以屈原才提出种种疑问，以应合他对现实的不解。

从现存的创世本原神话故事的出处来看，都与儒道两家的著作有关。《盘古开天辟地》故事摘自《绎史》转引徐整的《五运历年纪》；《女娲补天》摘自《淮南子·览冥训》；《伏羲始作八卦》摘《周易·系辞》下；《燧人氏钻木取火》故事取自王嘉《拾遗记》；彭祖养生神话摘于刘向的《列仙传》、葛洪《神仙传》；黄帝或蚩尤神话摘自《史记》、马王堆帛书《黄帝四经 · 十大经》；伏羲四子授四时神话摘译自湖南子弹库楚帛画。没有一个故事是民间艺人的口头创作的实录。

虽说是根据社会广泛流传的故事摘取而写进书的，并非个人杜撰，但也不能不浸润着儒家和道家的思想与观念。例如伏羲的故事存于《周易 · 系辞》下，它证明的是“一阴一阳之谓道”，它的神是“阴阳不测之谓神”“阴阳是太极所生，由阴阳两仪而生四象，由四象再演绎出八卦来”。阴阳是什么？其本义就是指日月。伏羲就是仰观日月星辰风云变化，俯察鸟兽虫鱼与地理之宜，并根据人们的实际需要而制作八卦的。因而这个故事列于《周易 · 系辞》下解说群卦之首而存在。儒家也讲道，也认为“形而上者谓之道”，这道是太极，并不是老子讲的那个道，是伏羲创立八卦的依据。

儒家始祖孔子十分推崇圣王治世，特别是推崇黄帝尧舜禹的治世方法，说他们是“垂衣裳而治”，讲的是否就是无为而治，没有讲，不具体。

但在道家那里不同了。《黄帝四经》第二篇《十大经》中，《立命》说：“远古时代，黄帝以守道为根本，以讲诚信为美德，他前后左右，四面达观可助一心之明察，心的明察又可指导对四方的观审，他进退周旋均能取象于天，取度于地，取法于人，所以他成为天下取法的榜样。”《十大经 · 五正》说黄帝和蚩尤打仗，打不过，上了博望山，阉冉劝他谈卧三年，以求自解。他一方面虚静自省，推五政，按四时发布政令，不违农时，强兵励卒；另一方面与蚩尤议和，拉关系，献美女，使蚩尤“骄倨淫溢”；尽量施财物，让他挥霍，怂恿他贪婪懈怠走向反面。时机一成熟，黄帝便誓盟天下，定罪蚩尤，说他反义逆道，阴谋夺地，背叛祖宗，因此发兵征讨，又亲自击鼓进军战于逐鹿，一战而擒蚩尤。

这个故事在《十大经》中占了很大的比例，以证明“无为而治”“物极必反”的道理。

上述两例均证明伏羲与黄帝的故事都是为说明“太极”“道”的论据而存在。所以它们的共性都是“道”，都是道的产物。

但作为具体的神话人物或历史人物，儒家和道家都强调他们的德行，他们对人民的态度，即“仁德”。这一点在五帝德中表现得更明显。

《大戴礼记 · 五帝德第》记孔子与宰我的对话，说黄帝能“治五气，设五量，抚万民，度四方”，以正名百物，以明民共财；颛顼“洪渊以有谋，疏通而知事，养材以任地，载时以象天，依鬼神以制义，治气以教化，絜诚以祭祀”；帝喾“顺天之义，知民之急，仁而威，惠而信，修身而天下服”，帝尧“其仁如天，其知如神，就之如日，望之如云。富而不骄，贵而不舒”；帝舜“好学孝友，陶家事亲，宽裕温良，敦敏而知时，畏天而爱民。其言不惑，其德不慝，举贤而天下平”。

五帝的德品与他们的爱民知政为本的德政是分不开的。也就是说他们行的是德政，德政的中心是爱民，即仁政。

（二）直观判断，概略分野，类比推论

既体现原始时代人们的一般认识，又体现原始人的科学判断。为什么这么说呢？我们可以举一些例子加以说明。

直观判断。如对时空的确定。《吕氏春秋·孟春纪》，云：“孟春之月，日在营室，昏参中，旦尾中。”黄昏时，参，指二十八宿的七宿之一的参宿。昏指黄昏时分，中，指参宿出现在南中天（南方的半空中）。旦尾中，指东方七宿之一的尾宿天明时分出现在南中天。这里的昏、旦、南中天都是模糊概念。其他十二个月均以太阳经过二十八宿时辰昏时呈现在南中天为依据。这里的中，南中天，昏，旦，都是直观的判断，并非现代的科学的判断。

概略分野。根据天文学家陈久金先生《星象解码》说，中国上古天文地理的分野最初起于对太阳运行的黄道带上二十八宿的划分。早期最强大的东方的东夷民族和西方的西羌民族，他们分别用自己民族信仰的图腾命名自己头上那片天空的星宿即苍龙星座和白虎星座。这种星象的划分，至少在6400年前的河南濮阳西水坡的蚌塑青龙白虎堆塑时就已存在了，后来随着华夏联盟部族的增加，才形成了“天文学由二象发展成四象”，“以象征着四季星象，对应着华夏地区的四个主要民族。在远古时，这些民族各有自己的分布地域，就是所谓的东夷、西羌，南蛮，北狄”。① 而每一地区的民族，都以为自己地区居于天地之中。他们认为北极圈内的北斗星是天之最高处，是天之中。称之为中宫。想象那里是紫薇宫、紫宫，居住着最高的天帝。地上的人离天最近的地方，是地之中的最高的山峰，住在那里便可以接近天帝。因此，东夷人认为泰山为地之中，后来势力扩展至中原，即以嵩山为地之中，西羌人以古昆仑祁连山为天地之中，南蛮人以衡山为天地之中。所有这些天之中，地之中都是依自己的直觉而定的。许许多多星空神话人间传说都由此产生。其他许多判断，诸如四面八方、四方四隅、黄帝四面、海内海外等均由此产生。

类比推理。上述对天文采取概略的分野，即大致的划分方法，作为想象中的

---

① 陈久金编著，《星象解码》，群言出版社，第3页。

天地对应。对地上的万物的划分也同样是很粗略的。所有动物在他们眼中，都称为虫。在《月令》中，春季其虫鳞，夏季其虫羽，秋季其虫毛，冬季其虫介，夏末其虫倮。虫指动物，动物有五类，即鳞毛羽介倮。鳞指鱼类有鳞的动物；羽，指身上长翅有羽毛的动物；毛，指身上长毛的动物，如牛羊狮虎等；介，指身上有甲壳的动物；倮，指身上不长毛的动物，如人一类。这种分类以直观其身上有无毛发等外观特征为依据，虽较之前人已大有进步，但按今人的分类看，自然显得粗略，原始。但古人的推理，不论是从天空到人或从人到物的内在联系，都是从现象中逐渐发现，认识也是由此逐渐加深的。例如海边上的人发现每天太阳从东方海平面升起，山里人发现太阳每天从他住地屋前的山头升起，从屋后的山坡落下去。经过长期观察，他们发现太阳行径的路线是：出于汤谷，浴于咸池，到扶桑为晨明，登于扶桑树顶为朏明，到曲阿时为旦明，到曾泉那地方是吃早饭的时间，到桑野味半上午吃晏食时间，快吃中午饭时太阳到衡阳，正午时分到昆吾，然后到鸟次、悲谷、女纪、虞渊、连石、悲泉，最后从蒙谷那里落下去，这时天已黑了。无疑，这是长期观察目击的记录、粗疏，但却是古人记时的依据。在这里古人发现太阳是运动的，不是一直停在一个地方不动。天天如此，年年如此，周而复始。

（三）以理想式联想注进人物的灵魂

神话人物采取众多的手法之一，是根据塑造人物当时的社会现实为基础，进行联想。以天帝形象为例。天帝在人间是黄帝，是现实黄帝的升华。现实中的黄帝是距今 5000 多年到 6000 多年乃至 7000 年时的古帝王。那时的古帝王住的地方并非现代的豪华皇宫，而是半地穴式的茅草平房，议事大厅是四面透风的大敞房，黄帝的穿着顶多也是麻布衣服之类的东西。但出现在我们面前的天帝并非如此，而是如封建君王，坐龙椅穿龙袍，根据四季不同更换衣服，春天青，夏天红，秋天白，冬天黑。天庭也是仿照地上的皇宫设置，紫薇宫是天上宫阙，远远望去，它云雾缭绕，莺歌燕舞。在朦胧的云雾中，显现出亭台楼阁。在宫中坐着太一帝星。满天星斗环绕北极帝星尤如地上的三宫四辅。天帝后面有勾陈一星，天后星。旁边还有太子、妃子、文武大臣，如右枢、少尉、上辅、少辅、少卫、上丞、左右、上宰、少宰、上弼、少弼等。在紫微垣东北角有太微垣，下临翼轸角亢四宿；上是天市垣，可供天神们上街买东西。如此形成三垣二十八宿 283 个星座，主管 1464 颗星。显然，这是距今 6400 年之前难以齐备的。它深深倒映着的是春秋战国乃至秦汉时科学发展的现实。

有一些想象完全是超社会超自然，非人力所能完成的。如女娲补天，抟黄土造人，吹一口气，泥人就变活成了神人；如伏羲四子爬上天盖，推动天盖转动；羲和与常仪驾着四匹马的金马车载着太阳在天上跑，把阳光洒了一地。这些东西反映的是人民心里的一种希望与要求，并非生活现实的再现。

还有一些是人物理想化的灵魂。如为天帝御车的王良、造父。他们的御车技术出神入化，不用挥鞭，不用拉缰绳，脑子里想多快就能多快，这是什么原因呢？不是因为别的，而是因为他们掌握了道，能用意念驭车。道就是他们御车的灵魂。在创世神话中，有的天神如少昊、颛顼并非世间的创世始祖，世间的创世始祖如盘古王、女娲、帝喾、夏禹、烛龙等在五天帝中也没有他们的位置。所以五位天神并非地上帝王的实指，而是艺术的综合形象和历史的概括形象。他们代表着上古以来一切爱民，助民，敬授民时，教民稼穑，勤勉于耕作，观天制历和发明创造、无私无畏、勇于进取的一切有成就的贤明帝王。

四、结语

（一）上古农业的产生与发展是原始神话产生的基础。不同历史阶段的不同生产方式与生活方式，产生不同类型的神话传说。

（二）中国原始神话的主角，都以祖先神为核心。不同氏族与氏族集团的始祖，由于他们的事迹被子孙们崇敬，因此，子孙们敬奉他们为天神。这些天神们坚守自己的故土，护佑自己的人民。

（三）中国上古帝王的重要职责是发展农业生产，及时颁布历法，顺应天时；中国的天神的基本任务是管理日、月、星辰的运转，正确把握四时八节，力保风调雨顺。

（四）中国原始神话中的山神神话、氏族神话、地母神话、创世天神神话是最主要最基本的类型。它们是不同历史阶段的产物，具有各不相同的特点与不同的时代烙印。

（五）中国的本原神话中的木（风、气）、金（阳光、生产工具）、水、火、土本为人的生存本原，后演进为帝王的5种行为规范，再演进为五季标示，后演进为五行（五运）规律和哲学范畴。这5种本原，在八卦“易学”中变成了8种原质。经哲学概括提炼形成为五行观念、阴阳观念、天人合一观念等传统观念，影响十分深远。这些思想观念也是原始神话的思想内核。

（六）这里的中国原始神话主要指华夏民族的神话传说。至今尚未见到华夏民族的长篇叙事史诗，有相当多的是从祭祀祷辞、抒情诗（如《九歌》《天问》《雅颂》）和叙述议论对答辞中（如《山海经》《淮南子》《周易·系辞》《黄帝四经》等）保留下来的。在形式上简略、概括、凝炼，富有想象力，古朴而原始，但缺少情节性。

参考文献

1. ［汉］刘安著，赵宗乙译注，《淮南子》，黑龙江人民出版社。

2. ［汉］班固著，《白虎通德论》，上海古籍出版社。

3. 班固撰，《汉书》，中华书局。

4. 董楚平译注，图文本《楚辞》，上海古籍出版社。

5. 王强模译注，《列子全译》，贵州人民出版社。

6. 左松超译注，《新译说苑读本》，三民书局印行。

7. ［晋］干宝原著，黄涤明译注，《搜神记全译》，贵州人民出版社。

8. 田合禄、田峰著，《周易与日月崇拜》，光明日报社。

9. ［美］洛易斯・亨利・摩尔根著，杨东莼、马雍、马巨译，《古代社会》，中央编译出版社。

10. 徐旭生著，《中国古史的传说时代》，广西师范大学出版社。

11. ［明］吴昆著，《黄帝内经素问吴注》，学苑出版社。

12. ［清］顾观光辑，《神农本草经》，兰州大学出版社。

13. 《玉函山房辑佚书》，蔡季襄著，《晚周缯书考证》，中西书局。

14. ［清］马骕纂，《绎史》，上海图书馆藏书。

15. ［清］王聘珍撰，《大戴礼记解诂》，中华书局。

16. 陈久金著，《斗转星移映神州：中国二十八宿》，海天出版社。

17. 黄怀信著，《古文献与古史考论》，齐鲁书社。

18. ［三国］王肃著，《孔子家语》，时代文艺出版社。

19. 谷德明编，《中国少数民族神话》上下册，中国民间文艺出版社。

20. 赵光贤著，《古史考辨》，北京师范大学出版社。

21. 李步嘉校释，《越绝书校释》，中华书局。

22. ［晋］张华等撰，王根林等校点，《博物志》（外七种），上海古籍出版社。

23. 王大有著，《三皇五帝时代》，时代经济出版社。

24. 董立章著，《三皇五帝史断代》，暨南大学出版社。

25. 许顺湛著，《五帝时代研究》，中州古籍出版社。

26. 倪民编著,《三皇五帝追踪》, 旅游教育出版社。

27. 何新著,《诸神的起源》, 北京工业大学出版社。

28. 李亦圆著,《宗教与神话》, 广西师范大学出版社。

29. 司马迁撰, 韩兆琦译注,《史记》, 中华书局版四卷本。

30. 夏曾佑著,《中国古代史》, 团结出版社。

31.《国语》上下册, 上海古籍出版社。

32. 赵生群注,《春秋左传新注》上下册, 陕西人民出版社。

33. 何新著,《楚帛书与夏小正新解——宇宙起源》, 时事出版社。

34. 关永礼主编,《白话十三经》, 济南出版社,《尚书》卷。

35. 陆思贤著,《神话考古》, 文物出版社。

36. 倪泰一、钱发平编译,《山海经》, 重庆出版社。

37. 袁珂校注,《山海经校注》, 巴蜀书社。

38. 陈成译注,《山海经》, 上海古籍出版社。

39. 李坤编著,《中国大考古》, 陕西师范大学出版社。

40. 冯时著,《中国天文考古学》, 中国社会科学院出版社。

41. [英] Catherine Louboutin 著, 张容译,《新石器时代: 世界最早的农民》, 上海书店出版社。

42. 林河著,《中国巫傩史》, 花城出版社。

43. 庞进著,《凤图腾》, 中国和平出版社。

44. 庞进著,《八千年中国龙文化》, 人民日报出版社。

45. 庞进著,《博大精新龙文化》, 西安地图出版社。

46. 冯友兰著,《中国哲学简史》, 新世界出版社。

47. 谢浩范、朱迎平译注,《管子全译》, 贵州人民出版社。

48. 田合禄、田峰著,《周易真原》, 山西科技出版社。

49. 陈久金著,《星象解码》, 群言出版社。

50. [梁] 任昉,《述异记》。

51. 陈江风著,《天人合一》, 生活 · 读书 · 新知三联书店。

52. 王子初著,《中国音乐考古学》, 福建教育出版社。

53.《华夏考古》,《河南舞阳贾湖新石器时代遗址第二至第六次发掘简报》, 1988 年第 2 期。

54. 游修龄著,《中国稻作史》, 农业出版社。

55. 卫斯撰,《试探我国高梁栽培的起源》,《中国农史》, 1982 年第 2 期。

56. 刘军著,《河姆渡文化》, 文物出版社。

57. 陈炳应、卢冬著，《古代民族》，敦煌文艺出版社。

58. 苏湲著，《黄帝时代》，清华大学出版社。

59.《马克思恩格斯选集》，人民出版社。

60. 毕硕本、裴安平、闾国年撰，《基于空间分析方法的姜寨史前聚落考古研究》，《考古与文物》，2008 年第 1 期。

61. 郝娟、利民著，《半坡与史前文明》，三秦出版社。

62. 逄振镐著，《东夷文化研究》，山东齐鲁书社。

63. 山东文物考古研究所，《大汶口续集》，科学出版社。

64. 上海市文物保管委员会，《上海福泉山良渚文化墓葬》，南京博物院。

65. 汪遵国著，《良渚文化“玉敛葬”述略》，《文物》1984 年第 2 期。

66. 吴汝祚著，《良渚文化兴衰史》，社会科学院文献出版社。

67. 周新华著，《稻米部族》，浙江文艺出版社。

68. 蒋卫东著，《良渚博物馆藏——良渚文化玉器精粹》，文物出版社。

69. 王宁远著，《遥远的村居：良渚文化的聚落和居住形态》，浙江摄影出版社。

70. 张玉春译注，《竹书纪年》，黑龙江人民出版社。

71. 恩格斯著，《家庭、私有制和国家的起源》，《马克思恩格斯选集》第四卷。

72. 陈皓注，《礼记集说》《礼记》，上海古籍出版社。

73. 赵晔著，《湮灭的古国故都：良渚遗址概论》，浙江摄影出版社。

74. 周膺著，《中国 5000 年文明第一证：良渚文化与良渚古国》，浙江大学出版社。

75. 王大有著，《寻根万年中华——中华百家姓图腾始原》，中国时代经济出版社。

76. 王文光、翟国强撰，《中国西南旧石器文化在中华文化形成中的地位》，云南民族大学学报，2004 年 11 月。

77. 陈连开主编，《中国民族史纲要》，中国财政经济出版社。

78. 林惠祥著，《中国民族史》，商务印书馆。

79. 蒋志华编著，《中国世界部落文化》，时事出版社。

80. 郭旭东著，《走进殷墟》，中国文史出版社。

81. ［英］威尔斯著，《世界史纲：生物和人类的简明史》，北京燕山出版社。

82. 孙危撰，《中国早期冶铁相关问题小考》，《考古与文物》，2009 年第 1 期。

83. 邓荫柯著，《中国古代发明》，五洲传播出版社。

84. 曾文芳著,《夏商周民族思想与政策研究》，人民出版社。

85. 尚刚著,《天工开物》，生活·读书·新知三联书店。

86. 郭大顺、方殿春、朱达编著,《牛河梁红山文化遗址与玉器精粹》，文物出版社。

87. 郭大顺编著,《中华五千年文明的象征》，文物出版社。

88. 苏民生撰,《我国文字的历史究竟有多久？——考古新发现表明：可以上溯到4500—5000年前》,《瞭望周刊》，1987年第9期。

89. 王志俊撰,《关中地区仰韶文化刻划符号综述》,《考古与文物》，1980年第3期。

90. 何峭撰,《论文字生成机制》(二),《中国文字研究》，2008年第2辑。

91. 蒋志华著,《中国世界部落文化》，时事出版社。

92. 蔡连章著,《古文字基础》，百家出版社。

93. 赵国华撰,《八卦符号与半坡鱼纹》，上海社会科学报第二版，1987年4月16日。

94. 谢世俊著,《中国古代气象史稿》，重庆出版社。

95. 逄振镐著,《论原始八卦的起源》,《北方文物》，1991年第1期。

96. 陈久金、张敬国撰,《含山出土玉片图形试考》,《文物》，1989年第4期。

97. 张吉良著,《周易哲学和古代社会思想》，齐鲁书社。

98. [中国台湾]徐芹庭著,《易经源流》(上下)，中国书店出版社。

99. 顾颉刚著,《论易系辞传中观象制器的故事》《周易卦爻辞中的故事》，见《周易全书》第三册，团结出版社。

100. 胡道静、戚文编著,《周易十讲》，上海人民出版社。

101. 雷元星著,《文明的起点》，上海东方出版中心。

102. [阿拉伯]伊本·西那（阿维森纳）著，王太庆译,《论灵魂》，商务印书馆。

103. 黄文主编、陈雪编著,《希腊罗马神话》《波斯神话》《埃及神话》《印度神话》，中国林业出版社。

104. 马学良、今旦译注,《苗族史诗》，中国民间文艺出版社。

105. 陶阳、牟钟秀著,《中国创世神话》，上海人民出版社。

106. 冯广宏著,《三星照耀金沙》，巴蜀书社。

107. 王天权主编，郭文编著,《文明的曙光》，中国纺织出版社。

108. 陈雪良著,《中华远古文明之谜》，文汇出版社。

109.［日］藤枝晃著，李运博译，《汉字的文化史》，新星出版社。
110. 周濯街著，《房中始祖彭祖》，团结出版社。
111.［英］维罗尼卡·艾恩斯著，杜文燕译，《神话的历史》，希望出版社。
112.［美］房龙著，《圣经的故事》，科学普及出版社。
113. 力强编著，《星座与希腊神话》，科学普及出版社。
114.［德］古斯塔夫·施瓦布著，曹乃云译，《希腊古典神话》，译林出版社。
115.［法］列维-布留尔著，《原始思维》。
116. 刘文英著，《原始思维与原始文化新探》，中国社会科学出版社。
117. 丁山著，《中国古代宗教与神话考》，上海文艺出版社。
118. 闻一多著，《神话与诗》，上海人民出版社；《闻一多全集》第一卷，生活·读书·新知三联书店。
119. 庞朴著，《火历初探》，《社会科学战线》，1978 年 4 期。
120. 苗启明著，《原始思维》，上海人民出版社。
121.《大汶口》，文物出版社。
122. 刘青著，《甲骨文卜辞神话资料》，云南人民出版社。
123.［宋］李籍著，《周髀算经音义》。
124. 庞朴著，《一分为三论》，上海古籍出版社。
125. 任继愈译著，《老子新译》，上海古籍出版社。
126. 施正康、朱贵平、冯慕云编著，《圣经故事全编》，学林出版社。
127. 南怀瑾著，《中国道教发展史略》，复旦大学出版社。
128. 钟宗宪著，《炎帝神农信仰》，学苑出版社。
129. 张玉春等译注，《吕氏春秋》，黑龙江人民出版社。
130. 袁珂著，《中国古代神话》，华夏出版社。
131. 汪玉川、蒙宪编著，《古代神话》，泰山出版社。
132. 王建国著，《古文明之谜》，京华出版社。
133.［汉］宋衷注，［清］秦嘉谟等辑，《世本八种》，中华书局。
134.《帝王世纪》《逸周书》《世本》《古本竹书纪年》合订本，齐鲁书社。
135.《世本》《竹书纪年》《华阳国志》合订本，四库家藏，山东画报社。
136.《太平御览》1—4 册，中华书局。
137. 陈桥驿点校，《水经注》二种，上海古籍出版社，浙江古籍出版社。
138.［北魏］郦道元注，［清］王先谦校，《合校水经注》，中华书局。
139. 陶炎著，《辽东半岛的巨石文化》，《理论与实践》杂志，1981 年 1 期。
140. 茅盾著，《中国神话研究初探》，上海古籍出版社。

141. 玄珠著,《中国神话研究 ABC》,上海书店。
142. 王利器校注,《风俗通义校注》,中华书局。
143. 罗家湘著,《逸周书研究》,上海古籍出版社。
144. [中国台湾]王孝廉著,《中国神话世界》,作家出版社。
145. [中国台湾]王孝廉著,《水与水神》,学苑出版社。
146. [宋]罗泌著,《路史》25卷本,[美]密歇根大学东亚图书馆藏本。
147. [晋]王嘉撰,王根林校点,《拾遗记》,上海古籍出版社,[梁]萧绮录,中华书局。
148. [晋]皇甫谧撰,《帝王世纪》,黄永年校点,《山海经》《新世纪万有文库》等合订本。
149. 李泽厚著,《说巫史传统》,上海译文出版社。
150. 陈鼓应注译,《黄帝四经今注今译》,商务印书馆。
151. 陈鼓应译注,《管子四篇诠译——稷下道家代表作解析》,商务印书馆。
152.《老子道德经河上公章句》,中华书局。
153. [汉]严遵著,王德有点校,《老子指归》,中华书局。
154. [唐]徐坚等著,《初学记》上下册,中华书局。
155. 程俊英译注,《诗经译注》,上海古籍出版社。
156. 木丽春著,《东巴文化揭秘》,云南人民出版社。
157. 吕思勉著,《中国大历史》,中国华侨出版社。
158. 曹定云著,《殷墟妇好墓铭文研究》,云南人民出版社。

后　记

此书是我的一套读书笔记。谈的都是自己的认识。有的看法可能与专家相左。

我离开教学岗位之后，看了一些书，一些考古与天文历法的书，使我十分震撼，十分激动。有很多东西都是我闻所未闻的。我随手作了一些笔记。现在我把它们整理出来，作一些分析，与朋友们分享。本书的内容环绕探寻神话之源这一论题展开。探索农业初生这一历史时期，即三皇五帝时期为什么会产生大量的神话。渔猎时代的神话之所以不同于采集时代与封建君主制时代的宗教神话，又不同于当代众多的世俗神话，我认为农业的产生和发展是根本原因。

为什么这样说呢？这是因为农业产生后虽然人民过上了定居的生活，生活有了很多改善，但他们面临的最严重的问题是一不知天，二不知地，三不知人。不知天，是不知日月星辰的运行规律，无力抗击自然灾害；不知地，即不知怎么种庄稼，不知何时播种，何时收获，如何才能因地制宜；不知人，是不知人是怎么来到这个世界的。他们认为人是神钻到母亲肚子里生出来的，是万物投胎的结果。因此，他们把一切希望都寄托在神灵身上。他们相信神的灵魂是不灭的，祖宗的灵魂是不灭的，祖宗就是神。因而那些生前立竿测影制定历法的祖宗，便被认定为管理日月星辰运行的天神，是知天知地知人的人，是能使人延年益寿的人神。这就产生了以祖宗为中心的天神崇拜、自然崇拜、日月星神崇拜和图腾崇拜，从而形成了集多种崇拜于一身的祖神系统、自然神系统和天神天帝系统。

又因老祖宗生前敢于治洪水，敢于补天，敢于教民稼穑，勤于为民采药治病，教民养生，延长人民的寿命，他们的事迹构成了“话”的“材料”，遂神而“话”之成为故事。

再加上不同历史时期不同民族的各类联想、补充和对事物的深入思考，进而形成了种种不同形态的原始神话。

追寻这些神话的产生过程，为我的晚年生活带来无穷的乐趣。这种乐趣的赠予者是各位提供阅读资料的朋友与专家。在我九十大寿到来之际，我首先要向他们鞠躬致谢，感谢他们为我的晚年提供了可贵的精神食粮。我深深感谢我的大女儿于学松，是她为我找了许多研究资料；感谢上海科学技术文献出版社为我提供的出版机会与帮助，帮我审稿的老编辑是那样的严谨认真，帮我改正了不少错误，使我十分感动。此书出版的一半功劳是属于他们的。我还要感谢我的小女儿于效梅利用业余时间帮我打字。几年前我开过 4 次刀，有些稿子是在病床上写的，想到一点，写一点，很杂乱，不连贯，夫人李孔妍是我的第一位读者，她先看，帮我修改。所以，在此我也要特别感谢她。

我不考古，不懂天文，也不搞这方面的研究，只是离休之后读一点闲书，现在我将自己的所感所想辑合成册，旨在向学者专家们请教，恳请指正。

2022 年 3 月 25 日

改于海鸿公寓